天皇陵の解明

今井 堯［著］

閉ざされた「陵墓」古墳

新泉社

はじめに

二〇〇八年二月二二日、宮内庁が神功皇后《じんぐう》狭城盾列池上陵《さきのたたなみのいけのうえのみささぎ》と治定する五社神《ごさし》古墳（奈良市山陵町に所在）の墳丘内に研究者がはじめて立ち入った。エジプトのクフ王のピラミッドをはじめとして世界の王陵には、研究者はもとより、観光客でさえも一定の条件を満たせば立ち入ることができる。常識的な国民の感覚からすれば、研究者は五社神古墳の墳丘のすみずみまで立ち入って調査ができたと思うであろう。しかし、研究者が立ち入ることができたのは、三段あるテラスの第一段までしかなかった。しかも、一学・協会から一名、計一六名という、きわめて制限されたものであった。

これが「陵墓」古墳の保存と公開をもとめて、三五年間をかけた運動の一定の到達点だと考えれば考えるほど、忸怩《じくじ》たる思いばかりが募るのは、私だけではないであろう。

本書で詳述するように、宮内庁が管理する天皇陵をはじめとする約二四〇の古墳は、「皇室の祖廟《そびょう》」であり、尊厳と静謐《せいひつ》を侵すという理由で、研究が目的であっても立ち入りは認められてこなかった。「万世一系ノ天皇」が統治する、いわゆる欽定憲法下でならいざ知らず、「主権が国民に存する」現在の日本国憲法になっても、立ち入りは、いっさい認められてこなかったのである。

主権者である国民が、たとえ研究の目的であろうとも立ち入ることのできない「陵墓」古墳とは、いったい何であるのかを、本書を通して明らかにしてみたい。そして、「陵墓」古墳の保存と公開を求める私たちの運動が、国民の学問の自由と民主主義の発展にとって必要不可欠な課題であるということを、一人でも多くの人びとに理解していただくことが、本書をまとめようと考えた主な理由である。

天皇陵の解明　目次

装幀　勝木雄二

天皇陵の解明

第Ⅰ章　天皇陵と古墳

1 「陵墓」古墳

古墳とは

古墳《こふん》とは、一般に土や石などを盛り上げて墳丘を築き、その墳丘のなかに遺体を埋葬する施設をもつ古代の墳墓のことである。ただし、日本列島で「古墳」といえば、たんに古代の墳墓という意味ではない。

日本列島では、旧石器時代、縄文時代、弥生時代につづく時代を古墳時代とし、これら考古学の時代区分の後に飛鳥時代、奈良時代がつづくと大まかにいえる。

古墳時代には、奈良県の箸中山《はしなかやま》（箸墓《はしはか》）古墳（**図2**）に代表されるように、弥生時代までの墳墓とは隔絶した規模、形態、内容をそなえた巨大な前方後円墳《ぜんぽうこうえんふん》が首長の墳墓として出現し、その首長の墳墓を頂点に身分や階層に応じてさまざまな規模、形態、内容の墳墓が築かれる。それら各階層の墳墓を総称して古墳とよんでいるのである。

弥生時代の後期には、各地に地方的特徴をもった弥生墳丘墓がつくられていた。巨大な前方後円墳の出現は、その地方色を取り込んだ墓制の創出であり、やがて日本列島各地に広がる斉一性をもつに至った。

この前方後円墳は三世紀中頃に出現し、六世紀後半頃までつくられる。時期とともに古墳の諸要素は変化し、三〇〇年以上つづいた前方後円墳の時代には前方後方墳《ぜんぽうこうほうふん》、双方中円墳《そうほうちゅうえんふん》、帆立貝形古墳《ほたてがいがたこふん》、円墳《えんぷん》、方墳《ほうふん》もつくられた。しかし、同時期で最大のものは、つねに前方後円墳であった（**図1**）。また、この間をいくつかの小期に区分（時期区分）する必要があるが、考古学の場合には時間的な前後関係を示す相対編年となる。本書では、前方後円墳の時期区分は近藤義郎編『前方後円墳集成』（全五巻、一九九一～九四年、山川出版社）による。これは墳丘での祭祀に用いられた埴輪《はにわ》や土器、埋葬施設の構造、副葬遺物などから前方後円墳を一〇期に区分したものである（**表1**）。前方後円墳が消滅した後も、円墳、方墳、長方墳《ちょうほうふん》、八角形墳《はっかくけいふん》、上円下方墳《じょうえんかほうふん》などがつくられたが、それらも近畿地方では七世紀後半に、関東地方では八世紀のはじめ頃、東北地方では八世紀末頃に消滅する。この視覚的にわかる墳丘が消滅することをもって、考古学の時代区分である古墳時代は終わる。

「陵墓」古墳

「陵墓《りょうぼ》」古墳とは、考古学上の古墳のうち、宮内庁が管理している陵、墓、陵墓参考地のことである。この「陵墓」古墳には、前方後円墳が消滅した後の奈良・平安時代の天皇と皇子の陵墓とされている前方後円墳も含んでいる。

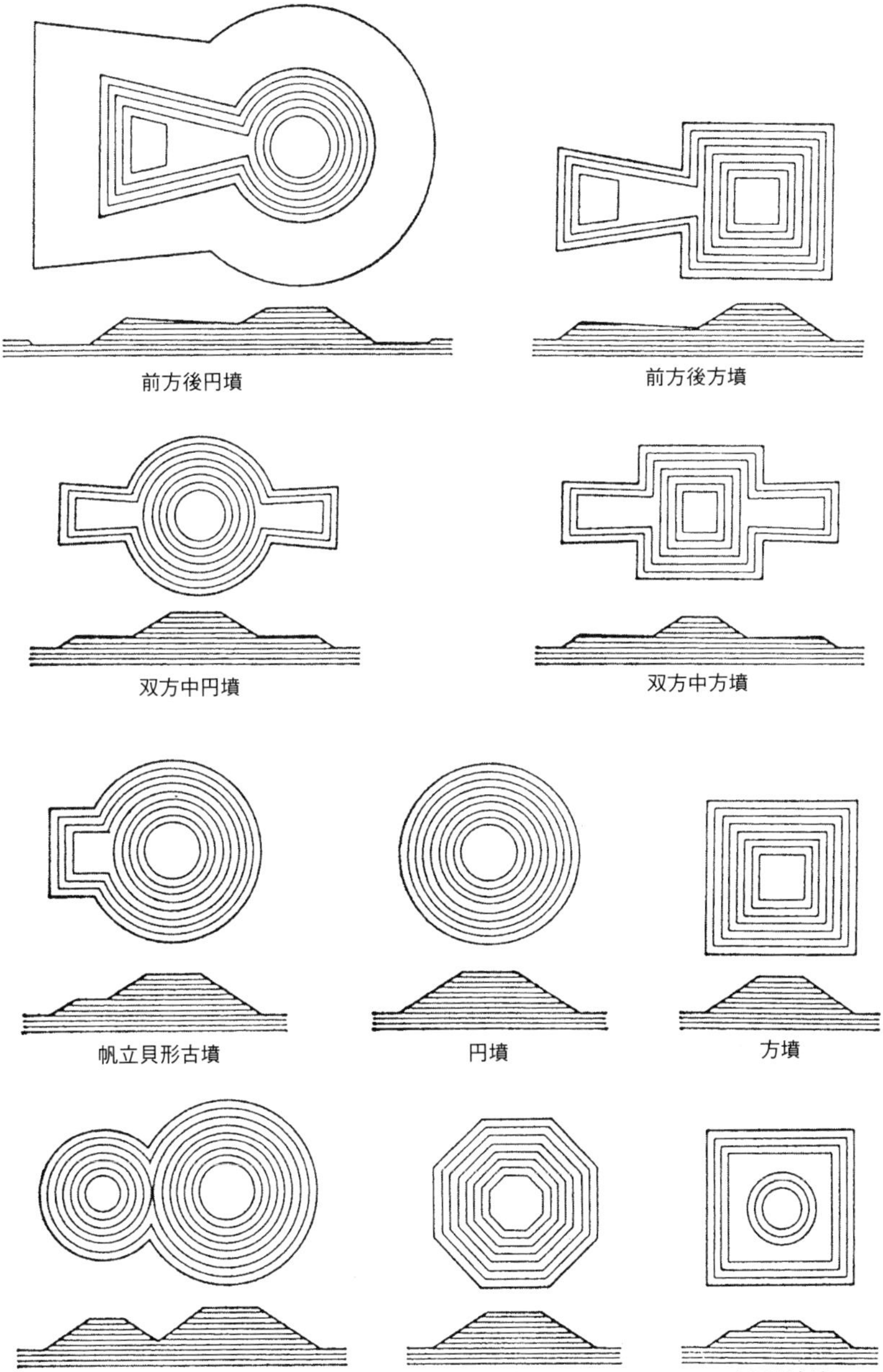

図1　古墳の形態

また、飛鳥時代以前の人物の陵墓には、自然丘や洞穴、中世の城館跡、近世・近代に新しくつくられたものなどもある。これらは当然、「陵墓」古墳には含めない。なお、以下、煩雑さを避けるために、陵墓古墳とかぎ括弧《かっこ》を省略して記述を進める。

宮内庁で管理する陵、墓、陵墓参考地は、北は山形県から南は鹿児島県までの一都二府三〇県にわたり、その総数は八九六カ所である。その内訳は歴代陵一一二、歴代外陵七六、分骨所等四二、墓五五二、その他六八、参考地四六である。このなかには合葬なども含んでいるので、箇所総数は四五八カ所である。このほかに陪塚《ばいづか》*が一二八ある。これらのなかで陵墓古墳は、約二四〇ある。

＊宮内庁では陪冢《ばいちょう》を使うが、「冢」という漢字は読者になじみがないので、本書では同義語の陪塚を使う。

宮内庁管理の陵墓

一九四七年（昭和二二）に制定された皇室典範第二七条には、「天皇、皇后、太皇太后及び皇太后を葬る所を陵、その他の皇族を葬る所を墓とし、陵及び墓に関する事項は、これを陵籍及び墓籍に登録する」と記している。同法による「陵籍及び墓籍」は、現在まで公開されたことがない。

宮内庁の事務用とされる『陵墓要覧《りょうぼようらん》』に含まれるのは、いわゆる神代三代（神武《じんむ》天皇の曽祖父、祖父、父）から現代に至るものであるが、ここに記載されている「陵」と「墓」の分類は皇室典範第二七条によっている。要覧に記載されている「参考地」や現実に存在し、要覧に記載されていない「陪塚」は、皇室典範第二七条には規定がない。法的根拠の検討が必要である。

なお、戦後廃止された旧皇室典範には陵墓の規定がなく、皇室陵墓令（大正一五年皇室令第一二号）

表1　畿内を中心とした前方後円墳の10期編年

時期	円筒埴輪	須恵器	副葬品	その他	標式的古墳
1期			仿製鏡はなく、中国鏡のみ副葬	特殊器台・壺形埴輪 バチ形の前方部	箸中山古墳 椿井大塚山古墳
2期	Ⅰ式		大形仿製鏡や碧玉製腕飾・玉製品、筒形銅器	竪穴式石室や割竹形木棺	桜井茶臼山古墳 紫金山古墳
3期	Ⅱ式		容器等の器財形石製品や巴形銅器	粘土槨や割竹形・舟形石棺	メスリ山古墳 東大寺山古墳
4期	Ⅱ式		滑石製模造品や革綴短甲・冑、小形仿製鏡	造出や盾形等の周濠、長持形石棺の定形化	佐紀陵山古墳 津堂城山古墳
5期	Ⅲ式		滑石製農工具や各種革綴短甲	長持形石棺	室大墓古墳 久津川車塚古墳
6期	Ⅳ式	TK73型式	鋲留短甲・冑・挂甲や馬具、曲刃鎌、帯金具	動物等の形象埴輪、後円部より前方部が凌駕	誉田御廟山古墳 塩塚古墳
7期	Ⅳ式	TK216～208型式	神獣鏡や画像鏡、横矧板鋲留短甲・挂甲	家形石棺の出現	大山古墳 黒姫山古墳
8期	Ⅴ式	TK23・47型式	杓子形壺鐙や花弁形杏葉等の馬具の出現	家形石棺	経塚古墳 稲荷山古墳
9期	Ⅴ式	MT15・TK10型式	輪鐙や心葉形杏葉等の馬具、竜鳳環頭大刀	横穴式石室の普及	市尾墓山古墳 物集女車塚古墳
10期		TK43・209型式	円頭・頭椎・圭頭大刀や棘葉・花形杏葉	横穴式石室の巨大化	烏土塚古墳 こうもり塚古墳

円筒埴輪は川西宏幸の編年（「円筒埴輪総論」『考古学雑誌』64巻2号、1978年）による。

須恵器は田辺昭三の編年（『須恵器大成』1981年）による。

の第一条「天皇、太皇太后、皇太后、皇后ノ墳塋ヲ陵トス」（句読点は筆者追加、以下同じ）、第二条「皇太子、皇太子妃、皇太孫、皇太孫妃、親王、親王妃、内親王、王、王妃、女王ノ墳塋ヲ墓トス」とあるので、皇室典範第二七条の規定は、これによったものであろう。

『延喜式《えんぎしき》』「諸陵寮《しょりょうりょう》」には、神代三代から一〇世紀初めまでの陵墓を記すが、その内訳は陵七三、墓四七である。この「諸陵寮」の陵墓の記述は、天武《てんむ》・持統《じとう》朝を境として記述分類の仕方が異なっている。すなわち、神代三代と神武から持統までは、「陵」は神代三代と天皇のみで、そのほかは「墓」として記述されるが、持統以降は天皇のほかに太皇太后や皇太后などをも「陵」に含めて記述しており、大きな相違を示している。

天皇陵の決定や陵墓参考地、陪塚の問題などについては、第Ⅱ章以下に詳述するので、ここでは宮内庁管理の陵、墓、参考地、陪塚の概略を紹介しよう。

陵

陵とされているものは、文武《もんむ》天皇以前でいえば、初代の神武天皇から第四二代の文武天皇に至る四〇（第三五代の皇極天皇と第三七代の斉明天皇は同一人物、第四〇代の天武天皇と第四一代の持統天皇は合葬）と歴代外天皇陵三、神代三代三、皇后八（宣化天皇の皇后橘仲姫皇女は宣化天皇陵に合葬、敏達天皇は母后の石姫皇后陵に合葬、孝徳天皇の皇后間人皇女は斉明天皇陵に合葬）、追尊皇太后一の計五五がある（巻末「陵・墓一覧」参照）。

歴代外天皇とは、聞きなれない用語と思われるが、生前は皇位につかなかったが没後に天皇号を追贈された追尊《ついそん》天皇と、歴代天皇に列記された史料を残す歴代天皇列記経験女帝のことで、歴代には加えない天皇のことである。

文武天皇以前の追尊天皇には、岡宮《おかのみや》天皇と春日宮《かすがのみや》天皇がいる。岡宮天皇は天武天皇の子の草壁皇子《くさかべのみこ》のことで、皇太子になるも皇位につくことなく没したので、淳仁《じゅんにん》天皇が七五八年に岡宮御宇天皇と追尊した。また、春日宮天皇は天智《てんじ》天皇の皇子である施基《しき》（志貴）皇子のことで、子の光仁《こうにん》天皇が七七〇年に追尊した。歴代天皇列記経験女帝は履中《りちゅう》天皇の子（市辺押磐皇子《いちのべのおしわのみこ》の妹、あるいは王女とも伝えられる）の飯豊青皇女《いいどよのあおのひめみこ》のことで、『古事記』と『日本書紀』では天皇と認めていないが、『扶桑略記《ふそうりゃっき》』には「飯豊天皇廿四代女帝」と記されており、清寧《せいねい》天皇の崩御後継嗣《けいし》がなく、一時政務を執ったと伝えられている。この三人の墓は、それぞれ真弓丘《まゆみのおか》陵、田原西《たわらのにし》陵、埴口丘《はにくちのおか》陵というように「陵」と表記され、天皇陵と同等の扱いとなっているので、ほかの皇子女墓と区別して歴代外天皇陵とよんでいる。なお、志貴皇子の妃で、光仁天皇の母である橡姫《とちひめ》は、志貴皇子が天皇に追尊されたことにあわせて、追尊皇太后として吉隠《よなばり》陵と陵の扱いとなっている。

陵の治定

天皇陵の陵地が実際どの地にあるのかが決定されたのは、意外と新しく、元禄期以降のことである。江戸末期の文久年間（一八六一～一八六三年）までに大部分が決定されていたが、一八陵が未治定のままであった。明治になって、新政府はまず一八七四年（明治七）に神代三代の陵を決定し、以降一八八九年（明治二二）までに未治定の一八の陵地を決定した。これは「万世一系ノ天皇」をうたった大日本帝国憲法の皇統を実際に目に見えるものとするため、すべての天皇陵の陵地を決定する必要があったからである。また、陵の尊厳化をはかるために、陵の新造や改修、陵域の拡大などをおこない、その作業は江戸期に治定された陵墓にもおよんでいた。

一方、皇后陵については、江戸期には準天皇として扱われた神功《じんぐう》皇后以外は、ほとんど重視されていなかった。一八七五年（明治八）と七六年の両年で皇后陵計八陵を決定して基本的に終了している。一例を除いて、その後も治定をおこなわなかったことは、明治政府のめざす万世一系の皇統をあらわすことに、皇后はさして重要な存在として認識されていなかったことを示している。そのなかにあって、唯一の例外が播磨稲日大郎姫命《はりまのいなびのおおいらつめのみこと》の日岡《ひのおか》陵（日岡山高塚古墳）の決定である。播磨稲日大郎姫命は、景行天皇の皇后で日本武尊《やまとたけるのみこと》の母であることが重要であったからである。

墓

宮内庁が墓とするのは、天皇や皇后などを除く皇族の墓で、文武天皇以前では三四ある（**巻末「陵・墓一覧」参照**）。このうち、江戸期に墓と決定されたのは、倭迹迹日百襲姫命《やまとととびももそひめのみこと》と日子坐命《ひこいますのみこと》の二つにすぎない。しかし、日子坐命墓は自然石なので、事実上は倭迹迹日百襲姫命墓と決められた奈良県の箸中山《はしなかやま》（箸墓《はしはか》）古墳の一例だけである。この箸中山古墳こそは、最古の前方後円墳として知られ、邪馬台国の女王である卑弥呼の墓の候補地の一つとされている（**図2**）。

墓の決定は、一八七四年（明治七）の神代三代の陵を決定した直後から開始される。しかし、『古事記』や『日本書紀』に人名があらわれる皇族でも、そのほとんどは、どこで死んだとも、どこに

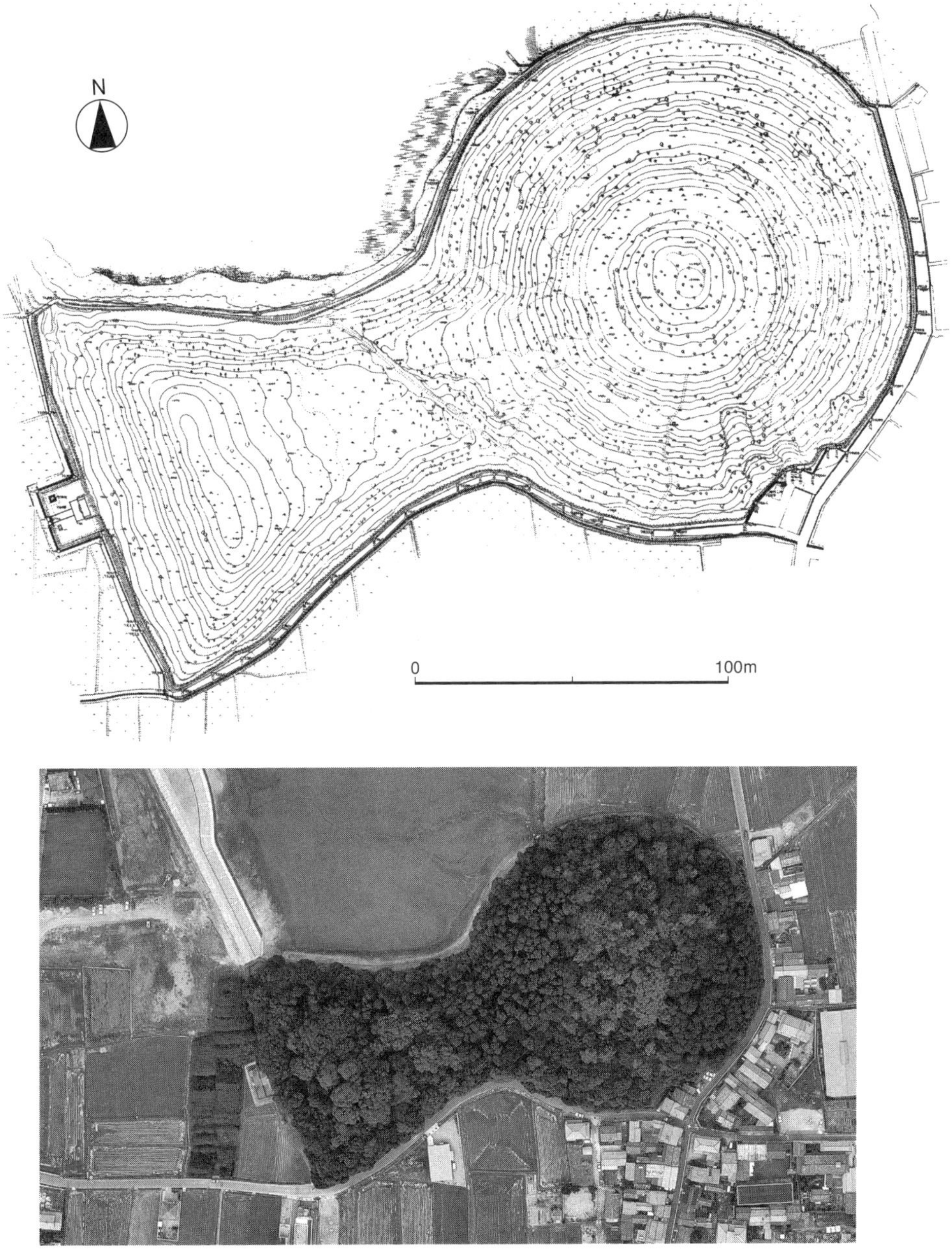

図2　倭迹迹日百襲姫命墓（箸中山古墳）

葬ったとも記されていないし、『延喜式』「諸陵寮」にも記述がないことから、その比定の理由を見出すのは困難である。

たとえば、一八七四年に大吉備津彦命《おおきびつひこのみこと》墓が岡山市真金町吉備中山に決定されたのは、岡山藩から提出された「岡山県陵墓上申書」にもとづいていた。この上申書には、備前国津高郡尾上山上の大吉備津彦命陵墓として、兆域図とおおよその規模や祭日を記し、「一宮社人大賀磐人代々守護致居申候」と書かれている。このことから、地元から提出された上申書によって、古墳が代々守護されてきたことと、伝承をもとに大吉備津彦命墓が決定されたことがわかる。しかし、大吉備津彦命墓とされた中山茶臼山古墳は、山頂に築かれた全長一五〇メートルの前方後円墳で、前期古墳である（**図3**）が、人物の実在性も含めてこの墓を大吉備津彦命墓とする理由を見出すのは困難である。

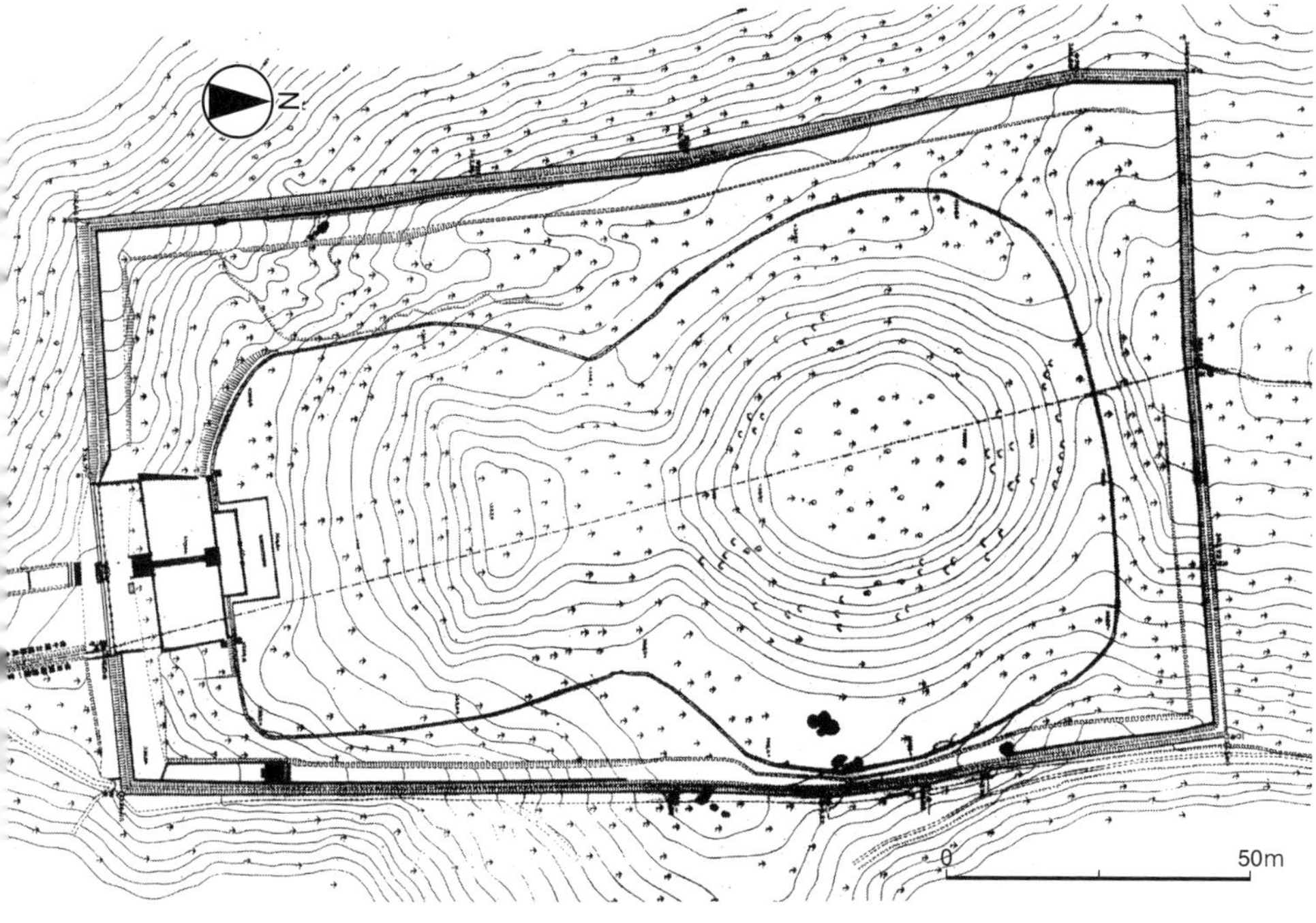

図3　大吉備津彦命墓（中山茶臼山古墳）

大吉備津彦命は『紀』で四道将軍の一人とされた人物であるが、この時期の墓の決定は神武天皇の長兄の彦五瀬命《ひこいつせのみこと》の竈山《かまやま》墓が和歌山県（一八七六年）、崇神《すじん》天皇の皇子の大入杵命《おおいりきのみこと》が石川県（一八七五年）、垂仁《すいにん》天皇の皇子の息速別命《おきはやわけのみこと》墓が三重県（一八七六年）、景行《けいこう》天皇の皇子の大碓命《おおうすのみこと》墓が愛知県（一八七五年）、崇峻《すしゅん》天皇の皇子の蜂子皇子《はちのこのみこ》墓が山形県（一八七六年）というように、陵をもたない県に決められ、あたかも空白県を少なくしたかの感がある。

墓でもう一つ重要なことは、一八七九年（明治一二）に景行天皇の皇子である日本武尊《やまとたけるのみこと》の墓を三重県鈴鹿市の白鳥塚《しらとりづか》古墳（帆立貝形古墳）から亀山市の丁字塚《ちょうじづか》古墳（前方後円墳、**図4下**）に治定替えをおこない、奈良県御所市（前方後円墳とされるが、古墳かどうか不明）と大阪府羽曳野市（軽里前之山古墳、**図4上**）とあわせて三つの白鳥陵を決定したことである。これは『記』『紀』の説話記事によるもので、実在の人物でなく説話中の人物の墓を決定したわけである。

こうした一連の作業は、一八八一年（明治一四）に応神天皇の菟道稚郎子尊《うじのわきいらつこのみこと》の宇治墓が決まった後、長く中断した。作業は一九一五年に再開され、一九四三年の応神天皇の皇尊孫の都紀女加王《つきめかおう》墓の決定をもって終わり、今日に至っている。

陵墓参考地

陵・墓のほとんどを決定した一八九〇年代以降に、巨大な古墳や多数の優れた副葬品を出土した古墳を陵墓参考地としている。一九〇一年から一九一五年頃には、御陵墓伝説地と御陵墓参考地の二種があったが、今日ではすべて陵墓参考地とよばれている。これらは奈良と大阪のほかに、宮崎、兵庫、

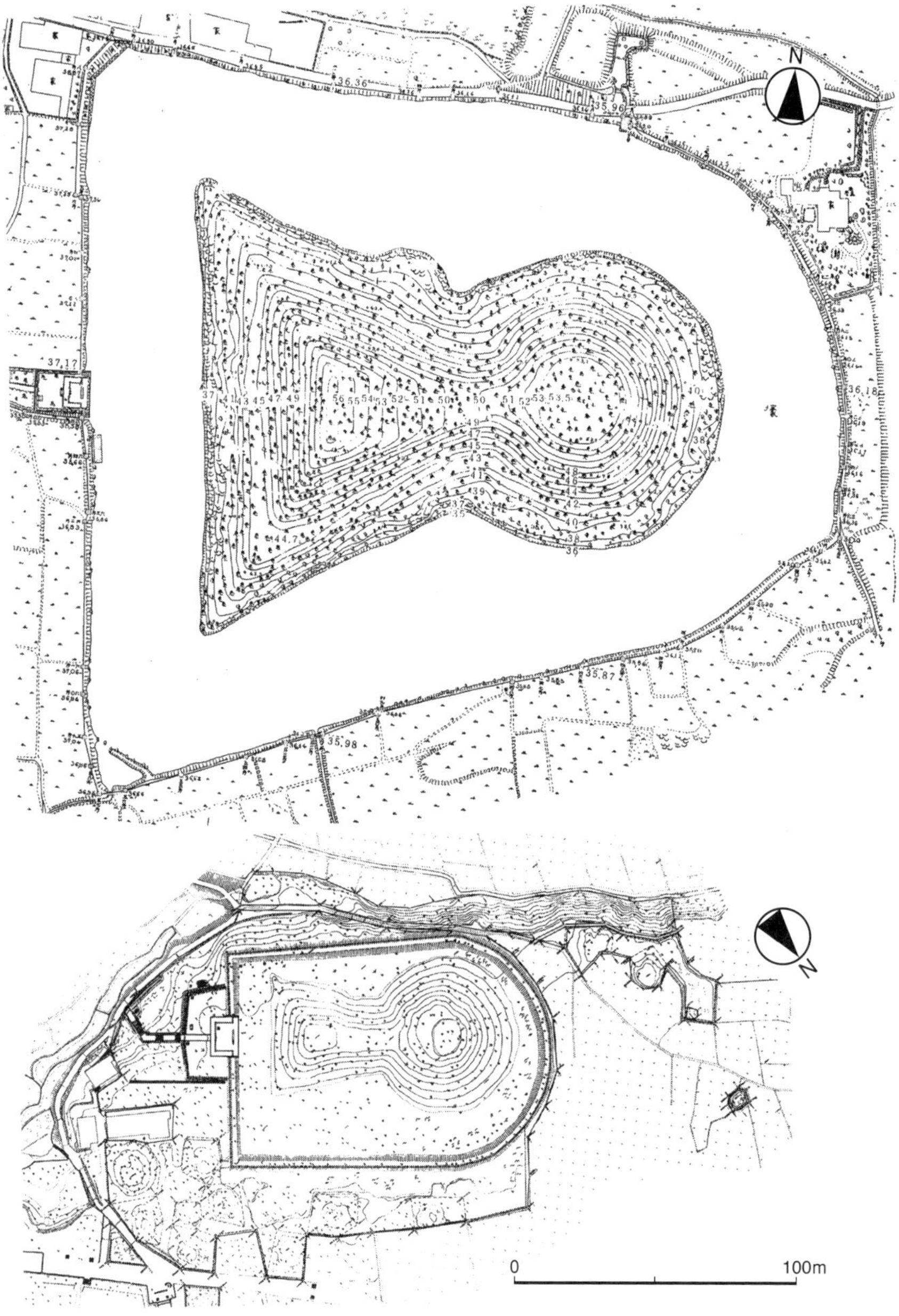

図４　日本武尊白鳥陵（上：軽里前之山古墳）と日本武尊能褒野陵（下：丁字塚古墳）

京都などの府県に分布している。このなかには土師《はぜ》ニサンザイ古墳や河内大塚山古墳、見瀬丸山古墳《みせまるやま》＊のような大王墳も含まれ、それぞれ東百舌鳥《ひがしもず》陵墓参考地（図9上）、大塚陵墓参考地（図26）、畝傍陵墓参考地（図37）とよばれている。

陵墓参考地のなかには、津堂城山古墳《つどうしろやま》（藤井寺参考地）や見瀬丸山古墳のように、史跡指定をうけているものもあり、宮内庁と文化庁の二重指定の例がある。

＊見瀬丸山古墳は橿原市見瀬町、五条野町、大軽町にまたがっているため、五条野丸山古墳ともよばれるが、本書では見瀬丸山古墳とする。

陪塚

陪塚は一九世紀末から二〇世紀初頭にかけて、陵、墓、参考地に近接するものを指定し一二八に達する。天皇陵の陪塚は、崇神《すじん》天皇陵（柳本行燈山古墳《やなぎもとあんどんやま》、図42）以降の大形前方後円墳に付随する。仁徳《にんとく》天皇陵（大山古墳《だいせん》）の陪塚一三基がもっとも多い（図14）。皇后陵では仲姫《なかつひめ》皇后陵（仲ツ山古墳、図20）や磐之姫《いわのひめ》皇后陵（ヒシャゲ古墳）などにあり、墓では宇度墓（淡輪ニサンザイ古墳）などに、参考地では宇和那辺《うわなべ》（ウワナベ古墳、図27）・雲部《くもべ》陵墓参考地（雲部車塚古墳、図34）などにある。

陪塚のなかには、応神天皇陵ほ号陪塚とされる墓山古墳《はかやま》（全長二二四メートル）のように、五〜六世紀の天皇陵級の前方後円墳より巨大なもの（図13）や、崇神天皇陵い号陪塚のように横穴式石室をもつ六世紀後半から末葉のもの（図42）など、陪塚としてふさわしくないものを含んでいる。

陪塚のなかにも墓山古墳のように、史跡指定と宮内庁の治定と二重指定の例がある。

2　陵墓古墳の名称

宮内庁が管理する陵、墓、陵墓参考地などになっている古墳は、どのような名でよぶのが正しいのであろうか。

遺跡の名前のつけ方

遺跡の名称は、通称名が固有名詞化していれば、その名称を使い、そのほかの場合は字名、あるいは小字名を使うことが慣習化している。そして、古墳のように、たとえば丸山、大塚、茶臼山、銚子塚など同名が多く使われている場合には、字（小字）名＋固有名詞を名称としている。

現在でも、陵墓参考地と陪塚の多くは、一般の古墳と同様に通称名や字名が使われている。たとえばウワナベ古墳（陵墓参考地名は宇和那辺参考地）、津堂城山古墳（藤井寺参考地）、郡山《こおりやま》新《に》木山《きやま》古墳（郡山参考地）、土師ニサンザイ古墳（東百舌鳥参考地）、見瀬丸山古墳（畝傍参考地）、雲部車塚古墳（雲部参考地）、墓山古墳（応神天皇陵ほ号陪塚）、永山古墳（仁徳天皇陵と号陪塚）などである。また、墓の場合でも、中山茶臼山古墳（大吉備津彦命墓）や箸中山古墳（倭迹迹日百襲姫命大市墓）などというようによばれている。

天皇陵と皇后陵の名称

このなかにあって、天皇陵と皇后陵とされている古墳については、その呼称がまちまちである。

たとえば景行天皇陵の場合は、山辺道上陵《やまのべのみちのうえのみささぎ》、景行天皇陵古墳、伝景行天皇陵、渋谷向山古墳《しぶたにむかいやま》などとよばれる。景行天皇陵と山辺道上陵は宮内庁のよび方である。景行天皇陵古墳と伝景行天皇陵は比定の問題もあわせて、「古墳」や「伝」をつけることで、かならずしも比定などに同意していないことを示そうとしている。渋谷向山古墳は、字名＋固有名詞という一般の古墳の名前のつけ方によっている。

陵墓古墳であっても、これらを科学的に研究しようとする以上、その名称をほかの古墳と同じように用いるのが正しい。この呼称法は森浩一が最初に提唱したが、正しい見解といえる（森浩一『古墳と古墳文化99の謎』サンポウ・ブックス、一九七六年）。難点は「反正陵」などと天皇名を冠する名称は長期に使われていたということもあって、一般にわかりやすいが、「田出井山古墳《たでいやま》」だとなじみがなくて、わかりにくいということである。

重要なことは、古墳に天皇名をつけてよぶと、たとえば巨大古墳で知られる大山古墳《だいせん》に、仁徳天皇の名をつけて仁徳天皇陵とよぶと、それがあたかも仁徳天皇の墓であるかのように錯覚されてしまうだけでなく、考古学研究者もそれを認めているかのような誤解が生じてしまう危険があるからである。大山古墳を仁徳天皇の墓と認めている人がいたとしても、それを認めない人も多くいる以上、古墳の一般的呼称法によるべきである。

なぜ一般的呼称法を使うのか

この古墳のよび方は、考古学や古代史研究者の間では、あたりまえのことであっても、マスコミや国民のなかではまだまだ定着していない。しかし、天皇陵などの名称に一般的呼称法を使うことは、重要な意味をもっているので、つぎにそれをあげておこう。

第一は「天皇」という呼称である。この呼称は、いくら早くても六世紀末をさかのぼらない。厳密には七世紀中葉以降に用いられた言葉である。それ以前は「倭王」「大王」などが使われていた。つまり古墳時代に「天皇」というよび方は、ないということである。「天皇」という言葉の発生は歴史的発展のなかでの、特定の段階に対応するものであるからこそ、厳密を期すためにも使用すべきでないといえる。

第二は漢風諡号《しごう》の問題である。「成務」とか、「仁徳」などの用法は、『記』『紀』はおろか、『風土記』『万葉集』でも使用せず、八世紀末から九世紀初頭以降におくられた名である。この時期以前から七世紀の用法は、「○○宮天皇」または「和名＋天皇」であった。漢風諡号は、新しいものでは一八七〇年命名の弘文天皇まで下る。したがって、天皇を付さず「成務陵」「仁徳陵」という用法も、また廃すべきなのである。

第三は天皇の実在の問題である。仮に、後になって「何某天皇」とよばれた人物の陵と解釈するとしても、その実在が怪しく、百歩譲ってある程度実在を認めたとしても、その天皇の事績、事件、説話など後世の仮託を認めるわけにはいかない。『記』『紀』に描かれたすべての天皇の実在と、描かれたすべてを実像とみることはできない。この点もまた、天皇陵の名称を一般的呼称法によるべきとする理由の一つである。

第四は治定の問題である。前述したように、仮にある天皇の実在を認めたとしても、その陵の治定には明瞭な誤りや、多くの問題がある。このことから、あたかもその治定を肯定したかのような印象を多少でももつ用法を使うべきでないことを示している。

以上、天皇陵の場合でも、名称は一般的呼称でよぶことが、天皇名の用法、漢風諡号、実在、比定などの面から、正しいことを明らかにした。

本書でも、当然、天皇陵などの名称は、一般的呼称を用いるべきではあるが、宮内庁が管理する陵墓古墳の問題をとり扱っているので、宮内庁が使用する名称をあえて使用していることを断っておく。また、宮内庁の名称を使用する場合、「景行陵」「景行天皇陵」「山辺道上陵」とかぎ括弧をつけて書くのが正しいが、そうすると、ほぼ実在の天皇の陵と比定できる天智天皇陵（山科《やましな》御廟《ごびょう》野《の》山《やま》古墳、図23・24）と天武・持統天皇陵（野《の》口《ぐち》王《おう》墓《ぼ》山《やま》古墳、図10）以外は、すべてかぎ括弧をつけて使用するということになるので、これではあまりにも煩雑になってしまう。本書では、かぎ括弧を省略して記述を進めることにする。

3　陵墓古墳の考古学的検討

宮内庁が陵、墓、参考地、陪塚として治定している約二四〇の古墳は、今の主権者である国民は立ち入れない。また、出土遺物も宮内庁所蔵品の公開展示という形でおこなわれているが、実際にはほとんどの国民は見ることはできない。したがって、大王陵あるいは大首長墓の多くは、秘密のベールに包まれたままである。このことは古墳時代研究と国家形成過程の研究にとって、大きな障害となっている。

現在、宮内庁が管理している天皇陵などについて、考古学的な知見をもとに、いくつかの類型に分けて、その実態を検討してみたい。もとより、資料的制約のもとでの作業であり、不十分なまとめとならざるをえないが、一八六〇年代以降の修陵の結果と治定陵墓などの現状の大まかな復原ということになる。なお、この不十分さは、ごく近い将来からはじまる「陵墓古墳への研究者の立入調査」によって補正されることを期待している。

古墳でないもの

この類は、自然地形を区画して陵墓としたものと、一九世紀後半以降に人工盛土したものに分かれる。

自然地形を区画したもの　神代の段階である神代三代、第二代の綏靖《すいぜい》から第七代の孝霊《こうれい》天皇までの七世紀型の和風のおくり名をもつ天皇の陵、第二

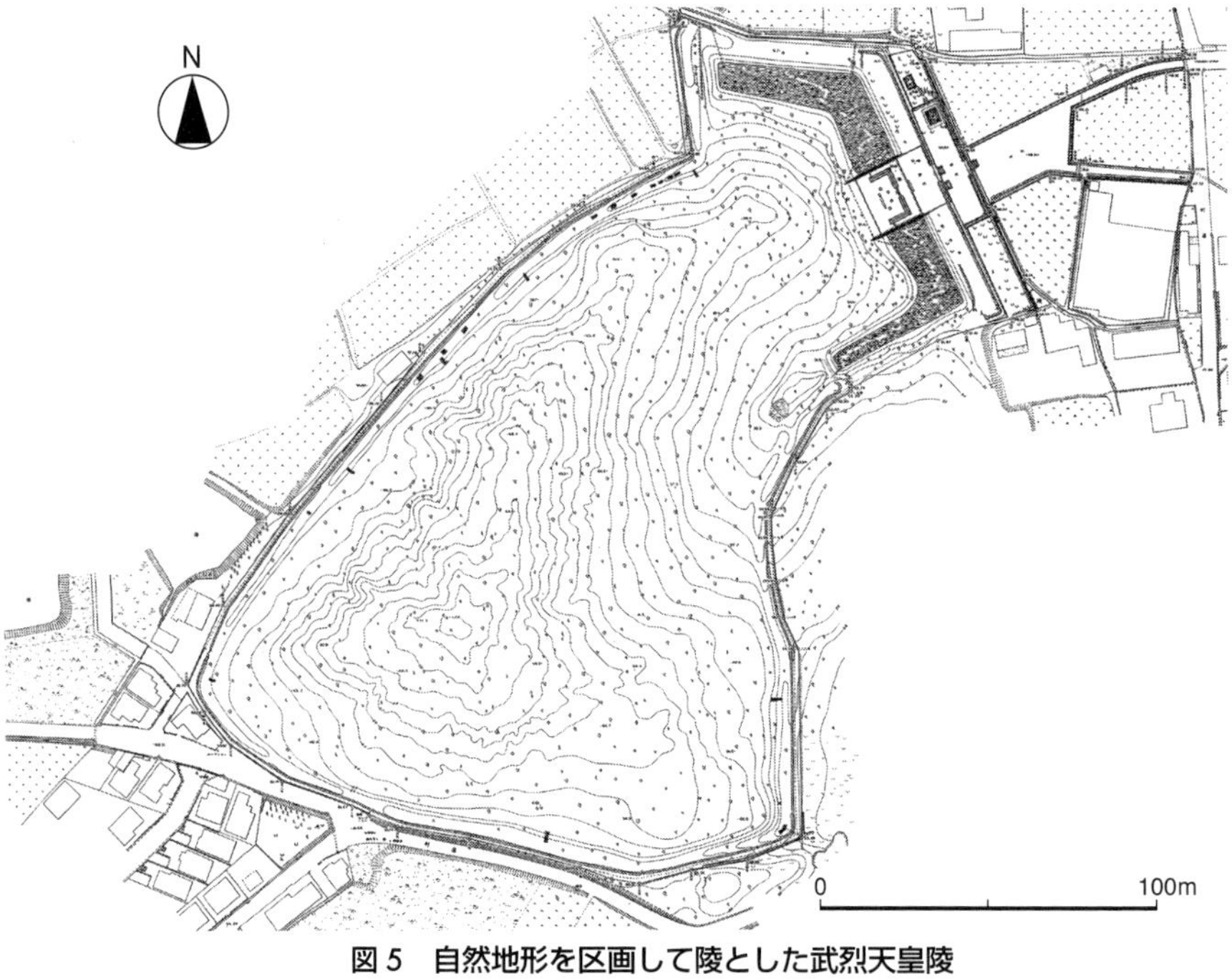

図５　自然地形を区画して陵とした武烈天皇陵

三代の顕宗《けんぞう》から第二五代の武烈《ぶれつ》天皇の陵(図5)、皇子女の墓のなかに多いといえる。実在を疑われている天皇や皇族の墓に多い。

人工盛土したもの　この類は、陵地の比定に諸説があって困ったことから、一九世紀末に新しく陵をつくったものである。一八六三年(文久三)に中世の土壇をもとに修陵し、明治以降も陵地を拡大した神武天皇陵(第Ⅱ章1を参照)や、一八八九年(明治二二)に崇峻天皇の位牌《いはい》を祀る金福寺《きんぷくじ》跡にある観音堂(天皇位牌堂)に造陵した崇峻天皇陵が、その代表例である(図19)。

前方後円形に形を変えたもの

この類は、二つ以上の古墳と自然丘、あるいは人工盛土をもって一陵としたものと、円墳または方墳をもとに、一九世紀後半以降に陵墓にしたものがある。

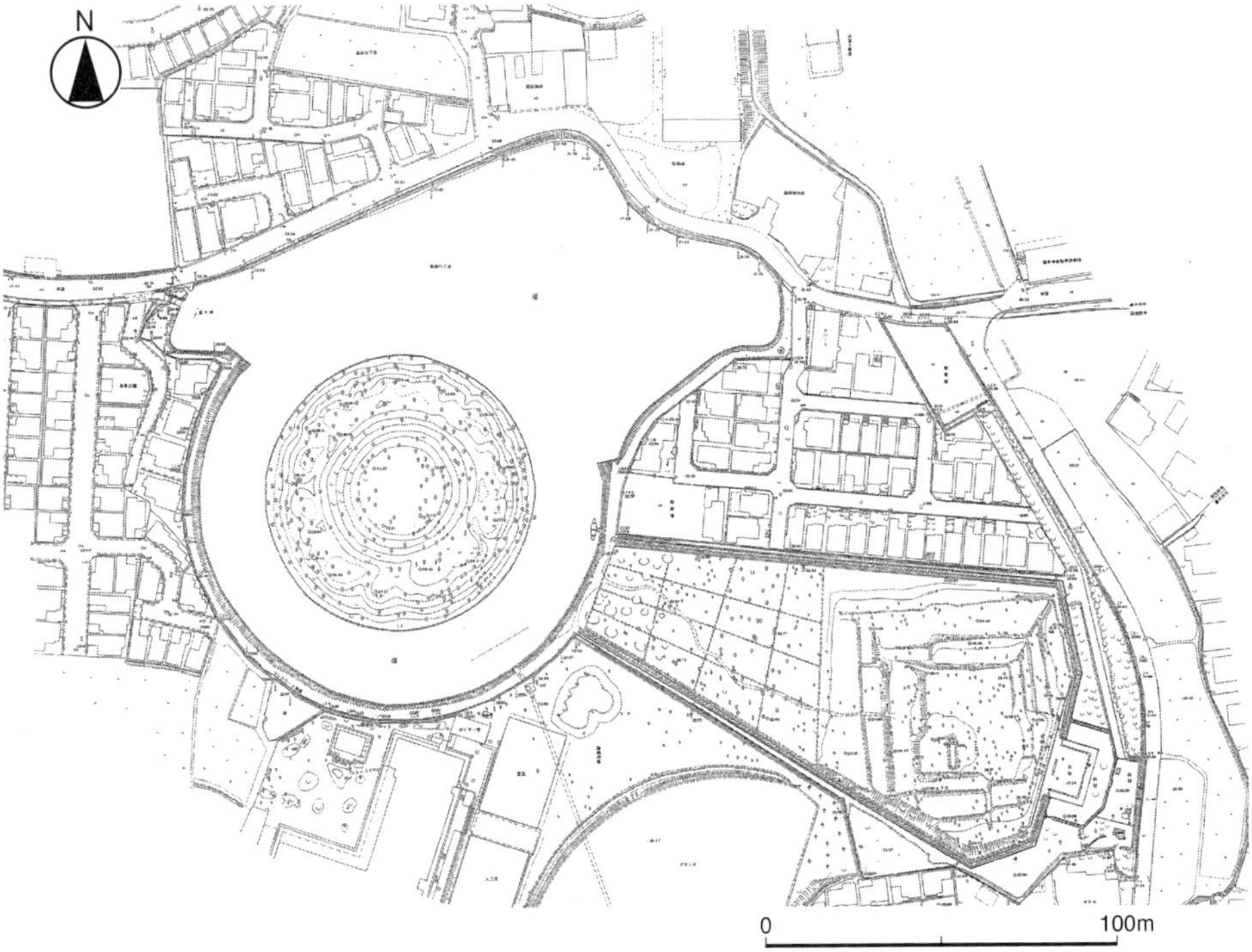

図6　雄略天皇陵(島泉丸山古墳と平塚)

古墳や自然丘、あるいは人工盛土でつくったもの　孝元天皇陵は、中山塚とよばれた小形の前方後円墳を含む三古墳と自然丘をもってつくられた。また、雄略天皇陵は、島泉丸山古墳とよばれた周濠のある円墳と平塚とよばれた方墳の間に人工盛土をし、奇妙な前方後円墳となっている（図6）。

円墳または方墳をもとにつくったもの　日本最大の方墳である桝山《ますやま》古墳（一辺約八五メートル）を中心に、明治初期に盛土をして全長二〇〇メートル級の前方後円墳にした倭彦命《やまとひこのみこと》墓（図7）や、丘頂の円墳に一九世紀末に人工盛土をして前方後円形にした景行天皇皇后陵などがある。このほか、双円墳を前方後円墳につくり変えた可能性のある欽明天皇陵や、亜類として八角形墳を上円下方墳とした可能性のある天智天皇陵などがある（図23・24）。

周濠を拡張・新設したもの

この類は多いが、著しいものに、周濠を大拡張した

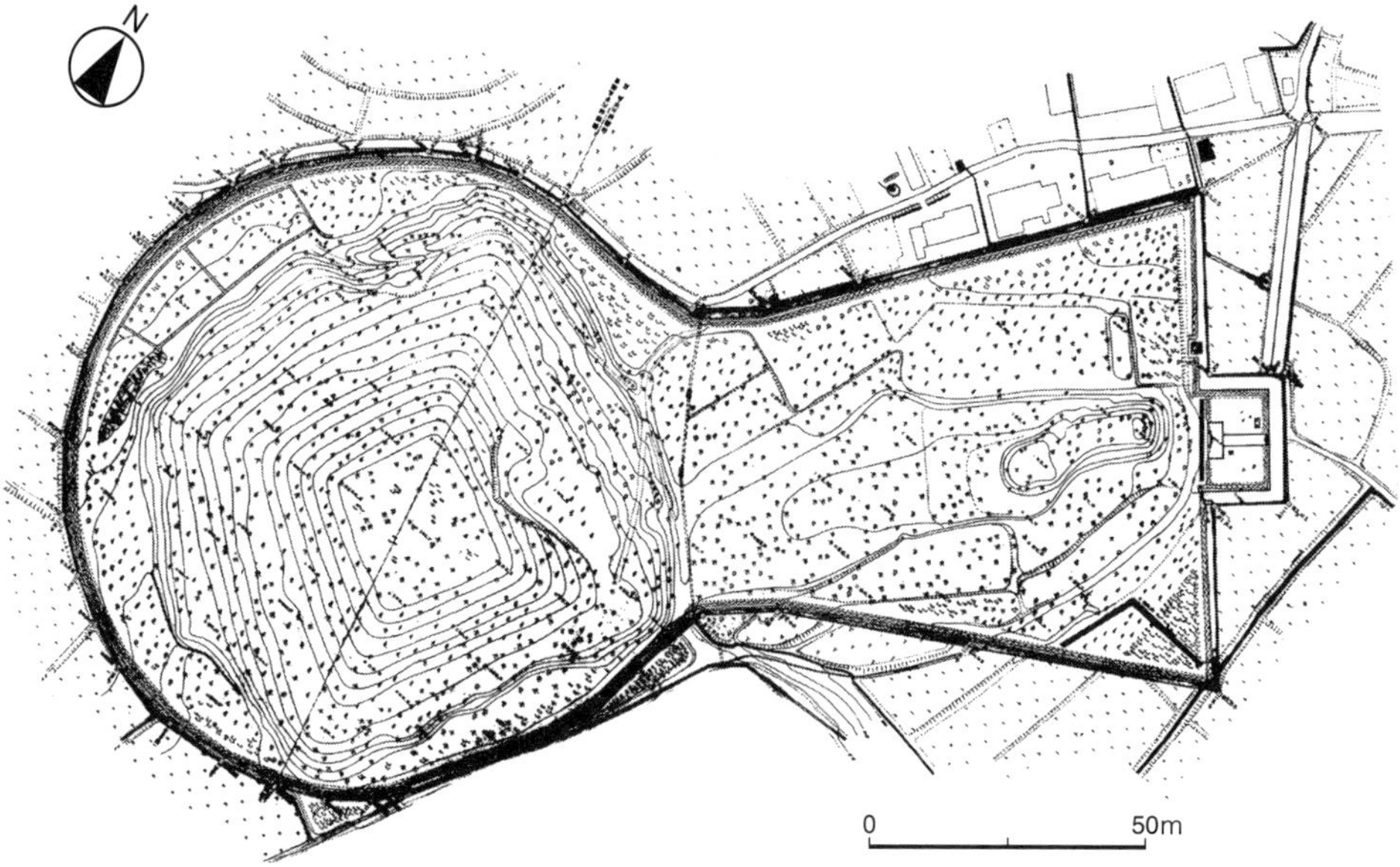

図7　倭彦命墓（桝山古墳）

ものと、周濠を新設したものがある。

周濠を大拡張したもの　代表例は崇神天皇陵（柳本行燈山古墳）で、江戸末期の築堤によって前方部裾が水没し、古墳全長や前方部幅が短くなっている（**図42**）。宇和那辺陵墓参考地（ウワナベ古墳）も同様の著例で、渇水時に最下段の円筒埴輪列が現れる（**図27**）。また、本来の陪塚まで周濠の拡張によって、そのなかにとり込んでしまった垂仁天皇陵（西池宝来山古墳《にしいけほうらいさん》）のような例もある（**図8**）。

周濠を新設したもの　一八八〇年代に新しく、後円部の背後まで三重の周濠をつくった仁徳天皇陵（大山古墳、**図14**）や一八六〇年代に周辺の濠を掘り、陵地を拡大した安康天皇陵（古墳ではなく、中世の城館跡）、外堤を新設した日本武尊能褒野《のぼの》墓（丁字塚古墳、**図4下**）などがある。古図に周濠のない傾斜地に立地する陵のなかにも、この可能性の大きいものがある。

墳丘損壊の例は多いが、崇神天皇陵陪塚アンド山古墳のように、墳丘内に見張所などの施設をつくった例が一般的で、一九七〇年代に造出しが変形された宣化天皇陵（鳥屋ミサンザイ古墳）のような例もある。

時期が大きく異なるもの

被葬者が実在したとした場合に、古墳の時期が大きく異なるものである。この類のなかには、古墳時代に属するものと、古墳時代以降の陵墓とされたものがある。

古墳時代に属するもの　継体天皇の皇后である手白香《たしらか》皇后の衾田陵《ふすまだ》（西殿塚古墳《にしとのづか》）をみてみよう。この皇后は六世紀に位置づけられるが、衾田陵は墳丘形態や遺物から三世紀後半にさかのぼる。継体天

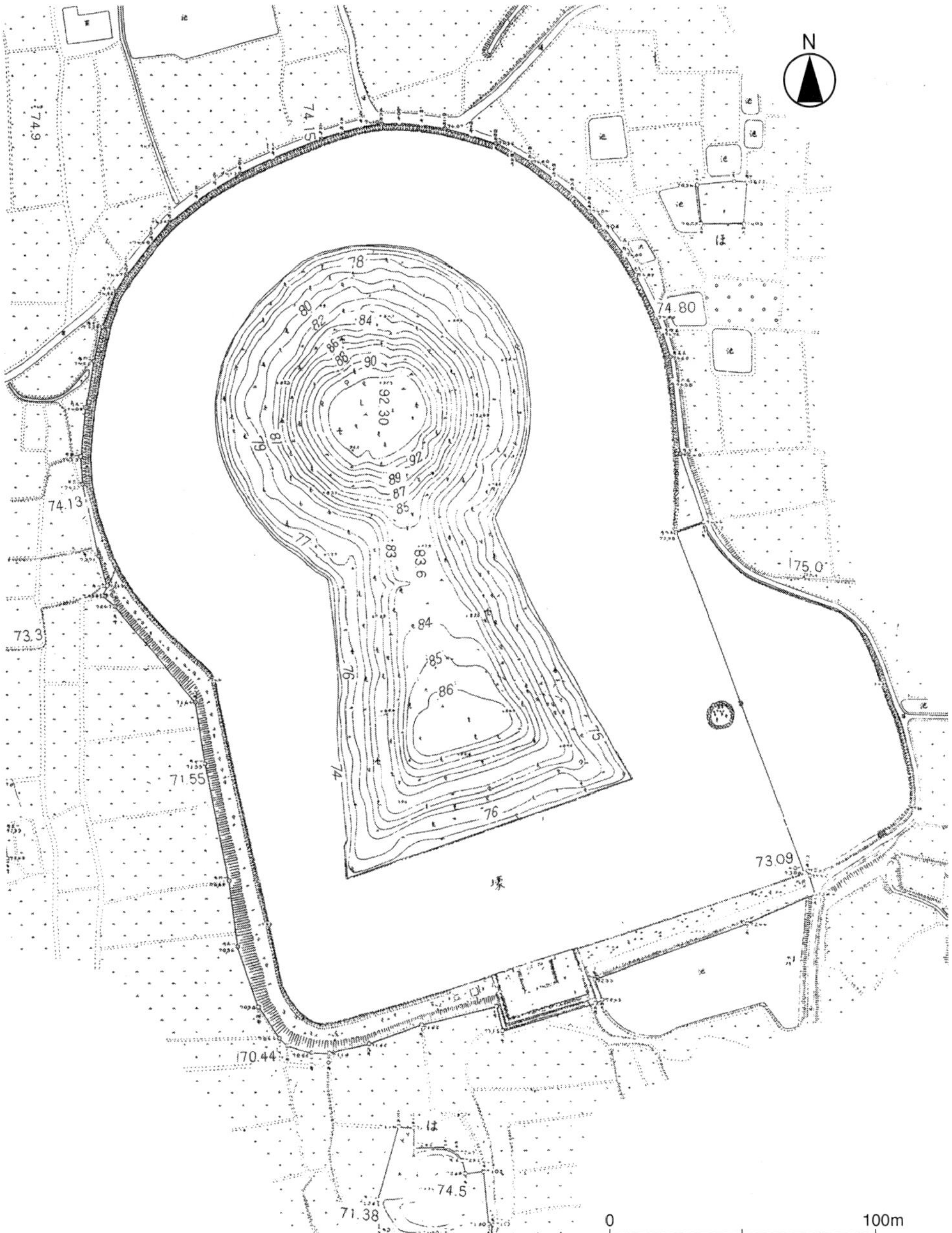

図８　**垂仁天皇陵**（西池宝来山古墳）

皇は五世紀末から六世紀初頭の人であるが、三島藍野陵《みしまのあいののみささぎ》（太田茶臼山《おおたちゃうすやま》古墳、図25下）は半世紀も古い。垂仁天皇陵（西池宝来山古墳、図8）や五十瓊敷入彦命《いにしきいりびこのみこと》の宇度墓（淡輪ニサンザイ古墳）も、それぞれ実在していたとすれば、古墳の時期は被葬者の時代よりはるかに新しい例となる。

こうした例は陪塚にもある。崇神天皇陵い号陪塚（柘榴塚）は六世紀後半から末葉の須恵器をもつ横穴式石室墳である（図41・42）。

古墳時代以降のもの　八世紀末から九世紀後半の墓や陵として、四世紀から六世紀の前方後円墳などが指定されている類で、称徳天皇陵（佐紀高塚古墳）や平城天皇陵（市庭《いちにわ》古墳）のほかに、伊豫《いよ》親王の巨幡《こはた》墓（宇治黄金塚古墳）や仲野親王の高畠墓（片平大塚古墳）、阿保《あぼ》親王の墓（打出親王塚）などがある。

規模が大王陵にふさわしくないもの

実在がやや確かな五世紀から六世紀の天皇陵とされる古墳で、大王墓としては規模が小さく、ほぼ同じ時代のものが別に存在する例である。

反正天皇陵（田出井山古墳、図9下）は土師ニサンザイ古墳（図9上）と同規格であるが、墳丘各部がその二分の一（体積は八分の一）である。

雄略天皇陵は円墳と方墳、それと後世の盛土である（図6）が、すぐ近くに河内大塚山古墳（全長三三五メートル）がある（図26）。ただし、河内大塚山古墳は六世紀に下ることから、雄略天皇陵に比定はできない。

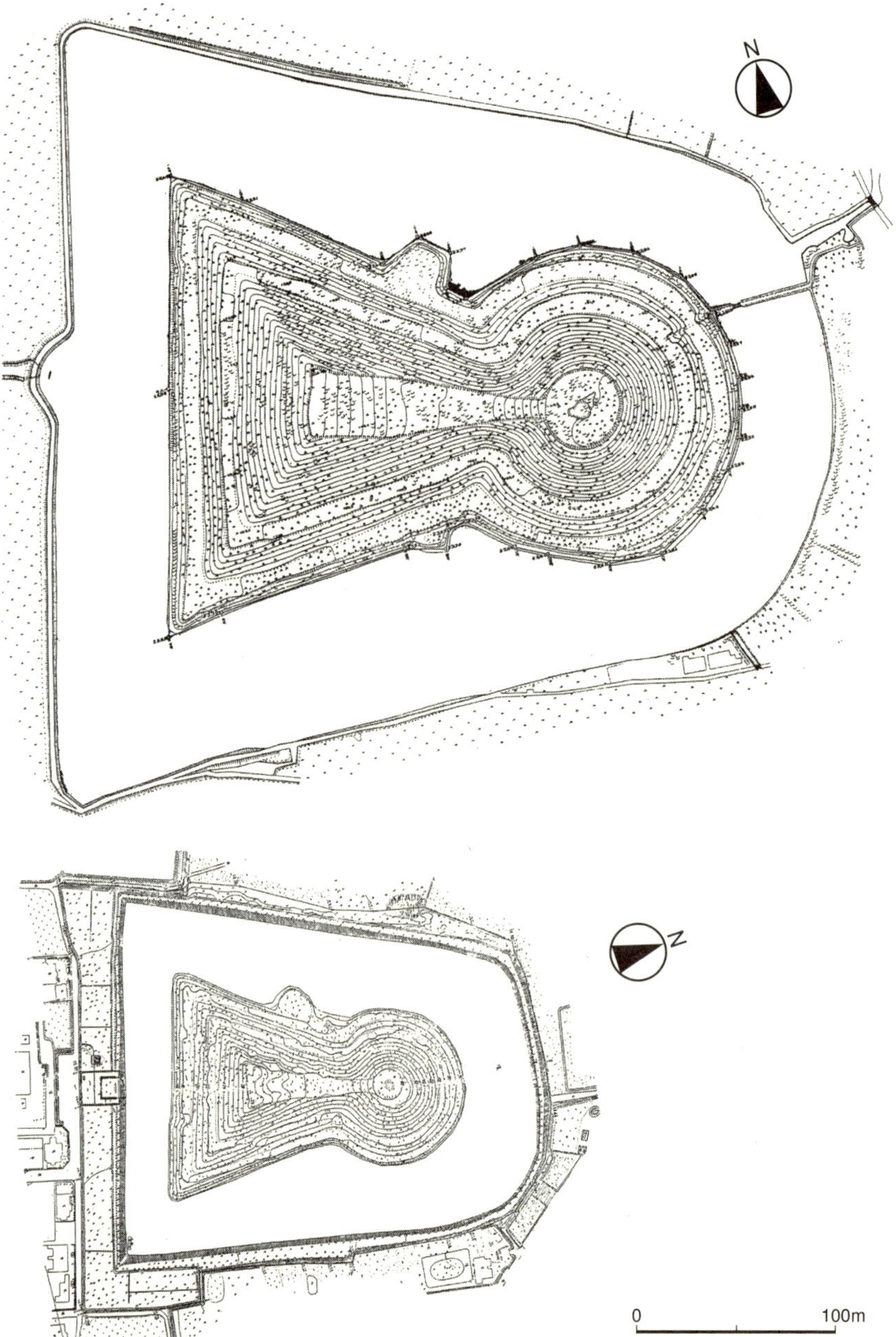

図９　東百舌鳥陵墓参考地（上：土師ニサンザイ古墳）と反正天皇陵（下：田出井山古墳）

安閑天皇陵（高屋築山古墳）は一二一メートルの前方後円墳であるが、その北西にある日本武尊白鳥陵の軽里前之山古墳は一九〇メートルの墳丘に外堤をもつ前方後円墳である（図4上）。

宣化天皇陵（鳥屋ミサンザイ古墳）や欽明天皇陵（平田梅山古墳）は一二〇メートル級の前方後円墳であるが、見瀬丸山古墳は全長三一五メートルの前方後円墳で、長さ二八メートルの横穴式石室をもつ巨大古墳である（図36〜39）。

実在しない人物の陵

文献史学のほうから確実に実在しない人物と指摘されている、神話や伝説上の人物のものと、実在についての諸説があり、安易に比定してはいけない類のものがある。

神話や伝説上の人物のもの　神代三代や初代から九代の天皇、神功皇后、日本武尊らの陵墓が好例である。また、清寧から武烈の諸天皇の場合もこれに近い。

実在についての諸説があるもの　景行と成務天皇の不実在説（水野祐）、応神天皇不実在説（吉井巌）、応神と仁徳天皇の同一人説（直木孝次郎）、仁徳天皇不実在または倭王否定説（原島礼二）などのように、実証が不十分なままで実在を前提とするには危険がある。

実在としても危険があるもの　仮にその人物が実在していたとしても、その人の陵と定めるには疑問がある類である。崇神天皇陵（柳本行燈山古墳、図42）も大和最古の巨墳ではなく、先行する西殿塚や箸中山古墳がある。

古来から陵の治定は変転してきたし、佐紀の三陵（五社《ごさし》神古墳、石塚山古墳、市庭古墳）はすでに九

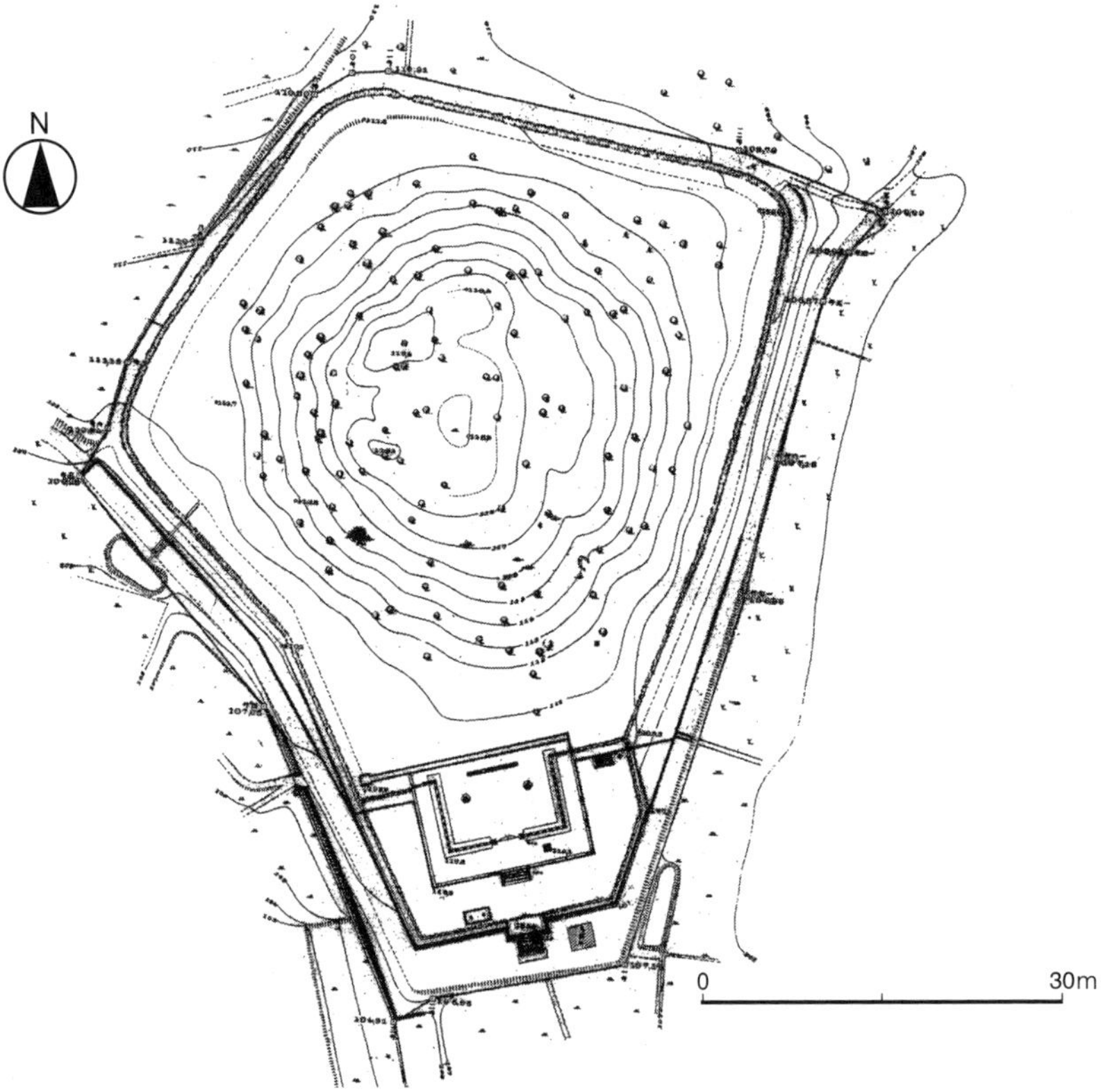

図 10　天武・持統天皇陵（野口王墓山古墳）

世紀中葉に治定の混乱を伝えており、治定は慎重でなければならない。

確実な陵といえるもの

七世紀の実在の人物であり、古い盗掘記録などがあり、ほぼ実在の人物の陵と比定できるのは、天智天皇陵（山科御廟野山古墳、**図23・24**）と天武・持統天皇陵（野口王墓山古墳、**図10**）で、両方とも八角墳である。この場合も検討は必要である。

いずれにしても前方後円墳の場合は、天皇の確実な実在と現在決定されているその陵墓には、満足させられる例はないということである。

4　天皇陵などの管理の実態

宮内庁治定の範囲

宮内庁が陵墓等として管理している古墳の治定範囲は考古学的にみて、きわめてまちまちである。治定範囲を分類すると、つぎに述べるように六つの類型がある。

①前方後円墳の後円部の上段、またはその一部のみを治定範囲とするもの

主な例としては、津堂城山古墳（**図11**）、見瀬丸山古墳（以上は陵墓参考地）、黄金塚《こがねづか》二号墳（皇子墓）、高屋八幡山《たかやはちまんやま》古墳（皇后陵）などがあげられる。

見瀬丸山古墳は墳丘長三一〇メートル、四段築成の前方後円墳であるが、後円部三段目より上の円

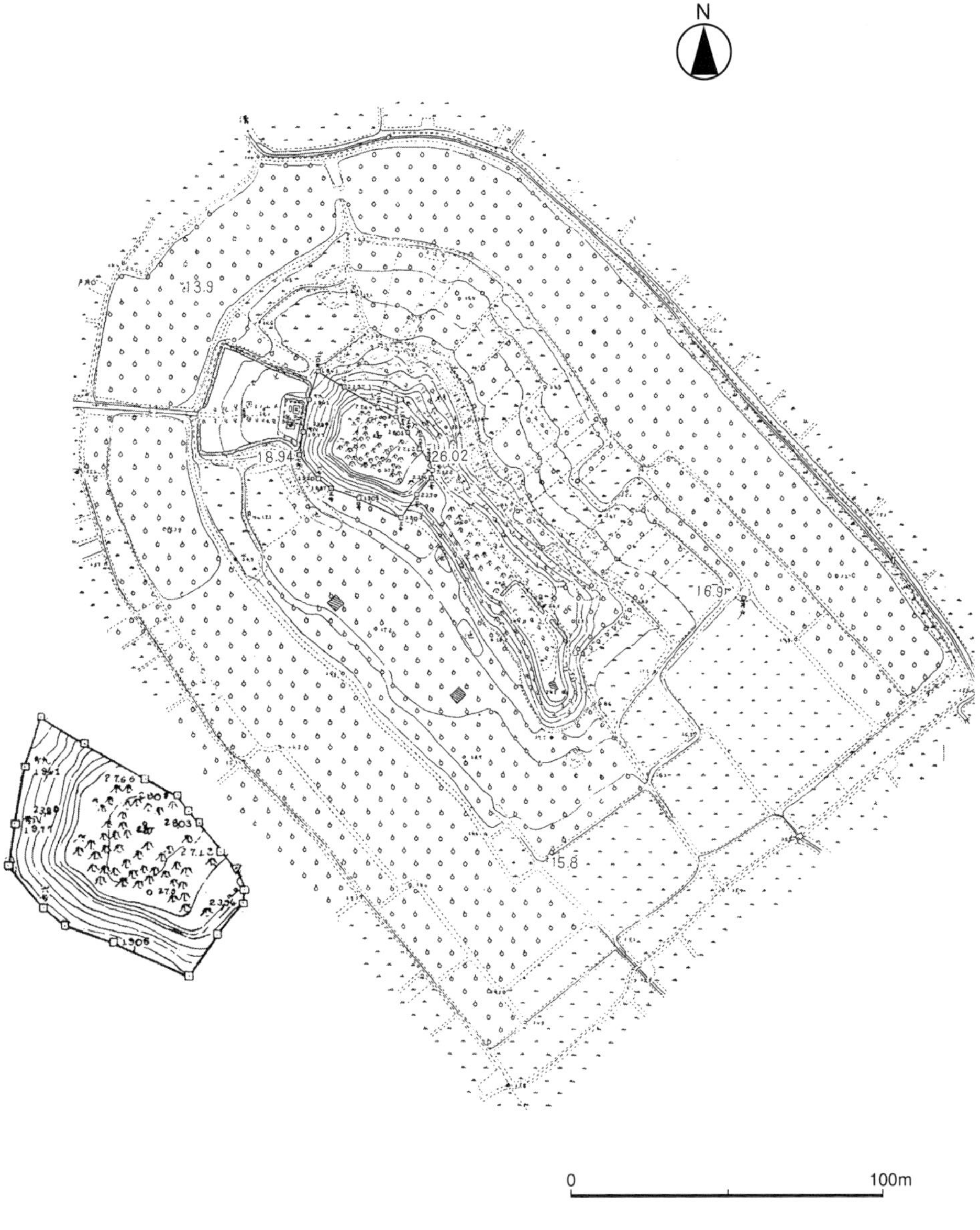

図 11　津堂城山古墳と藤井寺陵墓参考地（左下：拡大部分）

丘部のみが畝傍《うねび》陵墓参考地に治定されている（図37・39）。現在はここに柵があるが、変更される以前の一九九一年五月まではもっと上部に柵があった。

高屋八幡山古墳は墳形を大きく損じていて、方形の高まりが残るが、この部分が安閑天皇の皇后である春日山田皇女《かすがのやまだのひめみこ》陵とされている。この古墳は墳丘長八五メートル、後円部径五〇メートルの広い濠のある前方後円墳で、治定部分は前方部中央部とくびれ部、それに後円部の前方部寄りの一部にあたり、その他の墳丘部と周堀は民有地である。

②墳丘の主体部分は治定範囲となっているが、一部が治定外となっているもの

新山《しんやま》古墳と亀塚《かめづか》古墳の二例をあげる。

大和大塚陵墓参考地である奈良県北葛城郡広陵町の新山古墳は、墳丘の主体部を除いて、かなりの部分が治定外となっている。新山古墳は墳丘長一二六メートルの前方後方墳であるが、前方部裾と墳丘部、後方部墳丘の北裾、墳丘北の外区は宮内庁の管理外で民有地である。この民有地のうち後方部墳丘の北裾と墳丘北の外区が区画整理事業の対象地となり、一九八一年に橿原考古学研究所によって発掘調査され、埴輪円筒棺七などが検出されている。

崇神天皇の皇子大入杵命《おおいりきのみこと》の陪塚とされている石川県鹿島郡鹿島町の亀塚古墳は、墳丘長七二メートル（かつては六一メートルと思われていた）の前方後方墳である。墳丘の大部分が治定範囲となっているが、後方部南裾と東裾、前方部西北隅は治定範囲外となっている。そのために柵外は道路や民地として破壊されている。これは墳丘の設計企画の研究にとっては、基礎資料の破壊を意味する。

③古墳の墳丘裾までが治定範囲で周堀などは指定外となっているもの

この類は多いが、土師《はぜ》ニサンザイ古墳とウワナベ古墳の二例のみを例示する。

東百舌鳥《ひがしもず》陵墓参考地である土師ニサンザイ古墳（図9上）は、墳丘長二八六メートルの前方後円墳で、完周する内堀と外堤、前方部の前面と側面に外堀があるが、治定範囲は墳丘部のみである。なお、こまかくいえば後円部の南東裾は治定外であり、堀とともに堺市が管理する。

ウワナベ古墳は墳丘長二六九メートルの前方後円墳で、内堀と外堤、外堀があるが、宇和那辺《うわなべ》陵墓参考地とされている範囲は前方後円墳の墳丘部のみで、二重の堀と外堤は治定外である。なお、外堀の外側に接する二古墳が飛地として、同参考地の陪塚に治定されている（図27）。

④墳丘と堀の外側肩部までを治定範囲として外堤部や外堀を治定外とするもの

大阪府藤井寺市の市ノ山古墳は、墳丘長二三〇メートルの墳丘と内堀のほかに、内堤が内堀をめぐり、その外側に外堀がほぼ全周し、外堀をはさんだ内・外堤の縁部には円筒埴輪列の存在が推測されている古墳である。このうち允恭《いんぎょう》天皇恵我長野北《えがのながののきた》陵の治定範囲は、墳丘と内堀の内堤肩部までであり、外堀より外側にある二古墳の墳丘の大部分が飛地とされている（図12）。本来の古墳域である内堤から外堀が治定外となっており、この類の典型である。

滋賀県高島郡安曇川《あどがわ》町の田中王塚《たなかおうづか》古墳は、尾根上の周堀をもつ墳丘長六二メートルの帆立貝形古墳で、四三基からなる田中古墳群のほぼ中央部に位置している。安曇《あど》陵墓参考地の範囲を示す杭列の大部分は周堀外側肩部であるが、南西部の造出し（前方部）では、造出しと相似形に境界線を入れたため、南側では堀底の近くに杭が打たれており、造出し前面の堀を埋めて拝所がつくられている。陪塚として飛地形に三古墳と堀に接する円墳が陵地に加えられている。ほ号陪塚よりも後円部近くの円墳

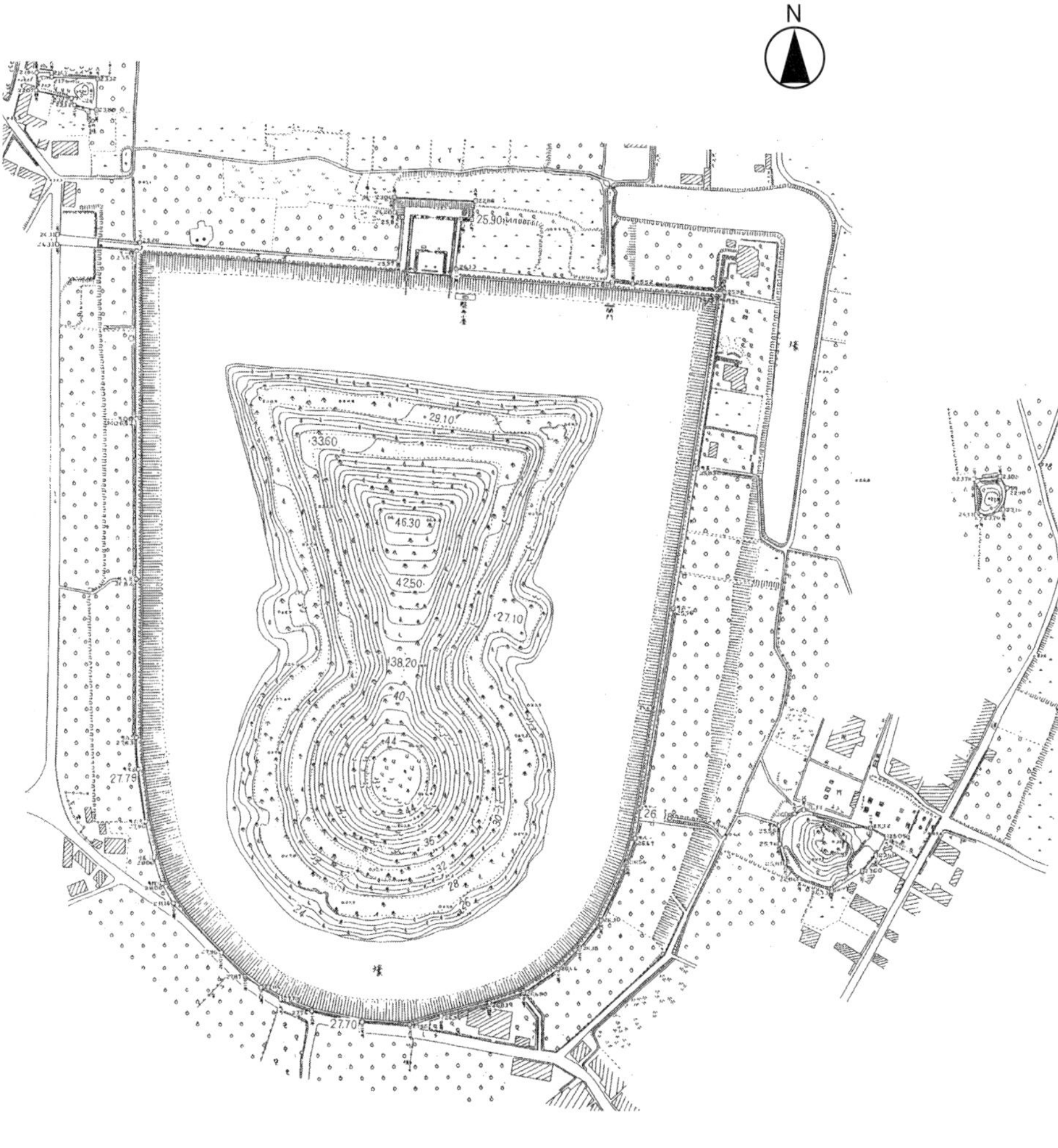

図 12　允恭天皇陵（市ノ山古墳）

は治定外である。

⑤墳丘・堀・中堤や三重堀までを治定範囲とするもので例は少ない

応神天皇恵我藻伏岡《えがのもふしのおか》陵地は、誉田御廟山《こんだごびょうやま》墳の墳丘、内堀、中堤までを含み、外堀と外堤は治定外で、中堤の二ツ塚と外堀の外側にある三基の古墳および墳丘長二二五メートルの墓山《はかやま》古墳と一辺六〇メートルの二基の方墳もほ号・に号・は号陪塚としている（図13）。墓山古墳のように誉田御廟山古墳より一段古い巨大古墳を陪塚とする一方で、外堀や葺石を斜面に敷き、円筒埴輪をもつ本来の墳域である外堤は治定範囲外となっている。

仁徳天皇百舌鳥耳原中《もずみはらなか》陵地本体は、大山《だいせん》古墳の墳丘と内堀、内堤、中堤、外堀を含む四六万二五二四平方メートルであり、一三の飛地（陪塚は墳丘部のみ）計四七万八五七二メートルとなっている（図14）。三重堀のうちで、後円部北側は二重堀外側の堤上にある二基の円墳をとり込んだために、いびつに膨れた形状を呈している。後円部側の三重目の存否は学問上問題がありながら、整備された三重堀の外側まで治定範囲とする一方で、陪塚はすべて墳丘部のみであり、と号陪塚とされる墳丘長一〇四メートルの永山古墳などは大形前方古墳の周堀がよく遺存しているにもかかわらず、周堀などは治定外とされている。

⑥古墳の墳域以外の自然丘陵なども陵墓地としたもので、治定の性質はおのおの異なる

雄略《ゆうりゃく》天皇丹比高鷲原《たじひのたかわしのはら》陵地は、本来の古墳二基と円墳の堀を拡大した池、それと二古墳を結ぶ前方部状の柵内沖積地を含んでいる（図6）。周堀のある径七六メートルの島泉丸山《しまいずみまるやま》古墳と一辺六〇メートルの島泉平塚《しまいずみひらつか》の間を一九世紀末に前方後円墳形にしたもので、その範囲を宮内庁が管理する。同

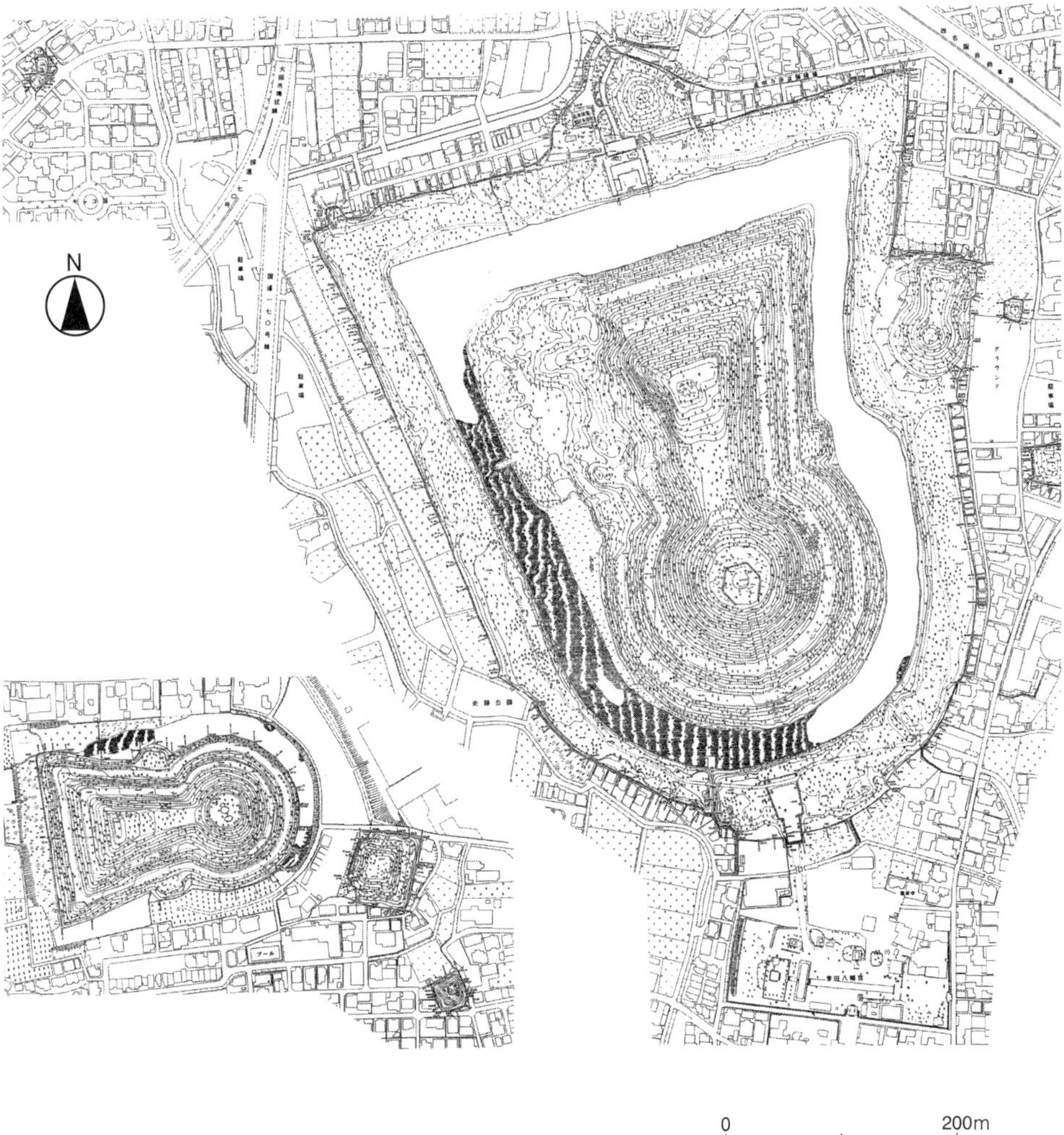

図 13　応神天皇陵（誉田御廟山古墳）**と陪塚**（左下：墓山古墳）

図 14　仁徳天皇陵（大山古墳）

類には倭彦命《やまとひこのみこと》身狭桃花鳥坂《むさのつきさか》墓がある。古墳とよばれる一辺八五メートルの方墳とその周辺を前方後円墳形に柵で囲ったもの（図7）で、柵内の樹木が繁茂し航空写真では二〇〇メートル級の前方後円墳に見える。

孝元《こうげん》天皇陵剣池嶋上《つるぎのいけのしまのうえ》陵地は、尾根上に立地する小形前方後円墳と長方墳、方（または円）墳、それに広大な丘陵全体を治定地とするもので、面積は二七万三〇平方メートルにおよぶ。江戸期には中山塚とよばれていたが、天皇陵地のなかに小形前方後円墳を含む古式群集墳が陵地とされた例である。なお、拝所で小古墳一基が破壊された可能性がある。

大吉備津彦命墓地として管理するのは、山丘尾根上の中山茶臼山《なかやまちゃうすやま》古墳（墳丘長約一二〇メートル）の墳丘部と自然地形整形部、それに周辺地形を含んでいる（図3）。拝所建設を除けば、史跡指定範囲の参考ともなるものである。

以上の類型のうち、最後を除くすべての類型では、宮内庁管理の境界標や柵外となっている墳丘や墳域の保存が危険な状態となっている。

宮内庁が管理している古墳の護岸工事などの修復の費用としては、毎年二億円程度の費用が使われている。その際には、陵墓課内の陵墓調査室に属する考古学者、歴史学者七、八人で事前調査や立会調査がおこなわれている。これについては陵墓管理委員会（考古・日本史）を年一回開いて意見を聞いているというのが、宮内庁の公的な回答である。ただし、これらは境界標識・柵内のことである。

史跡指定と陵墓古墳

わが国の歴史の正しい理解のために欠くことができず、かつ、その遺跡の規模、遺構、出土遺物などにおいて、学術上価値のあるものを国指定史跡とすることになっている。このうち学術上の価値がとくに高く、わが国文化の象徴たるものを特別史跡としている（以上、指定基準）。これらは文部科学省の外局である文化庁の所管事項で、その指定は文部科学大臣の職務権限の一つとされている（文化財保護法第一〇九条）。もちろんのこと、古墳も遺跡であり、これら指定基準のなかに含まれる。宮内庁が管理している古墳のなかにも、当然、特別史跡・史跡級の価値をもつものも数多く含まれている。

宮内庁が「陵墓等」として管理している古墳については、史跡などに指定して保存処置をとることは、きわめて困難であるというのが実情である。それはすでに陵、墓、陵墓参考地、陪塚として宮内庁が治定済みであること、皇室財産であることから土地所有者の皇室を代行する宮内庁の同意を必要とするからである。古代の天皇陵は一八九〇年（明治二三）までに決定され、皇子女墓は一九四九年（昭和二四）に治定の一例を除いて二〇世紀はじめには治定を終えている。また、陵墓参考地は一九世紀末から二〇世紀はじめに御陵墓伝説地と御陵墓伝説参考地として決められたものを、一九二七年（昭和二）に陵墓参考地と名称を統一したものである。これらは前述したように、治定範囲は六類型に分けられる。

巨大古墳を含む宮内庁が管理する古墳は、民地との境界に標識や柵が設置されている。このことは、この標識や柵外は重要でなく、宅地などに利用してよいという観念を育て拡大し、標識や柵から外側の乱開発を生むこととなった。それは考古資料としての古墳の価値を破壊するものであった。当然のことながら、この部分の保存が要望され、国指定史跡としての保存の手だてが講じられる方向が生まれたのである。

ドーナツ指定

考古資料として、陵、墓、陵墓参考地、陪塚などの宮内庁管理外の墳丘や墳域を国指定史跡として保存することが一九五五年から始まったのである。この多くは宮内庁治定の範囲の外側をドーナツ状に指定する、いわゆるドーナツ指定とよぶものであった。藤井寺陵墓参考地とされる津堂城山古墳の後円部上段以外の墳丘と周堀が一九五五年に史跡指定となり、さらに一九六六年には国指定史跡の範囲が拡大された。周囲が宅地化した部分も含んで大阪府堺市の塚廻《つかまわり》古墳（図14）が同年五月に史跡となった。また、宅地化などの開発で破壊の危機が迫っていた誉田御廟山古墳（内堤までは応神天皇陵、図13）の外濠と外堤が一九五八年に史跡となり、後円部上段の円丘部のみが畝傍陵墓参考地とされていた見瀬丸山古墳の墳丘が一九六九年に国指定史跡となり、広い周堀も保存へとむかいつつある（図37）。さらに宅地化が進むなかで、羽曳野市の墓山古墳（墳丘部のみ応神天皇ほ号陪塚、図13）の周堀外堤が一九七五年に史跡となり、堤の堀側に葺石施設をもち、幅狭の深い堀、幅広い堤を備えた重要部分が保存されたのである。

こうした保存への努力はあるものの、宮内庁の治定範囲の外側は、その多くが放置されたままである。しかも、文化庁も古墳の本体を除いたドーナツ指定には難色を示し、第一級の古墳資料の多くは破壊の進行に悩まされたままである。

第Ⅱ章　天皇陵はどのように決められたのか

1　神武天皇陵の修築とねつ造

急いで決めた所在地

神武《じんむ》天皇は『古事記』や『日本書紀』で、初代の天皇とされる人物である。その名を『古事記』では神倭伊波礼毘古命、『日本書紀』では神日本磐余彦尊、いずれもカムヤマトイワレビコノミコトと読む。『日本書紀』によれば、紀元前七一一年に生まれ、前五八五年に一二七歳（『記』では一三七歳）で没したと伝えられているが、当然、実在しない人物である。

この実在しない人物の墓を一八六三年（文久三）に決定し、二つの土まんじゅうだけだった洞村《ほら》ミサンザイ（神武田《じぶた》）に神武天皇陵がつくられた（**図15**）。これは『記』『紀』の記述を含めれば、二重の意味で「歴史の偽造」である。では、なぜ、この時期に神武天皇陵の修築が急がれたのであろうか。

神武天皇陵の所在については、『古事記』の「御陵《みはか》は畝火山の北の方の白檮《かし》の尾《お》の上にあり」と『日本書紀』の「畝傍山東《うしとらの》北《》陵《みささぎ》に葬《はぶ》りまつる」をたよりに探索がつづけられてきたが、三説あって

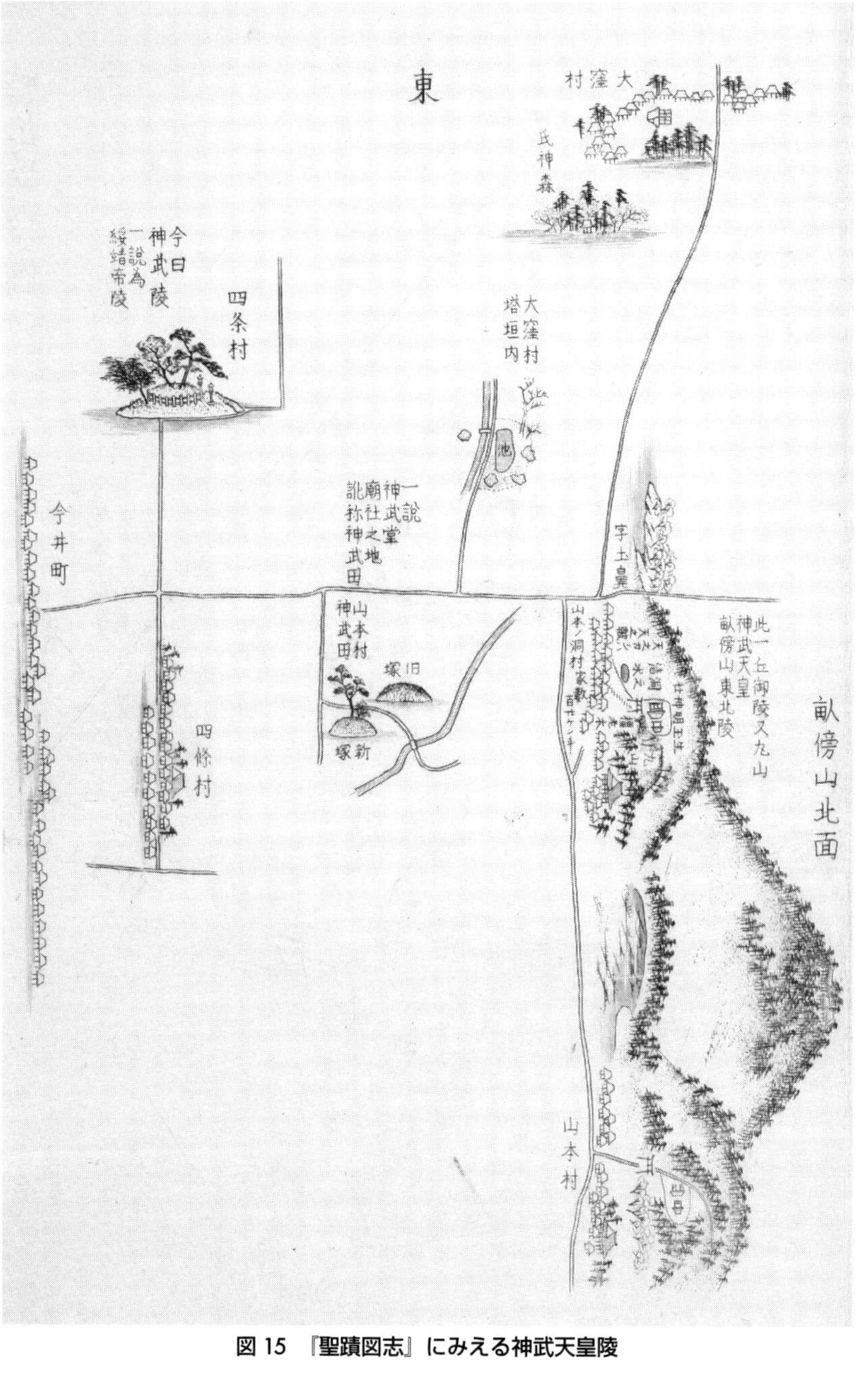

図 15 『聖蹟図志』にみえる神武天皇陵

決まらなかった。

それは丸山説（橿原市本町）、塚山説（橿原市四条町、現綏靖天皇陵）、神武田ミサンザイ説（橿原市大久保＝当時は高市郡洞村）の三説である。このように所在地が決定できなかった理由は『記』『紀』の記載が曖昧であったことと、それ以上に神武天皇陵にふさわしい墳墓が存在しなかったからである。いずれにしても、一八六三年に神武田説に決定した背景には、孝明天皇の大和行幸までに急いで決定する必要があったからである。

拡大してゆく神武陵

一八六三年（文久三）五月から修陵工事を開始し、一二月まで一万五〇六三両の大金を投じての大事業をおこなった。その後も、丸山近くにあった被差別部落である洞部落を強制移転させるなど、神武天皇陵本体の改変と兆域の拡大がつづいた。

一八七七年（明治一〇）の「神武帝畝傍山東北陵成功図」には中心部に二つの小円丘を描いているが、一八九六年（明治二九）の図には中心部が八角形の石垣に描かれるなど本体の拡張と改変がおこなわれた。一八九八年（明治三一）からは、日清戦争戦勝記念として神武陵の第一次兆域拡張がおこなわれ、買収した民有地は六五五四坪となった。紀元二六〇〇年記念として、参道や鳥居、大拝所、勅使斎館などの新設、参道両側の植樹などをおこない、現在に至っている（図16）。

神武天皇は、『日本書紀』では「夫《か》の畝傍山《うねびやま》の東南《たつみのすみ》の橿原《かしはら》の地《ところ》は、蓋《けだ》し国の墺区《もなかのくしら》か。治《みやこつく》るべし」とのたまい、畝傍山東南の橿原宮で辛酉《かのととり》の年（紀元前六六〇年）に即位したとされている。これを顕

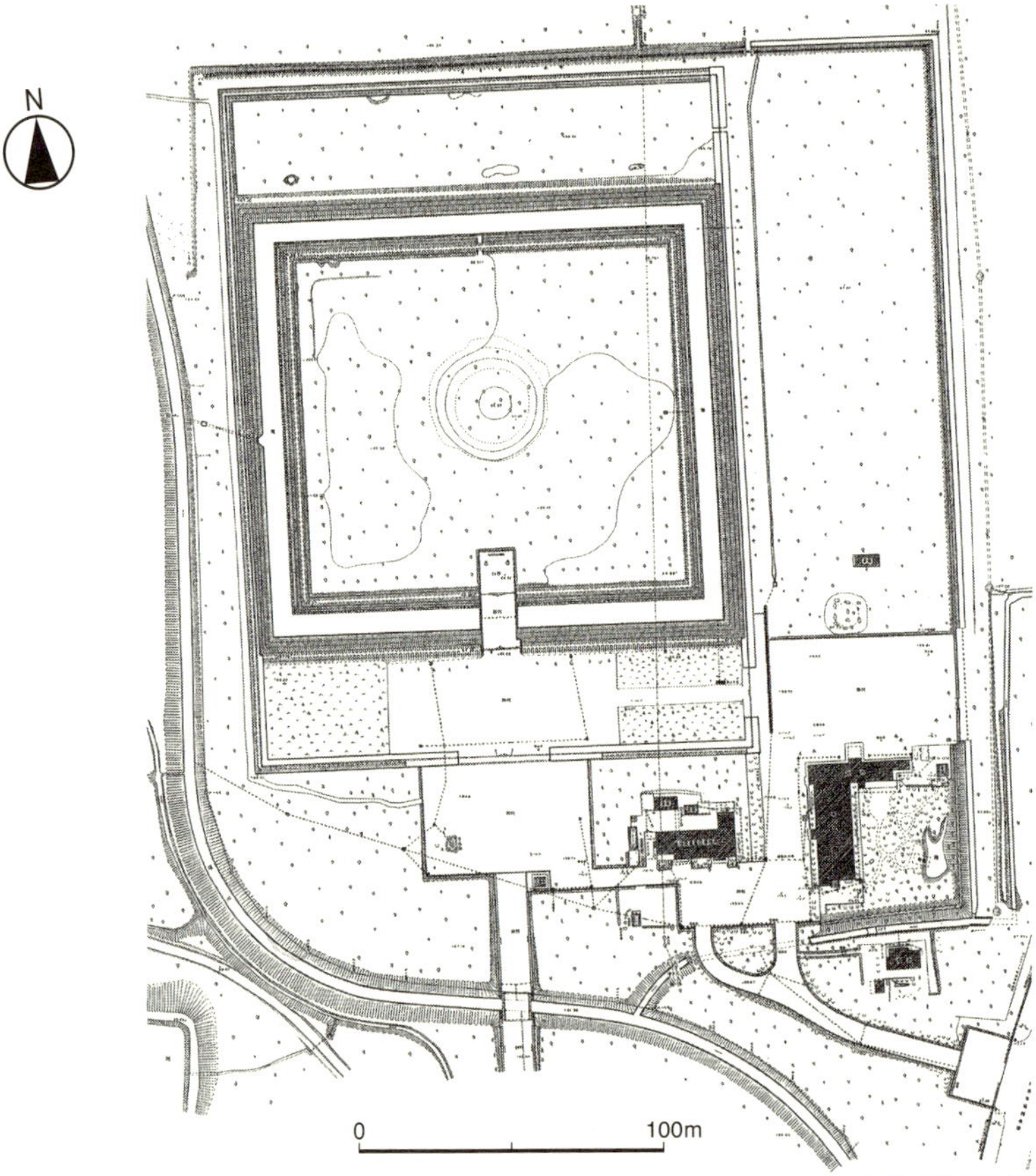

図 16　現在の神武天皇陵

彰し、この地に橿原神社建設願いが出され、一八九〇年（明治二三）に神武天皇と神武皇后を祭神とする橿原神宮が官幣大社として鎮座祭がおこなわれた。

このように、橿原神宮は創建されてから一二〇年に満たない神社であるが、特別の役割をはたした。一八八九年二月一一日に大日本帝国憲法が発布され、学校教育で紀元節奉祝が強調された。初代天皇を祀る橿原神宮は紀元節と一体となって、宣戦報告祭などを通して紀元節の神社としての性格をもち、政府が重視した。

明治末年からの第一次拡張によって、橿原神宮の境域は創建当初の二万一五九坪から三万六六〇〇坪と一・八倍になった。紀元二六〇〇年とされる一九四〇年は、橿原神宮奉祝祭で明け暮れ、この年一年間の参拝者は九七一万五〇〇〇人に達した。さらに拡張はつづき、一九四一年には境域が一二万坪に拡張され、さらに外延が四万坪と広大なものとなった。

2　神代三代の陵の決定

公開されない資料

実のところ明治以降についても、陵墓決定に関する資料（とくに決定理由と決定年月日）は、刊本としてはもちろんのことであるが、製本、副本、写本の形でも、まったく公開されていない。したがって、陵や墓などがいかなる根拠にもとづいて決定されたかは、わからないのである。このことは、今日の陵墓決定の是非を基本的資料によって検討することすらできなくしている。

もし、こうした資料が実在するのであれば、その公開を強く要望する。しかし一方で、このことは現在の治定が客観的根拠をもたないことを示しているわけでもある。わずかに、明治初期の記録として「飯豊《いいとよ》天皇」「弘文《こうぶん》天皇」について、歴代に加えるべきかどうかについて検討したものがある（太政官制度局『開申書』一八七〇年。宮内省か？『御歴代ノ代数年紀及院号に関する調査の沿革』一九一八年）。しかし、これも陵墓に関する検討は、ほとんど含まない。

陵墓の決定時期についても、すべての陵、墓、陵墓参考地について明らかにしたものは、写本の形でも公開されていない。そこで次善の策として、明治期の『陵墓一覧』類や大正期の『陵墓要覧』類を編年・比較して、陵墓等の決定時期を一定の時間幅のもとに探る方法が考えられる。

『陵墓録』の資料価値

ところが、一八六八年（明治元）から一八八一年（明治一四）に至る全陵墓の決定期を知りうるばかりか、部分的には一八八三年（明治一六）までの決定年月日を知ることができる資料にめぐりあうことができた。『陵墓録』がそれである（図17）。

『陵墓録』は、同名でほぼ同一内容のものが国立公文書館と宮内庁書陵部の双方にあるが、後者は前者（内閣本）の写本であり、前者がより基本的資料である（『陵墓録』一八八一年二月改、国立公文書館蔵、資一四四―二〇七）。

同書は、B５判和綴本で、用紙は会計検査院のものを使用している。記入方法は、府・県管区ごとに陵と墓を楷書で列挙している。「陵」の場合は、天皇名、陵名、所在地（国、郡、村）を墨書し、陵の決定時期を同一筆跡と見られる書体で朱書している。皇后等の陵と墓の場合は、天皇との続柄、人名、所在地を墨書し、決定年月（日）を朱書する。朱書は、江戸期に決定のものは「維新前確定」と記し、明治期のものは「明治何年何月決定」と記すが、なかには「文武天皇陵」のように「改定」と記し、一度決定したものを改定したことを明記している。

陵墓列記中で注目されるのは、大和国のものが大阪府管内として記されていることである。この資料は、奥付を欠失しているが、最終頁左上隅に「明治十四年二月改」と朱書きしており、書体や文字も本文中のものと同類である。

本書の成立期を探る第一の指標は、「明治十四年二月改」であるが、第二の指標は、大阪府管内に「大和国」が含まれていることである。大和国は、明治維新とともに奈良府となり、一八七一年（明治四）に奈良県に改称され、一八七六年（明治九）に堺県管内となり、一八八一年（明治一四）に大阪府管内となり、一八八七年（明治二〇）に奈良県となっている。したがって、本書の成立の時期は、最大幅で一八八一年から一八八七年のうちに求められる。

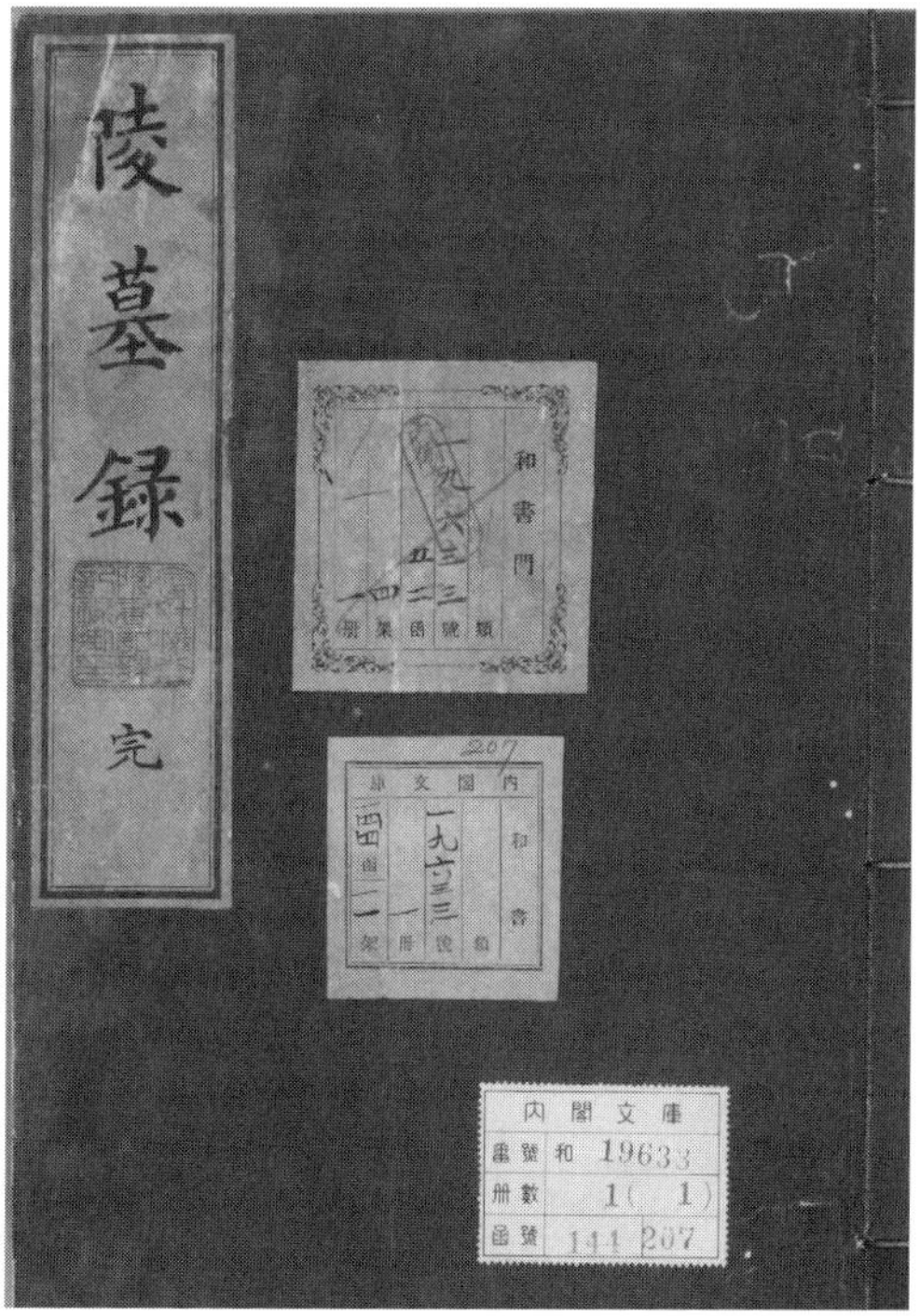

図 17 『陵墓録』

第三の指標は、用紙が会計検査院のものを使用しているということである。会計検査院は、一八八〇年三月に大蔵省検査院を廃して、太政官内の独立官庁としてつくられている。

さらに、同書中には、本文の空白に付箋《ふせん》を貼り付けた部分があって、書体も異なることから、本文成立後のものであることを示している。このなかに「播磨稲日大郎姫命」欄があり、それには「明治十六年四月決定」と記されていることから、本書の成立を一八八一年（明治一四）から一八八三年（明治一六）四月までの間に絞ることができる。

以上から、本書は一八八一年二月に改めた直後の成立としてよい。そして、太政官直属部局として新設された会計検査院の実務上のものとしてよく、写本ではなく正本の可能性が高い。この『陵墓録』の資料的検討によって、同書が明治前半期における陵墓決定年月を知りうる同時代資料として、もっとも価値の高い資料として確認できた。

以下、『陵墓録』を基本資料として、『陵墓一覧』や『陵墓要覧』にもとづきながら、明治前半期の陵墓決定とその特質の検討をおこなう。

なお、以下の文中でやむをえず使用する用語について注記しておきたい。

第一は、天皇名などは実在を前提としていないこと。

第二は、「天皇」「皇后」の用語は、それぞれ七世紀初頭または中葉、八世紀前半以降の使用であること。

第三は、「仁徳」「顕宗」などの名は八世紀以降の命名で、「弘文」に至っては一八七〇年の命名であること。

第四は、「何某天皇陵」との呼称は宮内庁（省）の名称で、考古学など歴史資料としては、小字名等の名を付した田出井《たでい》山古墳（宮内庁名は反正天皇陵）、島泉丸山《しまいずみまるやま》古墳（宮内庁名は雄略天皇陵）などの呼称を用いるのが正しい。しかし、ここでは、宮内省の決定を問題としているので、これらの名称を用いることにする。

明治政府最初の陵決定は神代三代の陵

『陵墓録』によれば、明治政府が最初に陵の決定をおこなったのは、一八七四年（明治七）のことで、決定されたのは『記』『紀』によって神武天皇の曽祖父、祖父、父とされる神代三代の人物である。

『日本書紀』によれば、天津彦彦火瓊瓊杵尊《あまつひこひこほのににぎのみこと》は天上に住む天照大神の孫で、日向の高千穂の峯に降臨し、木花開耶姫《このはなさくやひめ》との間に火闌降命《ほのすそりのみこと》、彦火火出見尊《ひこほほでみのみこと》、火明命《ほのあかりのみこと》をもうけたとされる。火闌降命は「自《おの》づからに海幸《うみさち》有します」、つまり「もともと海の幸を得る力を備えていた」、彦火火出見尊は「自《おの》づからに山幸《やまさち》有します」、つまり「もともと山の幸を得る力を備えていた」と『日本書紀』にあるように、海幸彦と山幸彦の物語で知られる神である。彦火火出見尊は、海神の子女の豊玉姫《とよたまひめ》と結ばれ、その間に生まれたのが神武天皇の父の彦波瀲武鸕鷀草葺不合尊《ひこなぎさたけうがやふきあえずのみこと》である。鸕鷀草葺不合尊は、叔母の玉依姫《たまよりひめ》との間に彦五瀬命《ひこいつせのみこと》、稲飯命《いなひのみこと》、三毛入野命《みけいりののみこと》、神大和磐余彦尊《かむやまといわれびこのみこと》の四人の男子をもうけた。この四男の神大和磐余彦尊こそは、日向を発って東征し、六年（『古事記』では一六年）の苦難の末に大和を平定して、辛酉の春正月に橿原宮で即位した初代の神武天皇とされている。

『日本書紀』では、瓊瓊杵尊は「筑紫日向《つくしひむかの》可愛《え》之陵《のみささぎ》」、彦火火出見尊は「日向《ひむか》の高屋山上陵《たかやのやまのうえのみささぎ》」、鸕鷀草葺不合尊は「日向《ひむか》の吾平山上陵《あひらのやまのうえのみささぎ》」に葬ったと記されている。『延喜式』も『日本書紀』にもとづいて、いずれも「日向国に在り」と記載している。この神代三代の陵が『陵墓要覧』（一九九三年版）によると、瓊瓊杵尊の陵は鹿児島県川内《せんだい》市宮内《みやうち》町脇園にあって方形、彦火火出見尊の陵は鹿児島県姶良《あいら》郡溝辺《みぞべ》村大字麓《ふもと》字菅ノ口にあって円丘、鸕鷀草葺不合尊の陵は鹿児島県肝属《きもつき》郡吾平《あいら》町大字上《かみ》名《みょう》にあって洞窟とされている。このように、古墳でない可能性が高いものも含めて、明治政府は、はじめての陵墓の治定を実在しない神話上の人物からおこなった。このことが、その後の陵墓決定の特質を鮮明に示しているといえよう。

明治政府が最初に陵の決定をおこなった一八七四年（明治七）といえば、神武天皇が橿原宮で即位した日として、「紀元節」の祝日*が二月一一日と定められた翌年にあたっている。神武天皇が初代の天皇で、皇室の祖先にあたるという、その皇統を正当化させるためにも、明治政府は天孫降臨した瓊瓊杵尊から神武天皇に至る神代三代の陵の決定を優先させたのである。

＊明治政府は一八七二年、一月二九日を「神武天皇即位日」として祝日と定めたが、翌年には一月二九日は計算違いだったとして、改めて二月一一日を「紀元節」と定めた。

3　欽定憲法と全天皇陵の決定

天皇陵決定の実態

江戸末期の一八六二年（文久二）には、天皇陵一八が未治定であったが、明治政府は神代三代の陵決定についで、未治定の天皇陵などの陵墓を探索し、その決定を急いだ。しかし、その作業が困難をきわめたことは、政府が一八七四年（明治七）に「古墳発見ノ節届出方」（太政官達五九号）で、「上世以来陵墓ノ所在未定ノ分即今取調中ニ付、各管内荒蕪地開墾ノ節、口碑流伝ノ場所ハ勿論、其他古墳ト相見ヘ候地ハ猥ニ発掘為致間敷候」と、古墳の発掘を規制する布告をしなければならなかったことからもわかる。さらに一八八〇年（明治一三）にも、「人民私有地古墳発見ノ節届出方」（宮内省達乙三号）で、「古墳発見ノ節届出方」と同趣旨の布告を再びしている。とはいえ、一八七五年に開化《かいか》、七六年に崇峻《すしゅん》、七七年に弘文、七八年に綏靖《すいぜい》というように、しだいに未治定の天皇陵を決定していったが、その決定の実態を少しくわしくみてゆこう。

開化天皇陵　一八七五年（明治八）、開化天皇

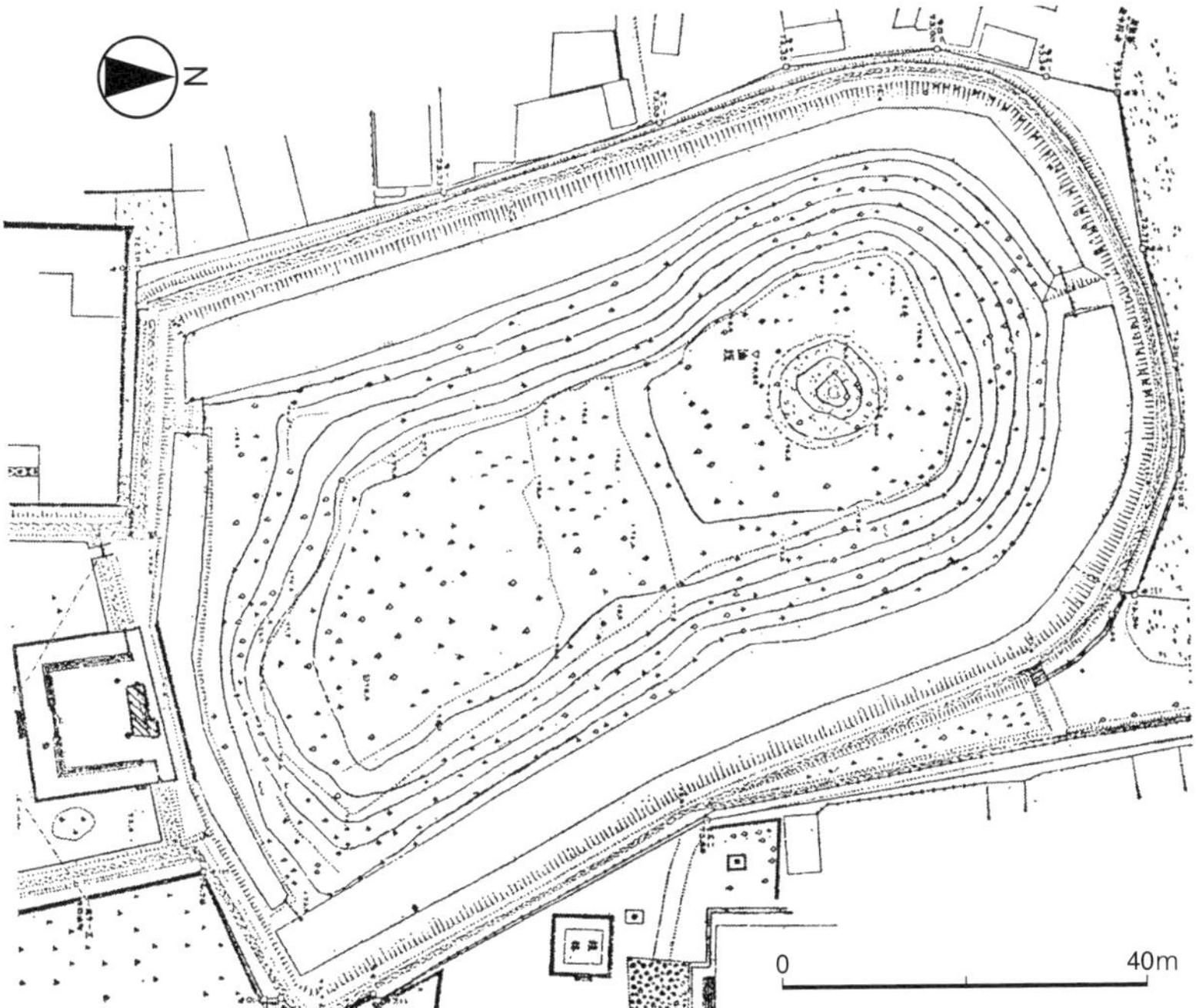

図18　前方後円形の丘を陵とした開化天皇陵

陵が奈良市油坂町に決定される。第二代の綏靖から第九代の開化天皇までは欠史八代とよばれ、『記』『紀』ともに天皇の事績をまったく残していないことからも明らかなように、実在した人物とはいいがたい。江戸時代に墓地などで変形されたが、全長一〇〇メートルほどの前方後円形の丘（念仏寺山）を文久年間に大改修をして、山陵に整えられた（図18）。一九七五年の鳥居の建替え工事でも江戸時代の骨壺などが出土しており、現陵墓近くまで墓地だったことが確認されている（笠野毅「開化天皇陵鳥居建替工事の立会調査」『書陵部紀要』二八号、一九七七年）。また、二〇〇八年度の同じく鳥居の建替え工事で、五世紀代の衣蓋《きぬがさ》形埴輪が一点出土したというが、公開されていない。

崇峻天皇陵　一八七六年（明治九）、崇峻天皇陵が奈良県桜井《さくらい》市倉橋《くらはし》字金福寺《きんぷくじ》跡に決定される。この天皇の陵は、江戸期には大和国高市郡倉椅村赤坂天王山《あかさかてんのうざん》古墳に比定されていた。当時、この古墳は開口しており、出入りが可能であった。一辺四五メートルの方墳で、石室の全長一

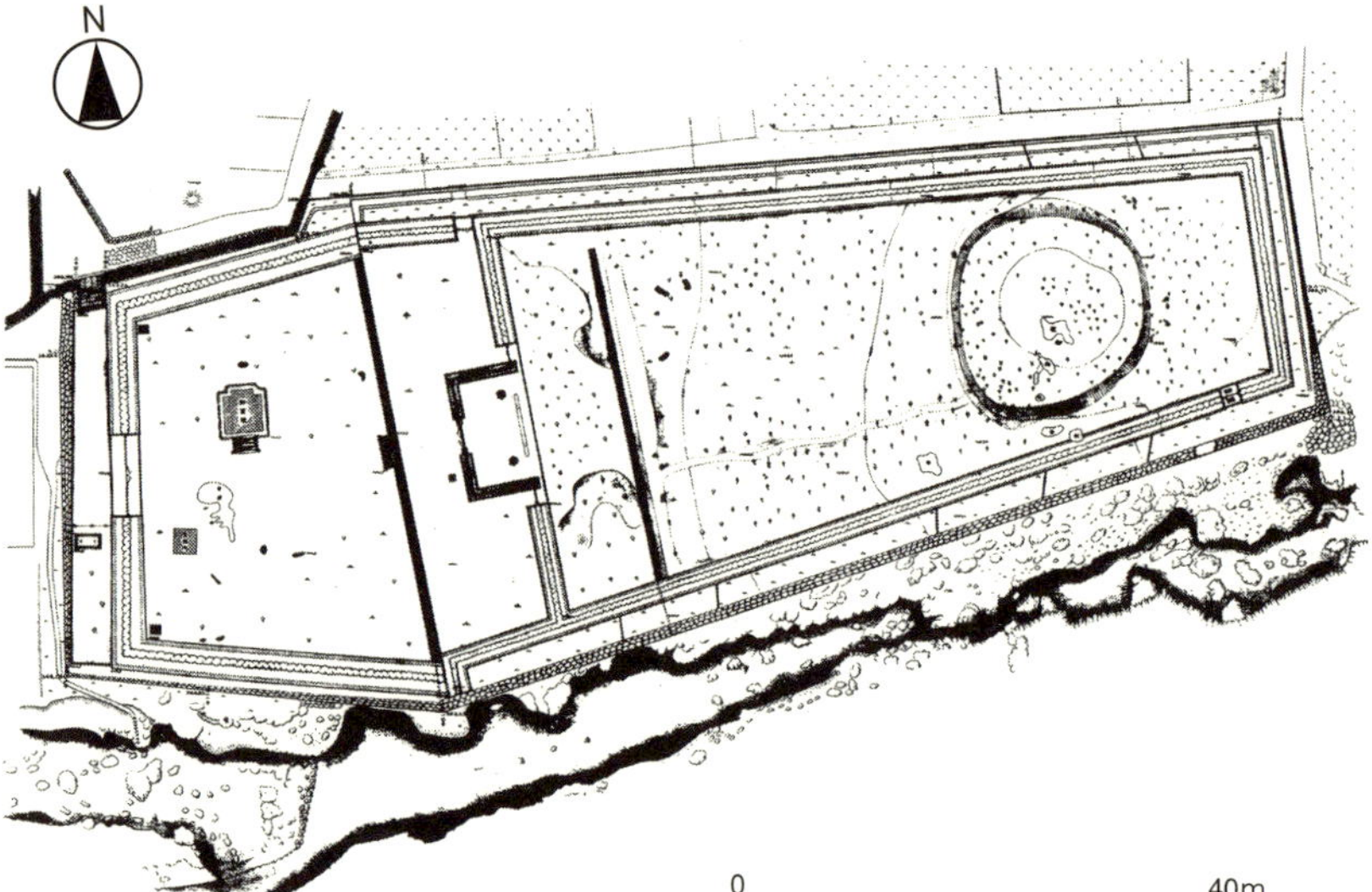

図19　19世紀末に築造された崇峻天皇陵

七メートル、刳抜式家形石棺《くりぬきしきいえがたせっかん》をともなう六世紀末頃の古墳である（梅原末治「大和赤坂天王山古墳」『日本古文化研究報告』九、一九三八年）。だが、崇峻天皇陵に決定された場所は、倉橋字金福寺内の天皇位牌堂であり、その一角を陵地としたことからも明らかなように、現在の陵は、一八八九年（明治二二）に築造されたものである（図19）。江戸期に比定された天王山古墳は、時期的にも大王陵級の方墳であったが、一九世紀末に築造された陵が出現したのである。

弘文天皇陵　一八七〇年に歴代天皇のうちに加えられた旧大友皇子の陵が一八七七年（明治一〇）、滋賀県大津市御陵町に決められ、弘文天皇陵とされた。もと亀丘《かめおか》古墳とよばれ、円墳とされているが、陸軍演習地とされていたこともあって、詳細は明らかにしがたい。『日本書紀』『延喜式』ともに天皇としてとり扱われず、『紀』に「山前《やまさき》に隠《かく》れて、自《みづか》ら縊《くび》れぬ」とあり、将軍たちは「大友皇子《おおとものみこ》の頭《かしら》を捧《ささ》げて、営《いおり》の前《まえ》に献《たてまつ》りぬ」とあるだけで、陵地の記載はもとより、埋葬の記載すらない。山前についての諸説のうち、伴信友《ばんのぶとも》らの大津市長等山《ながらのやま》説を採用して弘文天皇陵としたのであるが、その根拠はきわめてとぼしい。

綏靖天皇陵　一八七八年（明治一一）には、綏靖天皇陵が奈良県橿原市四条に決定される。この地は、江戸期には「神武天皇陵」に比定されていたものである。この天皇の名は「神渟名川耳《かんぬなかわみみ》」で、この名は天皇の在位中の名である、いわゆる尊号に対して後におくられた和風諡号であることから、七世紀後半以降につくられた名前とされているもので、実在の人物とは言いがたいものである（水野祐『日本古代王朝史論序説』一九五四年）。

文武天皇陵　一八八一年（明治一四）には、文武天皇陵が奈良県高市《たかいち》郡明日香《あすか》村栗原《くりはら》に改定・決定された。文武天皇陵は、江戸期には明日香村高松塚古墳（円墳、横口式石槨、極彩色の壁画で著名）に比定されており、明治初期には堺県高市郡野口村の中尾山《なかおやま》古墳に比定されることもあった（宮内省御陵墓懸『陵墓一覧』一八八〇年四月改）。この中尾山古墳は、八角形墳の火葬墓で、径二四メートル、対辺間の距離一九・四メートル、周囲に二重の石敷がとりまき、墳丘内に長さ九三センチ、幅九〇センチ、高さ八七センチの石櫃《いしびつ》があった（網干善教「八角方墳とその意義」『日本考古学協会研究発表要旨』一九七六年）。この古墳の築造年代については、猪熊兼勝らの研究をもとに七〇〇年から七一〇年の間として、七〇七年に没した文武天皇の陵と推定する研究者もいる（田辺昭三『古墳の謎』祥伝社、一九七二年）。

文武天皇陵の現在地は山形であるが、栗原字塚穴という字名からして、横穴式石室または横口式石《よこぐちしきせっ》槨《かく》がかつて開口していた可能性もある。現在地に決定された理由は不明であるが、八世紀初頭の天皇陵に見られる八角形墳の中尾山古墳がすぐ近くにあることは注目してよい。

なお、『日本書紀』は、「八月《はつき》の乙丑《きのとのうし》の朔《ついたちのひ》に、天皇《すめらみこと》、策《みはかりこと》を禁中《おおうち》に定《さだ》めて、皇太子《ひつぎのみこ》に禅天皇位《くにさ》りたまふ」と、持統天皇が軽皇子（文武天皇）に譲位することで終わっているので、当然文武天皇の陵に関する記載はない。『延喜式』でも、その所在地を大和国高市郡と記すのみである。

不明の一三陵を一括決定　明治政府の懸命な作業にもかかわらず、大日本帝国憲法発布の当日までには、すべての天皇陵を決定することができなかった。伊藤博文などは、「万世一系の皇統を奉戴する帝国にして、歴代山陵の所在が未だ明らかならざるものがある如きは、外交上信を列国に失ふ」（『明治天皇紀』一八八九年六月九日）と嘆いたが、大日本帝国憲法が発布された一八八九年（明治二二）中には、未治定であった一三の天皇陵が一括して決定された（宮内省御陵墓懸『陵墓一覧』一八八〇年の欄外記述。足立正聲「陵墓一覧題言」『陵墓一覧』一九〇一年、一九三四年写本による）。しかし、その決定理由は明らかにされていない。

この一三陵のなかには、古代の天皇である顕宗《けんぞう》天皇と武烈《ぶれつ》天皇の陵が含まれている。この二つの天皇陵の決定が、もっとも遅れたのには、それなりの理由があった。顕宗と武烈の陵について、『古事記』では「片岡石杯岡《かたおかのいわつきのおか》」、『日本書紀』では「傍丘磐杯丘陵《かたおかのいわつきのおかのみささぎ》」と、いずれも同一の場所名と陵名が記されているだけある。また、両書によるとみられる『延喜式』でも、「大和国葛下郡」と記すのみで、その所在地に具体性がない。このことから馬見《うまみ》丘陵の西に接近して、同規模の二古墳をみつけるのに苦労したためであった。

江戸期には、顕宗天皇陵は北葛城郡香芝《かしば》町（現香芝市）平野塚穴山《ひらのつかあなやま》古墳に比定されていた。この古墳は、奈良県教育委員会の調査によって、一辺一五メートルの方墳で、横口式石槨中に夾紵棺《きょうちょかん》と人骨、金環が出土し、七世紀後半に築造された古墳であることが明らかとなっている。また、武烈天皇陵に比定されていた古墳も、相似た構造のものである。

ともかくも、一八八九年に、顕宗と武烈の二つの天皇陵は、北葛城郡香芝町今市的場と同町今泉（現香芝市北今市と同市今泉）に決定した。前者は前方後円形、後者は山形である。詳細は明らかにしがたいが、武烈天皇陵は自然地形を区画して陵としたことは明らかである（図5）。森浩一は、二陵とも古墳として疑問で、ほかに候補地を求めたほうがよいとしている（森浩一『古墳の発掘』中公新書、一九六五年）。

顕宗天皇陵と武烈天皇陵についての江戸期の比定は、実在したとすれば六世紀初頭の人物に七世紀後半の古墳をあてはめたのであるから、当然否定される。江戸期の比定も確実な根拠によるものでないことが明らかとなった。また、顕宗と武烈の両天皇については、その実在性を否定する古代史家が多いことも想起すべきであろう。この近くには、孤井城山古墳《きついしろやま》（全長約一四〇メートルの前方後円墳）があり、六世紀の大王陵につぐ大きさの古墳だが、顕宗や武烈の実在性の検討を抜きにして、安易に結びつけることは避けるべきであろう。

こうして、ともかくも、すべての天皇陵は一八八九年（明治二二）までに決定されたのである。

万世一系の完成とその意味

大日本帝国憲法は、天皇の命令によって制定された欽定憲法として、一八八九年二月一一日に発布された。これには、第一条で「大日本帝国ハ万世一系ノ天皇之ヲ統治ス」、第三条で「天皇ハ神聖ニシテ侵スヘカラス」、第四条で「天皇ハ国ノ元首ニシテ統治権ヲ総攬シ」、第一一条で「天皇ハ陸海軍ヲ統帥ス」とあるように、絶対主義的天皇制の体制が明文化されたのである。また、同時に制定された皇室典範では、第一条で「大日本国皇位ハ祖宗ノ皇統ニシテ男系ノ男子之ヲ継承ス」、第二条で「皇位ハ皇長子ニ伝フ」ことなどが定められた。

この大日本帝国憲法で「万世一系ノ天皇」をうたい、皇室典範で「皇位ハ祖宗ノ皇統」と定めるからには、その万世一系の皇統を具現化するためにも、歴代の天皇陵のすべてを決定する必要があった。そのためには、陵の決定は、実在性や科学的検討は二義的な意味しかもたなかった。このことは、明治政府の陵の決定が、『記』『紀』によって神武天皇の曽祖父、祖父、父とされる神代三代、つまり瓊瓊杵尊、彦火火出見尊、鸕鷀草葺不合尊から始められたことに端的に示されている。

一方、天皇陵の決定自体と、陵の尊厳化に力点がおかれたために、たとえば前述した崇峻天皇陵などのように新たな造陵や改修、陵域の拡大などがおこなわれた。そして、この作業は、江戸期に治定された天皇陵にも及んでいたのである。*

こうした一連の作業の意味するものは、天皇神格化のためのイデオロギー動員に、万世一系の皇統の具現として、天皇陵が徹底的に利用されたことを意味している。

明治政府が神代三代の陵を決定した一八七四年（明治七）から、すべての天皇陵を決定した一八八九年（明治二二）という時期は、一月二九日の「神武天皇即位日」を二月一一日の「紀元節」に改定し、地方官庁で紀元節式典をおこなうことを決めた直後から、「君が代」の制定、大日本帝国憲法と皇室典範の発布にあたる。この間に、天皇神格化のイデオロギー的作業が明治政府によって開始され、一応の完成をみるという、近代史における一つの画期をなすことが、天皇陵決定の側面からいえよう。

＊その好例に、第Ⅰ章の3で紹介した雄略天皇陵がある（**図6**）。なお、この改修作業は、一八八二年に実施された（堀田啓一『河内考古散歩』一九七五年）。

天皇陵と皇后陵の決定の違い

皇后（妃を含む）陵の決定についても、ここで紹介をしておきたい。

皇后陵については、江戸期には準天皇として扱われた神功《じんぐう》皇后以外は、ほとんど重視されていなかった。明治期に入って、皇后の陵が決定されたのは、一八七五年（明治八）のことであった。まず広姫《ひろひめ》陵、つづいて日葉酢媛命《ひばすひめのみこと》、仲姫命《なかつひめのみこと》、磐之媛命《いわのひめのみこと》、春日山田皇女《かすがのやまだのひめみこ》の四陵、翌七六年に手白香皇女《たしらかのひめみこ》、橘仲皇女《たちばなのなかつひめみこ》、石姫皇女《いしひめのひめみこ》、間人皇女《はしひとのひめみこ》の四陵が決定された。その決定の実態のいくつかを、つぎに概観したい。

最初の皇后陵として決定された広姫は、敏達天皇の皇后であるが、『日本書紀』に「皇后広姫薨《かむさ》りましぬ」と記すのみで、陵地の記載などはいっさいない。広姫皇后陵は、滋賀県米原《まいばら》市村居田《むらいだ》の円墳に治定されているが、その理由は明らかにされていない。

応神天皇の皇后である仲姫命の陵は、大阪府藤井寺《ふじいでら》市の仲ツ山古墳（全長約二八六メートルの前方後円墳）に治定されたが、この古墳は、江戸期には仲哀《ちゅうあい》天皇陵あるいは允恭《いんぎょう》天皇陵とされていた。仲ツ山古墳は、古市古墳群中の大形墳にあって丘陵上のもっとも高い位置にあることと、形態の特徴などから、多くの研究者が認めているように、もっとも古いと推定されている（図20）。つまり仲姫命陵に治定された仲ツ山古墳は、応神天皇陵とされる誉田御廟山《こんだごびょうやま》古墳に先行する大王陵と考えてよい。

手白香皇女は、実在したとすれば六世紀初頭から前半の人物ということになるが、決定された衾田《ふすまだ》陵は、奈良県天理市中山町西殿塚《にしとのづか》古墳（全長約二三〇メートルの前方後円墳）で、三世紀後半の特徴をもつ古墳である。

ところで、一八八三年（明治一六）に景行《けいこう》天皇の皇后とされる播磨稲日大郎姫命《はりまのいなびのおおいらつめのみこと》が、兵庫県加古《かこ》川《がわ》市日岡《ひのおか》陵に決定される（図21）。この人名は、『記』『紀』にあらわれるが、死亡や葬送については、なんら記されず、『延喜式』にも記載がない。それにもかかわらず、日岡に決定したのは『播磨国風

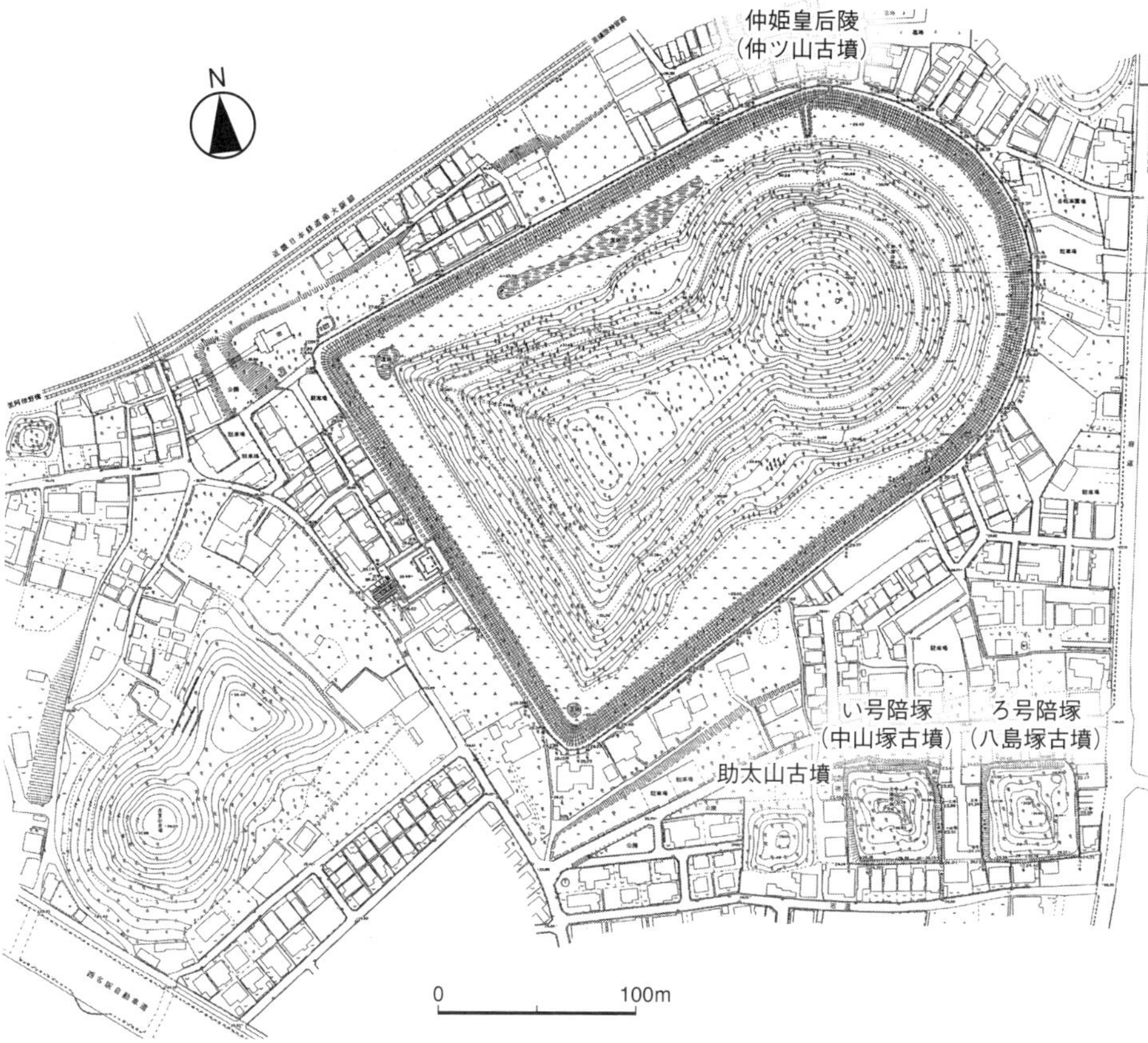

図 20　仲姫皇后陵（仲ツ山古墳）

土記』による。この日岡丘陵には大古墳が多いが、丘陵の最高所の古墳を選んで、前方後円墳に改造したものである（春成秀爾「捏造された前方後円墳」『考古学研究』六六号、一九七〇年）。

このように、皇后陵の決定もまた、科学的な根拠にとぼしいものであるが、天皇陵のそれと異なった特徴をもっている。

まず皇后陵は、天皇陵が歴代のすべてを決める必要があったのに対して、主たる陵を決めることが重要であった。また欽明《きんめい》妃であり、用明《ようめい》と推古《すいこ》天皇の母である堅塩媛《きたしひめ》、同じく欽明妃で崇峻《すしゅん》天皇の母である小姉君《おあねのきみ》などの蘇我《そが》系の后妃は、『延喜式』で万世一系の天皇の反逆者の一族として、すでに祀るべき陵墓の対象からはずされている。それを明治政府も踏襲した。

皇后陵の決定は、一八七五年と七六年の

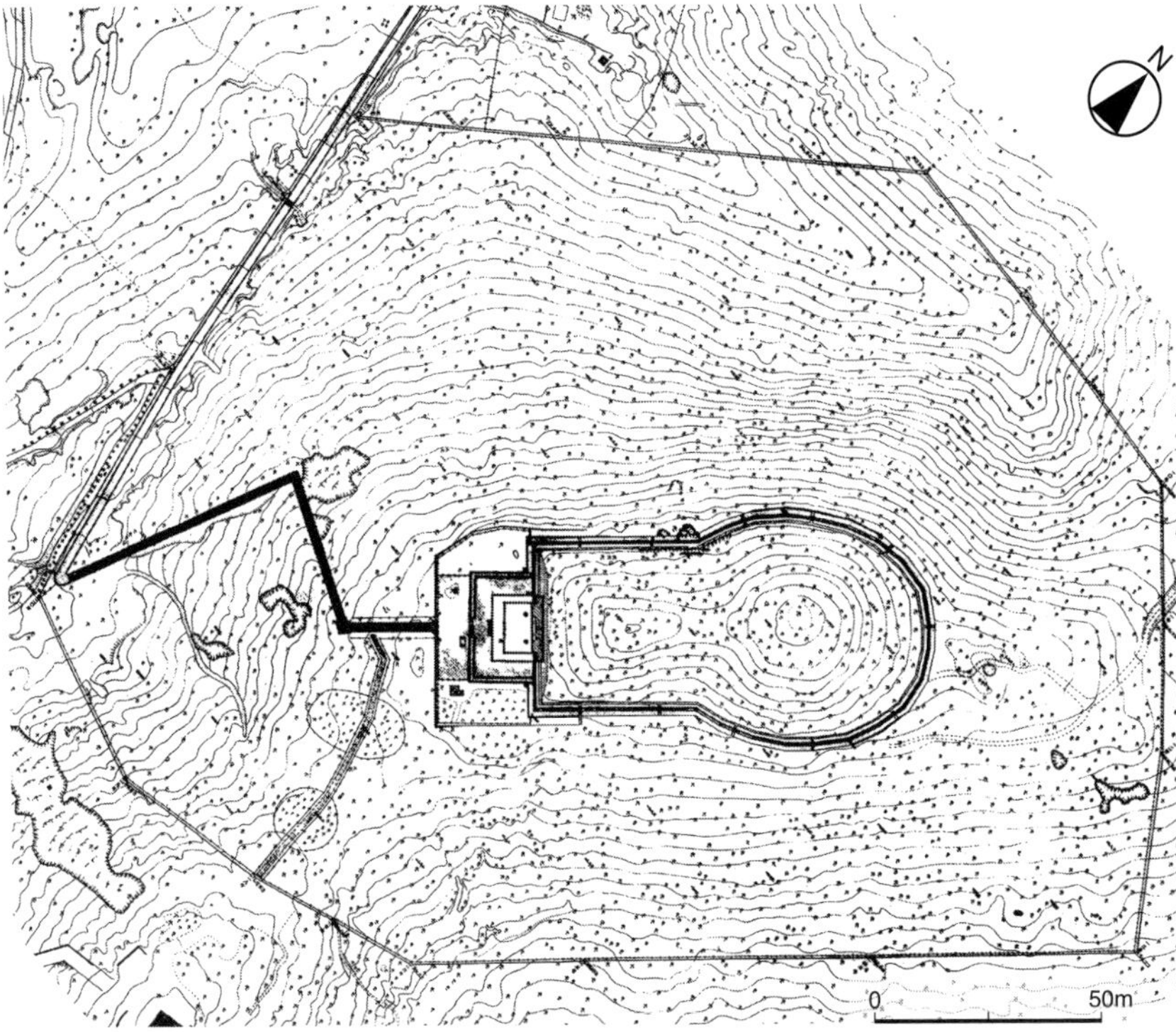

図 21　前方後円墳に改造された播磨稲日大郎姫命墓

両年で基本的に終了し、一例を除いて、その後も治定をおこなわなかったことは、明治政府のめざす万世一系の皇統の具現化にとって、皇后は、さして重要な存在として認識されていなかったことを示している。そのなかにあって、唯一の例外である播磨稲日大郎姫命陵の決定は、この皇后が日本武尊の母であるということが重要であったからである。

4　近・現代の天皇陵は、なぜ上円下方墳か

上円下方の墳形

明治天皇陵は、京都市伏見区桃山町古城山の南腹によりかかるように営まれた上円下方墳であり、墳丘は上円と下方とも三段に築かれ、表面は砂礫で葺かれた巨大な新墳である（図22）。

一六世紀はじめから明治天皇の父である孝明天皇まで、一四代の天皇陵と皇后陵はすべて京都市東山区今熊野泉山町の泉湧寺《せんにゅうじ》境内にある。そのうち一三代の陵は、天皇陵が九重石塔で、皇后陵が宝篋《ほうきょう》印塔《いんとう》や七重石塔らを建てるだけの小規模のものであった。孝明天皇陵のみは、径四五メートルの二段の円丘としたが、これは幕末の復古思想による。

明治天皇陵は、法令による陵墓制度の設置以前の造営であったが、墳丘の巨大さと、墳形が上円下方墳という特徴をもっていた。明治天皇陵の造営当時に天智天皇陵の墳形が上段を円形、下段を方形とする、上円下方墳と認識していたために、これに似せたものである（図23）。

一九二六年（大正一五）一二月二五日に死去した大正天皇の陵は、東京都八王子市長房町に所在し、

多摩陵《たまのみささぎ》とよばれている。その墳形は上円下方墳であり、陵地の兆域は二五〇〇平方メートルである。皇后陵はその東側につくられ、多摩東陵とよばれる。墳形は、こちらも上円下方墳で、陵地の面積は一八〇〇平方メートルである。これらは一九二六年一〇月二一日に公布された皇室陵墓令（皇室令第一二号）の規定にそったものである。

　皇室陵墓令第一条で「天皇、太皇太后、皇太后、皇后ノ墳塋ヲ陵トス」と規定し、第五条で「墳形ハ上円下方又ハ円丘トス」、第二四条で「天皇ノ陵ノ兆域ハ二千五百平方メートルトシ、太皇太后、皇太后、皇后ノ陵ノ兆域ハ各千八百平方メートルトス」とあるので、大正天皇および皇后の陵は、これらの条文どおりにつくられたものである。

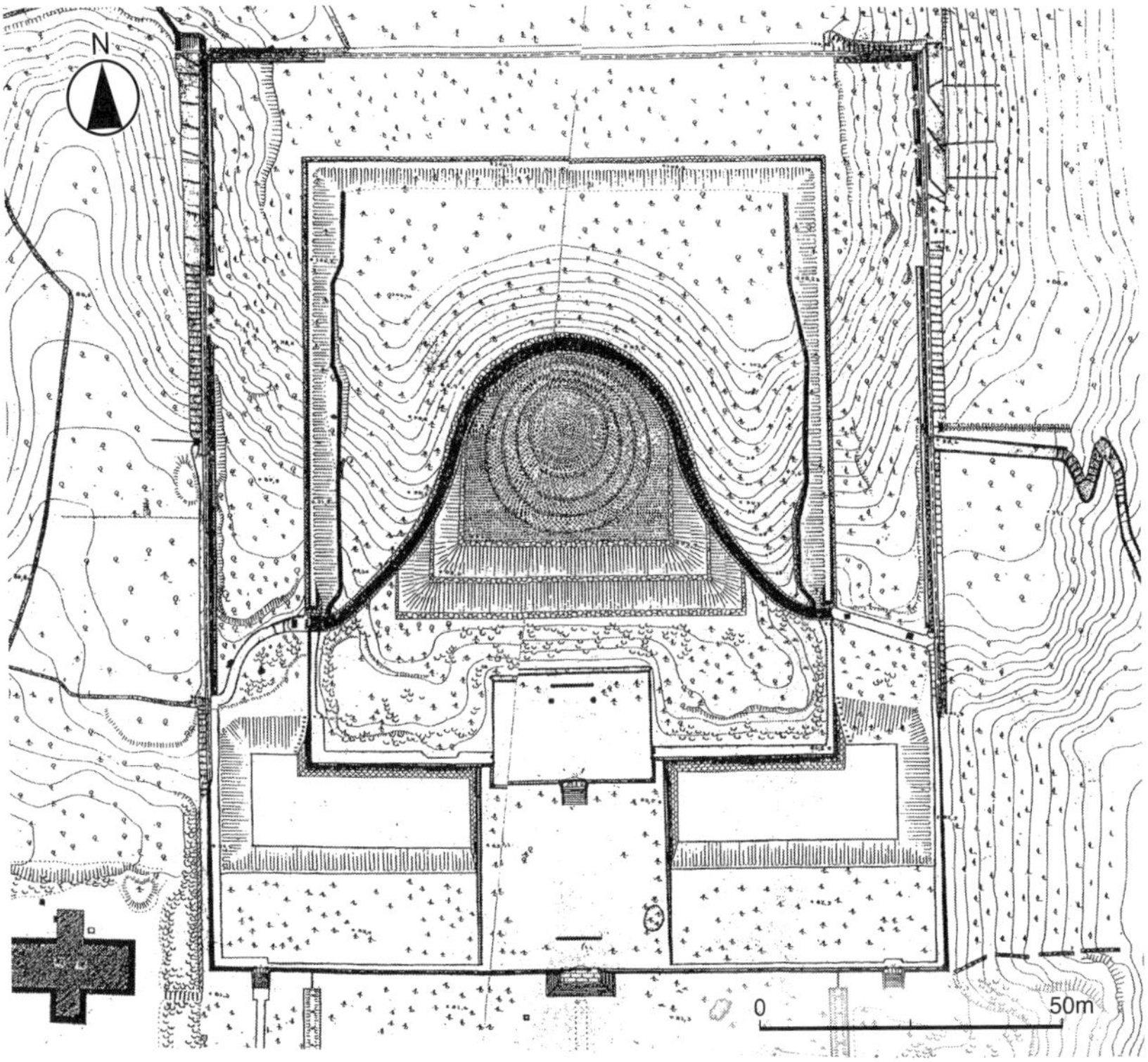

図 22　明治天皇陵

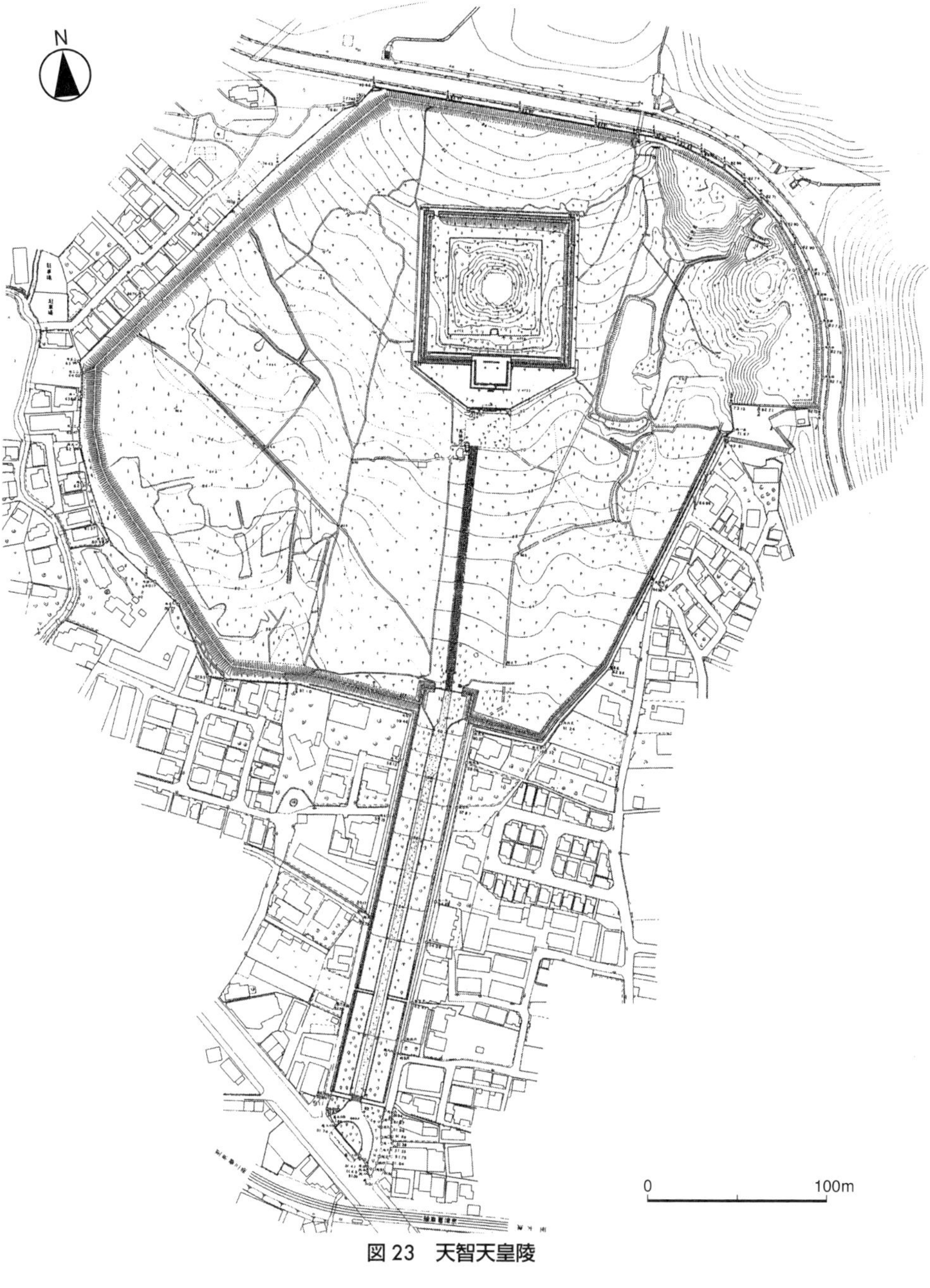

図 23　天智天皇陵

モデルは天智天皇陵

なぜ、近・現代の天皇陵の墳形は、上円下方形につくられたのであろうか。皇室陵墓令は天皇の墳形を、なぜに上円下方形にしたのであろうか。その理由を知る手がかりとなるのが、皇室陵墓令の解説ともいえる「御歴代及び御歴代外天皇の御陵形」である。ここには各種の墳形の説明があるが、注目したいのは、各種陵形の説明に用いられた行数の著しい偏りである。

「円丘」三行、「方丘」三行、「山形」三行、「前方後円」三行、「上円下方」一八行、「平墳」二行、「八角丘」四行である。

たとえば「前方後円」の説明は、「前部が角で、後部が円く土を盛つたお塚の形状をいふ。前方後円の最初のものは人皇第八代孝元天皇の剣池嶋上陵《つるぎのいけのしまのへのみささぎ》である」のに対して、「上円下方」は「上部が円く、下部が四角に土を盛つたお塚の形状をいふ。その最初のものは人皇第三十四代舒明天皇の押《お》坂内陵《さかのうちのみささぎ》であるが、陵形の変遷からいへば、これは前方後円形から上円下方形に移る過渡期の陵形とも申すべきで、それが人皇第三十八代天智天皇の山科陵《やましなのみささぎ》に至つて完全な上円下方形となつたといはれる。この陵形はその後も屢々営建せられてをり、大正十五年皇室陵墓令により将来の陵形は上円下方又は円丘と定められた。人皇第百二十三代大正天皇の多摩陵《たまのみささぎ》は皇室陵墓令制定後最初のもので、（本書御陵、御墓の項参照）御陵地を東京府下に定められ、陵形上円下方、御兆域の面積二千五百平方メートル（七百五十六坪余）と、その規定に則り営建せられたのである。なほ将来の陵形を上円下方又は円丘と定められたのは、地勢その他の事情により必ずしも上円下方形により難き場合は、円丘の御陵を営建せられる御趣旨と拝察」と六倍のスペースを割いて説明をしているのである。このことは、いかにこの墳形を特別に重視しているかがわかるであろう。そして、この説明から皇室陵墓令が天皇の陵形を上円下方形と決めた最大の理由は、天智天皇陵の陵形に合わせたということがわかる。

天智天皇は、中大兄皇子《なかのおおえのみこ》とよばれた頃、中臣鎌足《なかとみのかまたり》、のちの藤原鎌足らとともに、当時の政治と軍事の実権を握っていた蘇我《そが》入鹿《いるか》を暗殺し、大化改新とよばれるクーデターを起こし、天皇家が蘇我氏から実権をとり戻した人物である。徳川幕府から政治と軍事の実権をとり戻した明治政府にとっては、天智天皇こそ天皇家中興の祖であった。これを継承する神聖な天皇の陵形は、天智天皇と同形にする必要があったということである。

敗戦によって、日本は「万世一系ノ天皇」が統治する君主国家から、「主権が国

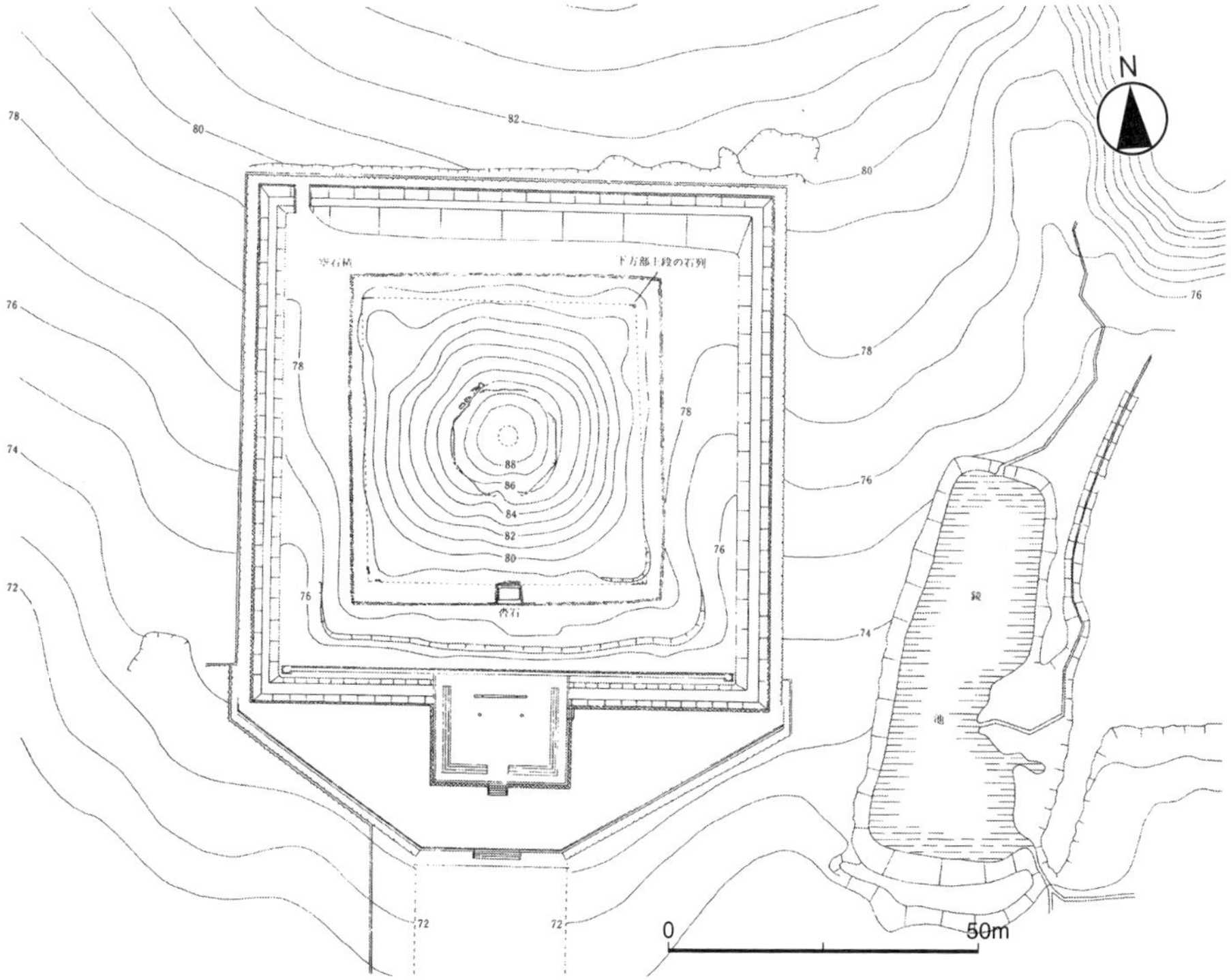

図24　天智天皇陵の実測図

民に存する」民主国家となり、新憲法のもとに皇室典範がつくられた。これにともなって、戦前に制定された他の皇室令などとともに、皇室陵墓令も一九四七年五月に廃止された。しかし、一九八九年に死去した昭和天皇の武蔵野陵は、墳形は上円下方形に、規模は大正天皇陵と同様である。皇室陵墓令は廃止されたが、戦後もその規定は生きているのである。

現天智天皇陵は京都市山科区御陵上御廟野《みささぎかみごびょうの》に所在する御廟野山古墳である。かつてこの古墳の陵形は上円下方墳と認識されていたが、今日では方形檀の上に八角形墳が築かれた（図24）ことが知られ、上八角形下方墳といえる（笠野毅「天智天皇山科陵の墳丘遺構」『書陵部紀要』三九号、一九八八年）。しかしながら、その形は昭和天皇陵に反映されていない。天皇が政治と軍事の実権を握ったシンボルとされる上円下方の墳形が、今も戦前同様につくられているのである。

第Ⅲ章　陵墓参考地の検討

1　陵墓参考地とは何か

法的規定のない陵墓参考地

宮内庁が陵墓参考地として指定・管理している古墳は四六カ所ある。しかし法的には陵墓参考地という言葉は存在しない。

皇室陵墓令（大正一五年皇室令第一二号）には、陵と墓の規定は第一条と第二条にあるが、参考地と陪塚の規定はない。敗戦後改定された現行の皇室典範で、陵墓についてふれているのは第二七条と附則（3）である。引用してみよう。

第二十七条　天皇、皇后、太皇太后及び皇太后を葬る所を陵、その他の皇族を葬る所を墓とし、陵及び墓に関する事項は、これを陵籍及び墓籍に登録する。

附則（3）現在の陵及び墓は、これを第二十七条の陵及び墓とする。

右の示すところは、陵墓参考地と陪塚については法的に規定されていないことを示している。ところで、この陵墓参考地について、「その法的根拠はなにか」という国会での質問に対しても、宮内庁は、いまだかつて明確に根拠を示したことがない。そして、「御陵墓参考地の数は四十六である」こと、「参考地は、天皇または皇族の墳墓ではないかと思われるものである」こと、「特定の人物ということではないが、陵・墓に準じて取扱っている」ことを明らかにしたのみである（「「陵墓」問題をめぐって―参議院内閣委員会の討議から―」『考古学研究』二四巻一号、一九七七年）。

陵墓参考地の出現

こうした、慣行として「陵・墓」に準じて扱われている陵墓参考地とは、いつからどのようにして出現したのであろうか。

江戸期の陵墓探索のなかで、天皇陵と思われるものの、どの天皇の陵としてよいかわからないため「未考陵」とされているものがあった（たとえば藤貞幹《とうていかん》の『御陵記』には葛上郡柏原村鑵子山《かんすやま》、高市郡鳥屋村舛山《ますやま》、城上郡渋谷村上山塚《かみやまづか》、高市郡平田村中尾山《なかおやま》を図示する）。しかし、これらは直接に現行のものにつながるものではない。

明治新政府は、陵と墓の確定に力点をおいていた。明治以降になって確定された天皇陵は二〇であり（「「陵墓」問題をめぐって―参議院内閣委員会の討議から―」前掲、八五・八六ページ）、そのうち一八八〇年（明治一三）以降、欽定憲法発布の年（一八八九年〈明治二二〉）までに一三陵が決定されたことはすでに述べた（宮内省御陵墓懸『陵墓一覧』一八八〇年。足立正聲「陵墓一覧題言」『陵墓一覧』一九〇一年、一九三四年写本）。この時点で天皇陵は一応、すべて確定された。しかし、その後も、第Ⅰ章で述べているように、大吉備津彦命や彦五瀬命など奈良時代以前の皇子の「墓」が増加し、新たに陵墓伝説地・陵墓参考地が決められてゆくのである。

陵墓伝説地と陵墓参考地が『陵墓一覧』にはじめて記載されるのは、一八九七年版からである（諸陵寮蔵版『明治三十年改正陵墓一覧』一八九七年）。これには御陵墓伝説地二〇、御陵墓参考地六が含まれている。名称はなく、所在地を記載しているだけであるが、奈良県ウワナベ・コナベ・三吉《みつよし》新木《にいき》山《やま》・新山《しんやま》・築山《つきやま》、愛知県和志山《わしやま》一号などの古墳が御陵墓伝説地に、鳥取県岡益《おかます》、愛媛県東宮山《とうぐうざん》、宮崎県男狭穂塚《おさほづか》・女狭穂塚《めさほづか》などの古墳が御陵墓参考地となっている。

一九〇一年版『陵墓一覧』では、御陵墓伝説地・参考地が若干増加して、京都府上嵯峨円山《まるやま》・入《にゅう》道塚《どうづか》、兵庫県吉田《よしだ》王塚《おうづか》（玉津陵墓参考地）などが加わる（諸陵寮『陵墓一覧』一九〇一年。なお、巻頭の足立正聲「陵墓一覧題言」は、陵墓等の決定の経緯が不明ななかにあって、その内部事情に触れているだけに資料的価値が高い）。

陵墓参考地への過程

どのようないきさつでこれらの古墳が伝説地や参考地となったのか、その事情は不明だが、兵庫県雲部車塚《くもべくるまづか》古墳（雲部参考地、本章（3）を参照）を例にあげて、陵墓参考地となるまでの経過を見てみよう。江戸期から車塚として知られた同地は、地租改正でも墳墓地と認められ、一八九〇年代中葉までは東本庄村共有の草刈り場であった。

一八九六年（明治二九）五月一四日に現地調査をした八木《やぎ》奘三郎《そうざぶろう》は、同古墳を四道将軍の一人、丹《たん》波道主命《ばのみちぬしのみこと》の陵墓と推定した。同月一九日に村長指揮の下に後円部を発掘し、竪穴式石室（西石室）を開口し、石棺とその周囲の武具類を発見する。八月七日の調査報告会では勾玉《まがたま》類が図示されていた。一八九七年六月一九日に郡長と警察署長立会いで石室内を調査した。このとき甲冑《かっちゅう》、刀剣など一六〇点を確認・調査し、うち一八点を除く一四二点を石室に埋めもどした。一八九八年三月に車塚が丹波道主命の墓であると宮内省へ上申。五月に宮内庁諸陵寮は、陵墓参考地と認めて土地の買い上げを決定し、一九〇〇年三月末日付けで宮内省付属地御陵墓参考地となる（井上良信・松井迪夫編「明治のころの古墳発掘」『郷土史事典兵庫県』一九八一年）。

右の経過は、陵墓参考地決定への過程を示す一つの典型と推定してよいのではなかろうか。この雲部車塚古墳をはじめとして、一八八五年（明治一八）に発掘された新山古墳、一九一二年（大正元）に坪井正五郎らによって発掘された津堂城山《つどうしろやま》古墳は、出土遺物の豊富さや巨大な石棺をもつがゆえに陵墓参考地とされたのである。

このことは、実は陵墓参考地とされた古墳のなかには、かつて村人や研究者が墳丘のみならず中心埋葬施設のなかにまで立ち入った古墳があることを示している。一八七二年（明治五）にイギリスからお雇い外国人技師として大阪造幣寮にやってきたゴーランドが、一八八〇年代に石室内を調査した見瀬丸山《みせまるやま》古墳も同様である。

一九一五年版の『陵墓要覧』では、大阪府津堂城山古墳の後円部中央や土師《はぜ》ニサンザイ古墳・御廟《ごびょう》山《やま》古墳、奈良県狐井塚《きついづか》古墳・郡山新木山古墳などの諸古墳が陵墓伝説地・参考地として追加されている（諸陵寮『陵墓要覧』一九一五年）。

一九三四年版の『陵墓要覧』では陵墓参考地はいっそう増加し、その総数は五一となった（一九三四年版は実見できなかったので、堀田啓一「陵墓の指定と修補関係史料の分析」『文化財を守るために』一九号、一九七八年による）。このなかには、一九二六年に前方部上にあった集落を立ち退かせて陵墓参考地とした大阪府河内大塚山古墳も含まれている。

一九五六年版の『陵墓要覧』は現在に至るものであるが、かつての陵墓伝説地はすべて陵墓参考地に統一され、その総数は四六件となった。陵墓参考地の数が一九三四年の五一より減少しているのは、たとえば陵墓伝説地であった愛知県和志山一号墳が五十狭城入彦皇子墓《いさぎいりひこのみこ》となったように、参考地の統合と墓への指定換えによる。

なお、陵墓参考地の古墳にも陪塚とされるものがある。それらも含めて一括して四六件となっている。たとえばウワナベ二、コナベ七、雲部車塚二、吉田王塚二などがそうである。それらのなかには本来の陪塚もあれば、比較的近い位置にはあるが陪塚ではないものも含み、また本来の陪塚（大和六号墳など）が加えられていない場合もある。

さらにいえば、陵、墓、陵墓参考地のそれぞれに陪塚が含まれるだけでなく、中山塚一号（小形前方後円墳）と方墳・円墳（二〜四号）および自然の山からなる孝元《こうげん》天皇陵（江戸期古図と帝室林野局実測図が一致）、二基の古墳をつないでつくった雄略《ゆうりゃく》天皇陵、群集墳を陵地に含む鳥辺野《とりべの》陵などがある。学会側が非公開古墳数二四〇といい、宮内庁側が古代高塚式陵墓約一〇〇*と回答したこととの食い違いは、ここに起因する。

＊一九七九年から宮内庁は、陵墓等のうち古墳と認定したものを古代高塚式陵墓とよんでいる。

陵墓参考地の問題点

陵墓参考地は特定の人物のものでないから、没年不明であり、宮内庁が古代の陵墓に対して、一〇〇年単位で式年の形で祭祀を実施している、いわゆる式年祭祀もまた存在しない。

陵墓参考地がかかえている問題点を要約すると、

①陵墓参考地は法的根拠をもたない。

②伝説地・参考地の決定から長いものでも一〇〇年を経過せず、式年も存在しないことから、単独の祭祀は成立しない。

③参考地への墳丘立入りだけでなく、居住地であった場所もかつて存在し、一九世紀末から二〇世紀初頭に研究者や国民が墳丘内に立ち入った事例は多い。

④墳丘の中心埋葬施設内の調査がおこなわれ、遺物がとり出された例すらある。

右の要約は、法的にも、祭祀面からも、慣行上からも研究者が陵墓参考地とされている古墳の墳丘への立入りを拒否される根拠はまったく存在しないことを示している。

参考地検討結果の書き込み

外池昇は、たまたま神田の古書店の目録から、宮内庁書陵部が作成したガリ版刷りの『陵墓参考地一覧』を入手したという。そこで、情報公開制度にのっとって、宮内庁において同表題の資料を閲覧したところ、そこには多くの書き込みがあり、『陵墓参考地一覧』が同庁の内部資料であることが明らかとなった（外池昇『事典 陵墓参考地—もうひとつの天皇陵—』吉川弘文館、二〇〇五年）。

この一九四九年の『陵墓参考地一覧』には、それぞれの参考地の所在地、指定年月日、想定される被葬者名をあげて、その正確度を第一類「陵墓の疑いの濃いもの」、第二類「第一類に次ぐもの（甲）及び陵墓の疑いを否定しがたいもの」、第三類「陵墓の関係を認めることが適当でないもの」の三段階に分類している。さらに、宮内庁によって天皇陵に決定されている応神天皇（恵我藻伏岡《えがのもふしのおか》陵、誉田《こんだ》御廟山《ごびょうやま》古墳、**図13**）、反正天皇（百舌鳥《もず》耳原北《みみはらのきた》陵、田出井山《たでいやま》古墳、**図9下**）、允恭天皇（恵我長野北《えがのながののきた》陵、市《いち》ノ山《やま》古墳、**図12**）、雄略天皇（丹比高鷲原《たじひのたかわしのはら》陵、島泉丸山《しまいずみまるやま》・平塚古墳、**図6**）、顕宗天皇（傍丘磐杯丘南《かたおかのいわつきのおかのみなみ》陵）、武烈天皇（傍丘磐杯丘北陵、**図5**）、桓武《かんむ》天皇（柏原《かしわばら》陵）、光孝《こうこう》天皇（小松山陵）、仲恭《ちゅうきょう》天皇（九条陵）の九つの天皇陵について疑問符をつけ、陵墓参考地に候補を記載している。そのなかでも、武烈天皇陵については「現陵に疑問あり」、仲恭天皇を被葬者として想定した東山本町陵墓参考地については「現陵よりも確かなり」と書き込まれていた。

また、一九三五年から四四年に活動していた宮内大臣（当時）の諮問機関である臨時陵墓調査委員会の資料では、大阪府の古墳が継体天皇陵である可能性がきわめて高く、「陵墓参考地に編入すべし」と答申していることが明らかとなった。これは近くの太田茶臼山古墳を継体天皇の三島藍野《みしまのあいの》陵としていた宮内庁の決定について、事実上間違いであったと認めていたことになる（**図25**）。

こうした考証にもとづいて、宮内庁は昭和三〇年代には現地調査も実施しており、陵墓の再編にむけた検討もおこなったようであるが、いずれも変更の手続きなどは実行されずに、今日に至っている。

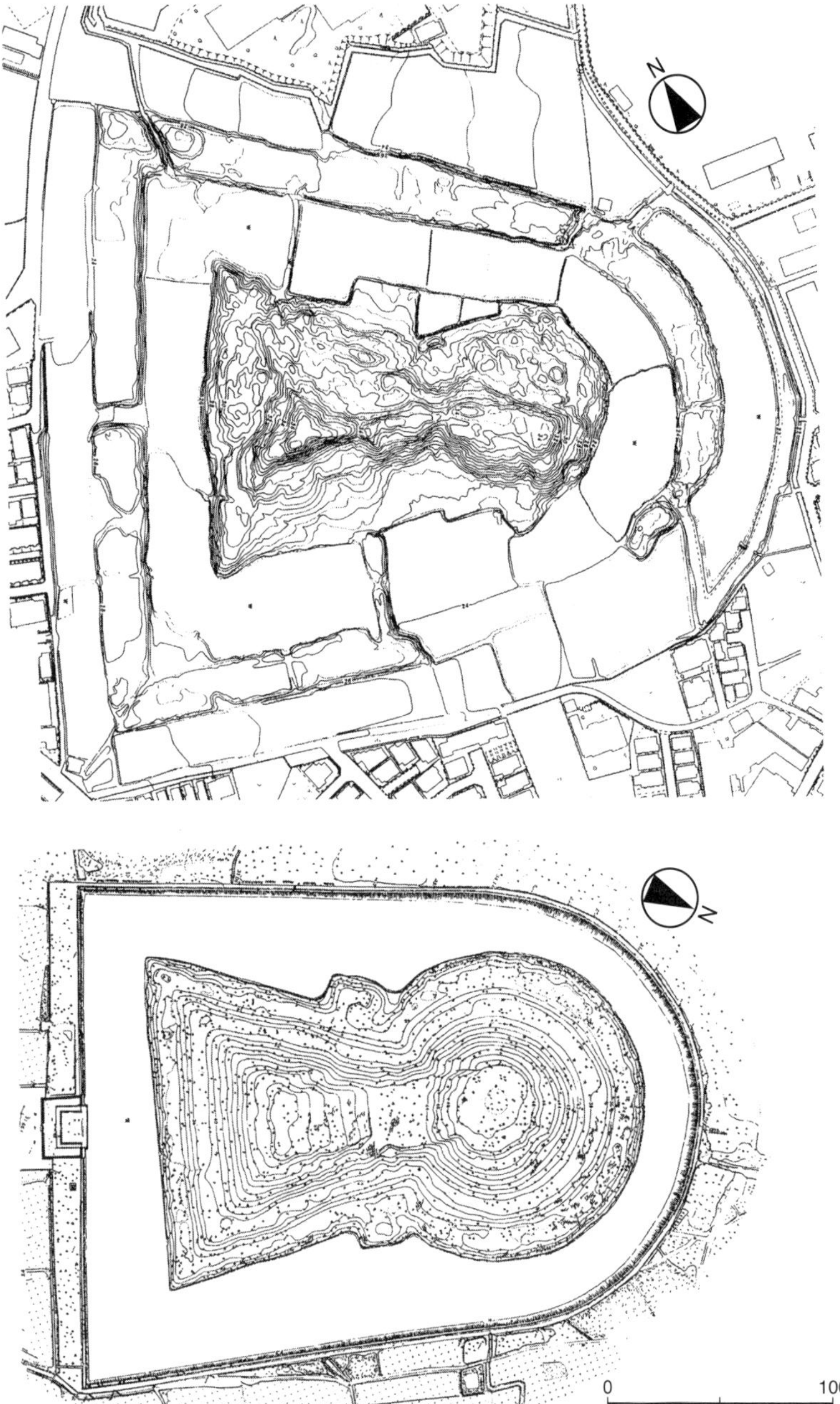

図 25　今城塚古墳（上）と継体天皇陵（下：太田茶臼山古墳）

2　陵墓参考地の考古学的検討

（1）陵墓参考地の分類

陵墓参考地とされている古墳について、時期差を別として、墳丘規模・墳域から分類してみよう。それは陵墓参考地とされている古墳を研究する視点ともなりうるからである。なお、陵墓参考地の主な古墳を**表2**に示した。

大王墳

日本列島の同時期の古墳のうちで最大のものであり、大王墳、つまり皇室陵墓令に規定する天皇陵の可能性が高いものである。典型例として土師ニサンザイ古墳、河内大塚山《かわちおおつかやま》古墳、見瀬丸山古墳がある。見瀬丸山古墳については、後でくわしく述べる。ここでは河内大塚山古墳をみてみたい（**図26**）。

河内大塚山古墳（大塚陵墓参考地）は、墳丘長三三五メートルの前方後円墳で、畿内でも第四位の規模を誇り、吉田東吾の説に代表されるように、はじめ五世紀末の倭の五王・雄略天皇の墓に擬せられることもあった（吉田東吾『大日本地名事典』一九〇〇年）。

一九七八年に森浩一は、①前方部が低平で墳頂平坦部が狭く、造出しもないこと、②後円部南西側に露出する大石は横穴式石室の天井石であり、古式の横穴式石室の天井石にみられない厚みのある巨石であること、③埴輪円筒の使用がないか、少なくとも大量使用はないことなどから、六世紀中葉ないし後半に位置づけ、古市《ふるいち》・百舌鳥《もず》古墳群での大形古墳として最後のものとした（森浩一「河内大塚と見瀬丸山古墳」『大阪市史』一巻、一九七八年）。

石部正志らは、独自の前方後円墳の築造企画研究で、河内大塚山古墳が今城塚《いましろづか》古墳とともに七区型*で、前方部前端中央部が突出し一直線にならない「剣菱型」であることを提示して、中期末～後期のものとした（石部正志・田中英夫・宮川徏・堀田啓一「畿内大形前方後円墳の築造企画について」『古代学研究』八九号、一九七九年）。

また、森井貞雄は、古市古墳の主要古墳を編年してⅠ～Ⅳ期に分け、河内大塚をその最後の第Ⅳ期に位置づけた。これは容易に採取しうる埴輪を踏査した結果にもとづくもので、外堤上で埴輪を認めえない一群として高屋築山《たかやつきやま》古墳とともにⅣ期としたも

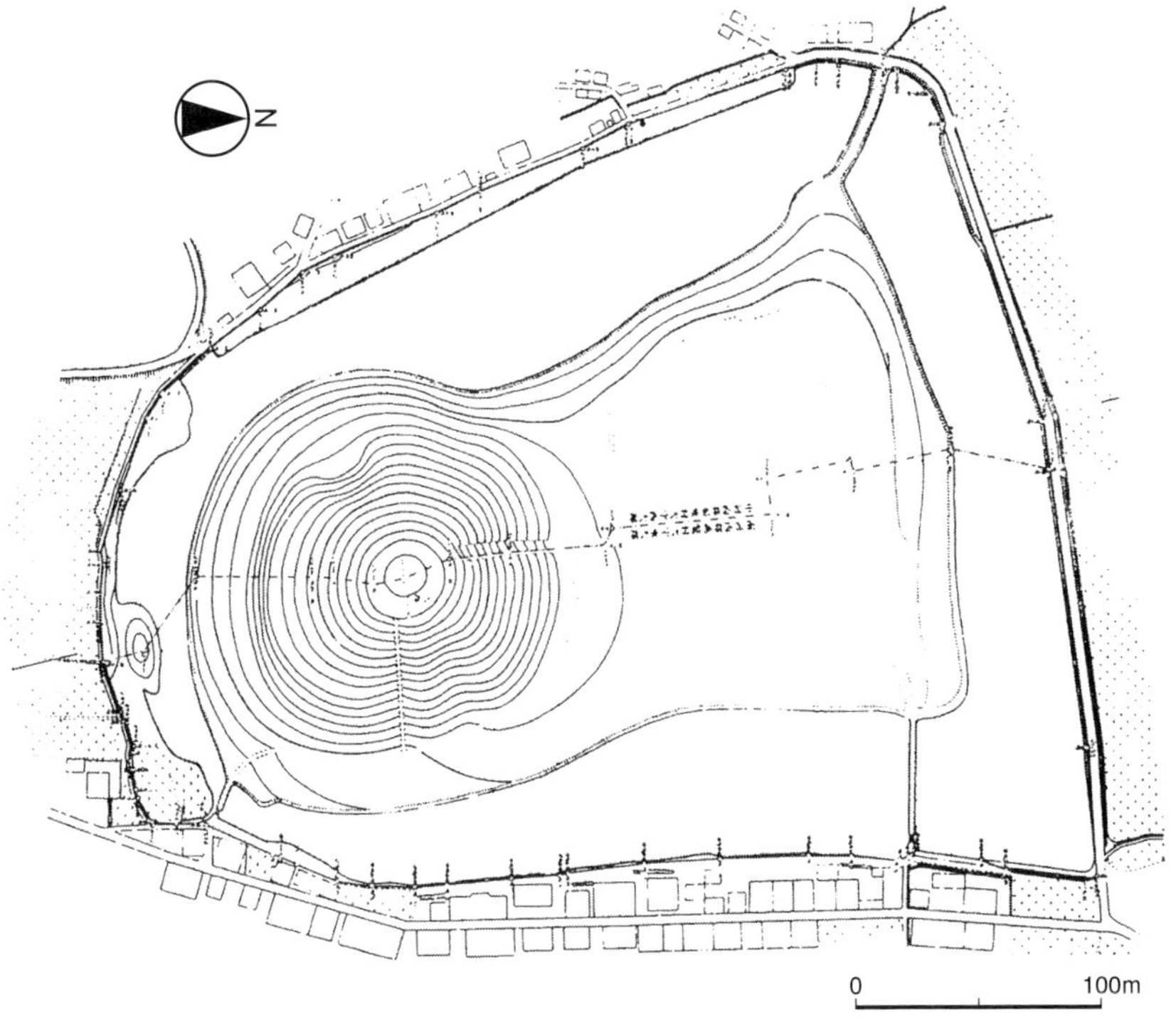

図 26　大塚陵墓参考地（河内大塚山古墳）

表2　陵墓参考地一覧（抄）

陵墓参考地	古墳名	墳形	墳丘長(m)	時期	陪塚数	備　考
大塚（河内）参考地	河内大塚山	前方後円	335	9期		1927年、集落墳丘外移転 1941年まで史跡
畝傍参考地	見瀬丸山	前方後円	310	10期		石室長26.6 m 1881年まで天武・持統陵 1965年、国指定史跡
東百舌鳥参考地	土師ニサンザイ	前方後円	290	7期		
宇和那辺参考地	ウワナベ	前方後円	270	5期	2	内1は消滅解除
磐園参考地	高田築山	前方後円	210	4～5期	1	
藤井寺参考地	津堂城山	前方後円	208	4期		1912年、主体部発掘 1985年、国指定史跡
小奈辺参考地	コナベ	前方後円	204	5期	7	上申書は元正陵
三吉参考地	三吉新木山	前方後円	200	5期		
百舌鳥参考地	百舌鳥御廟山	前方後円	192	7期		
女狭穂塚参考地	女狭穂塚	前方後円	176	5期		後円墳埴輪盗掘
男狭穂塚参考地	男狭穂塚	帆立貝形	160	5期		現前方部は近世のもの
陵西参考地	狐井城山	前方後円	140	8期	5	
雲部参考地	雲部車塚	前方後円	140	7期	2	1986年、南主体部発掘
大塚（大和）参考地	新山	前方後方	137	2期		1981年、墳裾指定外掘 1885年、乱掘
郡山参考地	郡山新木山	前方後円	123	8期		
玉津参考地	吉田大塚	前方後円	74	4～5期	2	
下坂本参考地	木ノ岡茶臼山	前方後円	84	6～7期		陪塚でなく首長墳
下坂本参考地	木ノ岡本塚	帆立貝形	73	6～7期	5	一部変形
安曇参考地	田中王塚	造出付円	68	5期	4	域内陪塚工
円山参考地	大覚寺円山	円墳	50	6C後末		横穴式石室14.7 m、石棺2
入道塚参考地	大覚寺入道塚	不明	大破	600年頃		横穴式石室、家形石棺
富郷参考地	岡原	円墳	31	不明		
妻鳥参考地	東宮山	造出付円	26	9期		1894年、発掘。通説円15 m
黄金塚参考地	窪之庄黄金塚	方墳	26	7C中		磚槨式横穴式石室
勾金参考地	香春鏡山	円墳		不明		不明
宇治山田参考地	倭町尾部	円墳		6C末		高倉山古墳は別・横穴式石室

2003年版『陵墓要覧』による陵墓参考地名である。
時期は『前方後円墳集成』出の前方後円墳の時代を10期に区分したものを使用。

のである（森井貞雄「古市古墳群」『探訪日本の古墳・西日本』有斐閣、一九八一年）。いずれにしても、河内大塚山古墳の前方部に集落があったことを含めて、前方部端線など形の問題、埴輪の有無、須恵器の検出、巨石の検討など重要な実証は墳丘立入りによってのみ可能であり、宮内庁蔵の陵墓図のなかでも実測がもっとも疎であるという欠を補う必要があろう。

＊前方後円墳は、後円部直径を八等分した一単位である区を基準として、前方部の長さや幅、墳丘の高さなどが決められているとの考えで、七区型とは前方部の長さが七区に分類されるものをいう。

部族連合体首長墳

大王権を構成する近畿の主要部族首長墳と地方の部族連合体首長墳類である。

ウワナベ、コナベ、新山、三吉新木山、築山、津堂城山、御廟山各古墳が主要部族首長墳代表例である。

ウワナベ古墳（宇和那辺陵墓参考地）は、同時期の大王墳につぐ規模で、五世紀代では奈良県最大の古墳でもある（図27）。

三吉新木山古墳（三吉陵墓参考地）と高田築山古墳（磐園陵墓参考地）は、馬見《うまみ》丘陵など奈良盆地西部において、全長二〇〇メートル級の前方後円墳が五世紀代に世代ごとにつくられたうちの一つであり、馬見中群・馬見南群に属しながらも全体の首長墳とみられている（泉森皎「佐味田ナガレ山古墳」『奈良県文化財調査報告』二六、一九七六年、前園実知雄「馬見古墳群」『探訪日本の古墳・西日本』前掲）。

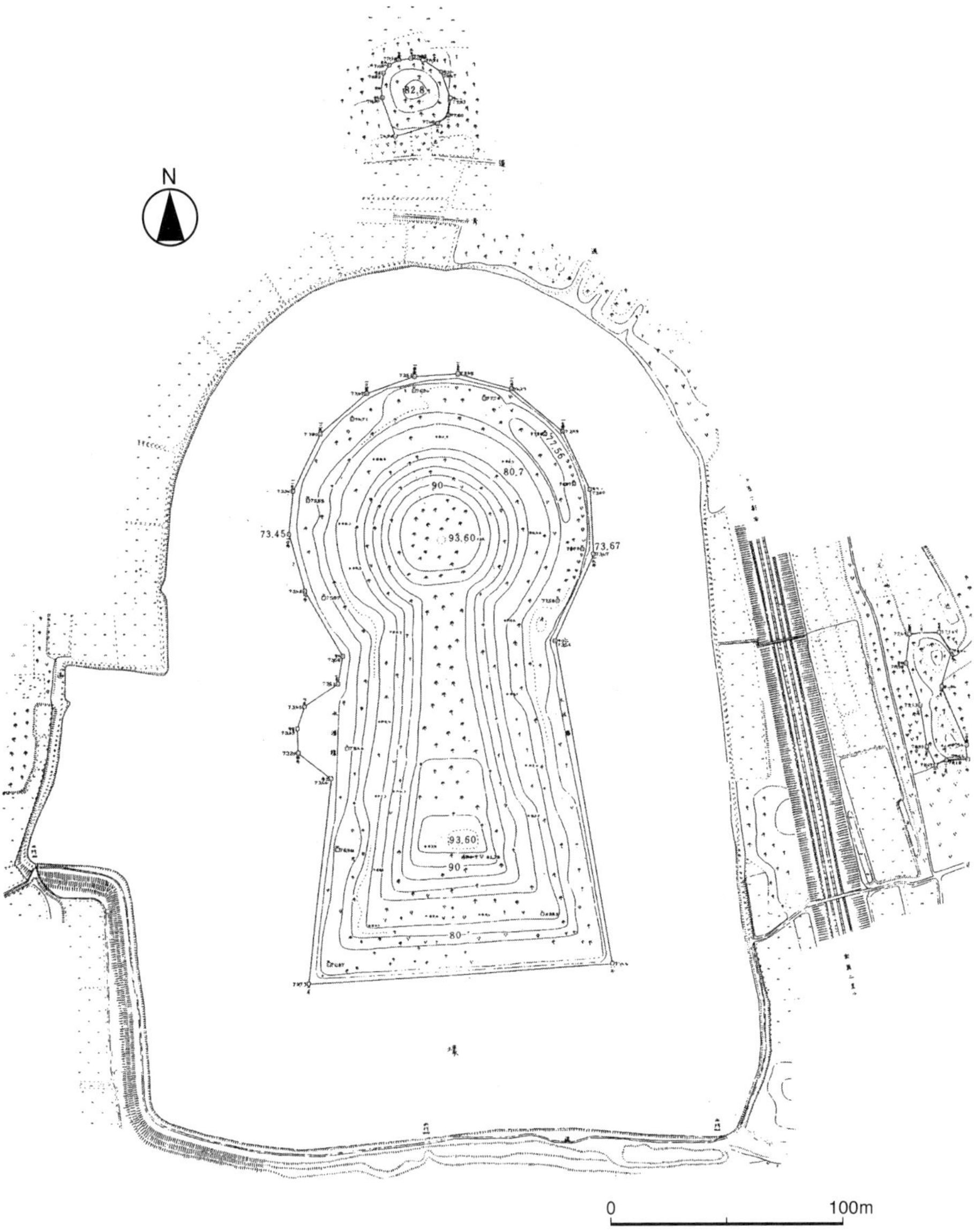

図 27　宇和那辺陵墓参考地（ウワナベ古墳）

津堂城山古墳（藤井寺陵墓参考地、図11）は、後に大王墳のつくられる古市地域で最初につくられた巨大古墳である（石部正志「超巨大古墳を考える」『巨大古墳と倭の五王』青木書店、一九八一年。森井貞雄「古市古墳群」『探訪日本の古墳・西日本』前掲）。

雲部車塚、男狭穂塚、女狭穂塚の各古墳は、地方の連合体首長墳の代表である。

雲部車塚古墳（雲部陵墓参考地）は、後の丹波を重視すれば、兵庫県朝来市の池田古墳とともに丹波の連合体首長墳とも言えるが、水系的には加古川上流域であるので、播磨に基盤をおく古墳ともいえる。兵庫県玉丘古墳につづく播磨地域最後の連合体首長墳と推定できる。これらの実証的課題として、埴輪製作での系譜的研究も必要な古墳である。埴輪のうちには須恵質を含む円筒埴輪や形象埴輪がある。西石室から甲冑五領、刀三四、剣八などが出土しており、五世紀後半期の連合体首長の軍事力の強大さをも示している（櫃本誠一・瀬戸谷皓『日本の古代遺跡2兵庫北部』保育社、一九八二年）。

男狭穂塚と女狭穂塚両古墳は宮崎県の西都原《さいとばる》古墳群のなかで最大の古墳である。

男狭穂塚古墳は全長二一九メートルの前方後円墳とされているが、前方部の形はほかの古墳にはみられない不自然さがあり、隣接する女狭穂塚に周堀を切られるということへの疑問が出されており、柄鏡《えかがみ》形前方後円墳という旧説のほかに円墳や造出し付古墳説もある。墳形の確認の必要な古墳である（田中茂「西都原古墳群」『探訪日本の古墳・西日本』前掲）。

女狭穂塚からは甲形などの器財埴輪と円筒埴輪の出土が伝えられる。

両古墳の時期確認や男狭穂塚の本来の墳形確認のためにも、墳丘への立入りは必須なのである。

部族首長墳

完結する水系を単位として、その地域を治めた部族の首長墳である。兵庫県吉田王塚古墳は明石川流域、奈良県郡山新木山古墳は富雄川流域の首長墳の可能性が高い。また、陵墓伝説地から五十狭城入彦皇子墓に転じた愛知県和志山一号墳は、矢作川流域の首長墳である。

吉田王塚古墳（玉津陵墓参考地）は、明石川流域において妻塚《つまづか》・夫《おっと》塚《づか》両古墳につづき、金棒池《かなぼういけ》古墳に先行する首長墳とみられ（櫃本誠一「兵庫県下における前方後円墳」『兵庫県埋蔵文化財調査集報』二、一九七四年）、人・馬の形象埴輪が出土したという伝えがある（浅田芳郎『播磨国風土記への招待』一九八一年）が、

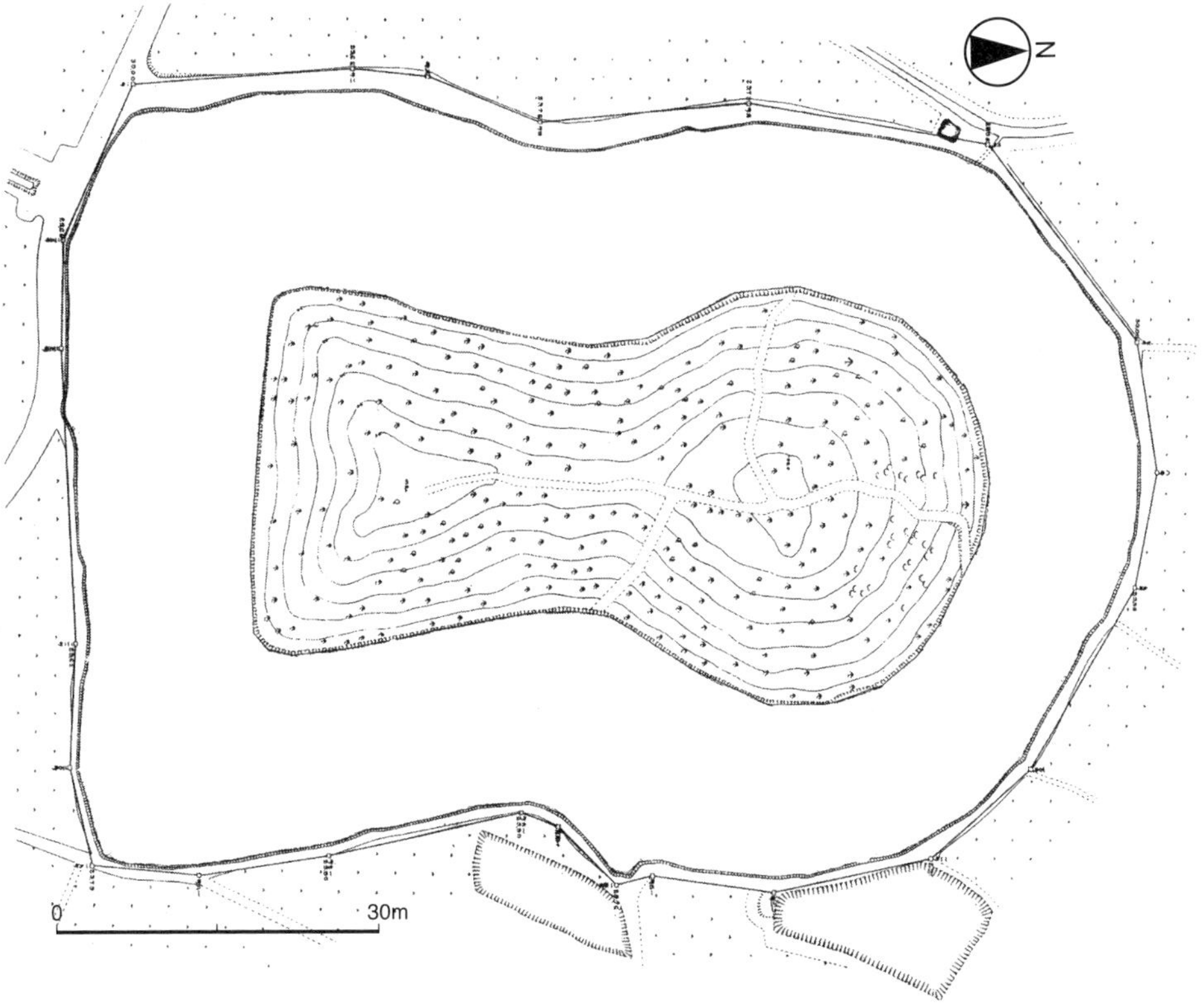

図28　玉津陵墓参考地（吉田王塚古墳）

確認できていない。「玉津陵墓参考地」の図によると、広い周堀と後円径より前方幅が狭く、高さも低いという墳丘・墳域の特徴をもち（図28）、その平面形は奈良県西池宝来山《ほうらいさん》古墳（図8）に近い墳丘・墳域の特徴をもつ。墳丘の立入りによる埴輪での検討は同古墳の時期だけでなく、同じ明石川流域にある五色塚《ごしきづか》古墳（全長一九七・五メートルの前方後円墳）の性格をも決めるだけに重要である。なお、陪塚二基が指定されているが、位置からして本来の陪塚でない可能性が高く、かつてこの古墳が舎人親王《とねりしんのう》の墓に擬せられたことがあり、二人の従者がいたという伝承によるものと思われる。

有力な首長墳の後期・終末期古墳

愛媛県東宮山古墳のような初期横穴式石室墳や京都府大覚寺入道塚古墳と円山古墳のような後期後半の大形横穴式石室墳、終末期の奈良県田中黄金塚古墳、鳥取県岡益古墳などがある。

東宮山古墳は、一八九四年（明治二七）に盗掘で遺物が出土し、翌九五年に木梨軽皇子《きなしのかるのみこ》の墳墓ではないかとの思惑で妻鳥《めんどり》陵墓参考地とされた古墳である（三木文雄「妻鳥陵墓参考地東宮山古墳の遺物と遺構について」『書陵部紀要』二三号、一九七一年）。径一五メートルの円墳とされるが、墳形は再検討の必要がある。

横長石持送り積みの羨道《せんどう》の短い横穴式石室内から鏡、金銅冠《こんどうかん》を含む装身具、横矧板鋲留衝角式《よこはぎいたびょうどめしょうかくしき》冑《かぶと》と三葉透金銅装大刀《さんようすかしこんどうそうたち》を含む武具、細形金環、馬鐸、須恵器・土師器などが出土した。副葬状態は明らかでないが、須恵器の型式や各種の遺物から六世紀前半から中葉と推定されており、木梨軽皇子が実在したと仮定し、文献史家の年代推定によると五世紀後半代になるから、年代が合致しない（図

29)。出土した遺物から後期前半の有力首長墳を思わせる。愛媛県での横穴式石室としては初期のものである。また、円丘部のほかに南西部にも高まりが連続しており、墳形確認や報告書ではふれられていないが、埴輪の存否などの確認作業が必要であろう。
これらの古墳のほかに、陪塚指定を受けたもののなかに後期群集墳が含まれているかもしれない。玉津陵墓参考地のい号・ろ号陪塚にその可能性がある。

以上に述べたように、陵墓参考地とされている古墳には大王墳、連合体首長墳、首長墳、後期・終末期有力古墳があり、大王墳としての課題から地域における古墳時代研究の諸課題まで、多彩な研究課題をもっているのである。このことは、四つの類型のすべてはいうにおよばず、大王墳と連合体首長墳とされる古墳の中心埋葬内に住民あるいは研究者が立ち入った前例もありながら、いまだ指定地内の墳丘への立入りまで拒否していることの不当性を示す。

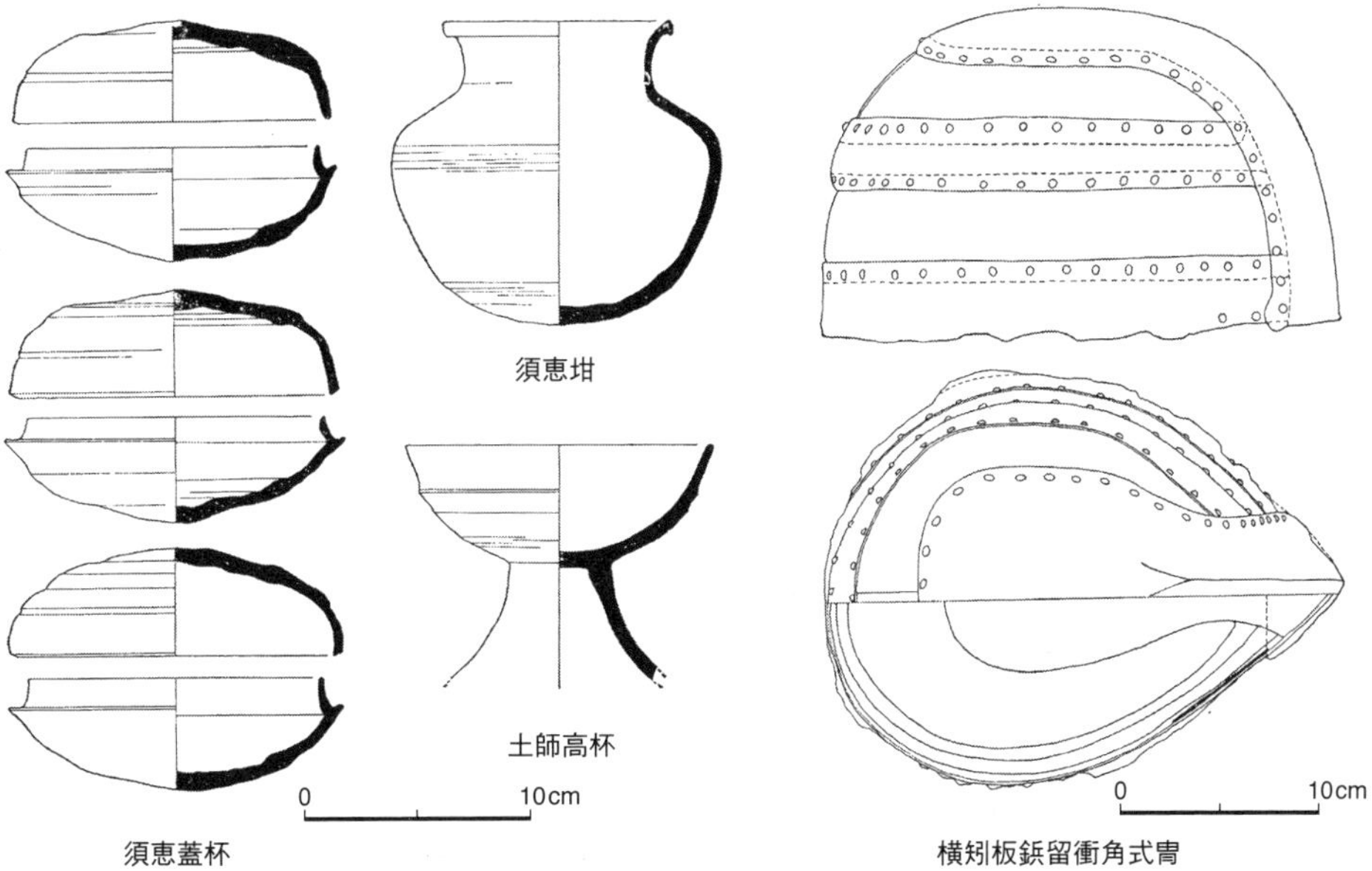

図29　妻鳥陵墓参考地（東宮山古墳）出土の遺物

（2）男狭穂塚・女狭穂塚の調査

陵墓参考地の本格測量

一九九七年二月二〇日、宮崎県教育委員会は、同県西都市三宅字丸山の男狭穂塚古墳と女狭穂塚古墳の本格測量を一九九七年度から実施すると発表した。

宮内庁は、これまで天皇などの陵や皇子などの墓とともに陵墓参考地に対して、研究者や一般国民が墳丘内へ立ち入ることや、または調査することを拒否してきた。今回は地元の熱意にこたえて、例外的に認めたとしている。

一部の伝承では、男狭穂塚古墳は天孫瓊瓊杵尊《ににぎのみこと》の墓、女狭穂塚古墳は木花開耶姫《このはなさくやひめ》の墓といわれている。一八九六年（明治二九）に民有地が買収され、陵墓参考地に番人が配置されて以来、宮内省（現宮内庁）の係官以外の人が、公的に墳丘内に立ち入ることはできなかった。それが墳丘とその周辺の本格的測量のために立入り調査が可能になった意義は大きい。事情の如何や基本的権利の問題は別にしても、多大の関心と期待がもたれた。それは九州最大の二古墳について、新しい情報が得られるからである。

これまでは、帝室林野局による測量図が唯一の実測図であった。この図では、築造時の男狭穂塚の墳形や規模、周堀などについていくつかの疑問点があった。本格的測量によって、これらの問題点の解明への端緒となることが期待されたのである。

西都原古墳群調査略史

宮崎県一ッ瀬川流域右岸の東西二・六キロ、南北四・二キロの洪積台地上に、三三〇基の古墳群があり、これを西都原古墳群とよんでいる（図30）。台地上の東断崖上には、柄鏡形の前方後円墳がほぼ一列に並び、その規模は墳長三〇から九〇メートルのものである。台地中央には、これらとは格段に規模の違う、巨大な男狭穂塚古墳と女狭穂塚古墳がある。

この古墳群に発掘をともなう本格的な調査が始まったのは、一九一二年（大正元）のことである。大正に改元される前の同年五月一一日付で、宮崎県知事の有吉忠一から古墳発掘願が宮内大臣宛に提出され、宮内省書陵頭の山口鋭之から「陵墓参考地を除く他については発掘差し支え無し」という発掘許可の通知が出された。そして、一九一二年から一九一七年にかけて、六回の発掘が実施された（浜田耕作・原田仁『西都原古墳の調査』〈『日本古文化研究報告』一〇〉一九四〇年）。

この発掘は、東京帝国大学、京都帝国大学、帝室博物館によっておこなわれ、五基の前方後円墳を含む三〇基の古墳が発掘されている。短期間に多数の古墳の埋葬施設を含む発掘が実施されたが、とくに一九一七年一月四日から八日までの五日間に、前方後円墳一基、円墳二基の発掘を終了するという、現在では考えられない発掘期間であった。

この発掘の成果は、個別古墳の実態を明らかにしたにとどまらず、次の三つの点で注目された。

①古墳の埋葬施設として木棺をおおう粘土槨の存在と構造を明らかにし、礫床や木棺直葬の葬法を明らかにしたこと。

②古墳に副葬される甲冑のうち、肩鎧の存在を確かめたこと。

③墳丘をめぐる埴輪列の検出、墳頂部中央の家形・甲冑形埴輪の実態を明らかにしたこと。また、六年にわたる調査で、三二基の古墳の実測をおこない、西都原古墳群全体の分布図を作成したことも、古墳の保存に大きな役割を果たしたのである。

ところで、この発掘は、皇祖発祥の霊地の探索・保護を目的とした宮崎県知事のもくろみから出発したが、発掘の結果は古墳の年代が当初の予想より新しく、『記』『紀』の伝承を発掘によって実証することに失敗したばかりか、考古学者に『記』『紀』の伝承に懐疑の念を抱かせるきっかけをつくってしまった。そのこともあって、続行予定だった発掘は中止されてしまった。

一七一号墳の発掘

女狭穂塚古墳の後円部周堀西北部に隣接する一七一号墳は、西都原古墳群で唯一の方墳で、一九一二年一二月七日から一月三日にかけて発掘された。一辺約二三メートル、高さ約四・五メートルの規模の墳丘裾近くと墳丘頂平坦部には、それぞれ円筒埴輪列が方形に検出されたが、埋葬施設は確認できなかった。

墳丘頂中央南寄りからは家形埴輪が、墳頂表土直下からは家形・鎧埴輪片が多数出土したほか、墳丘斜面には葺石が葺かれていた。

今日の知見で一七一号墳は二段築成の方墳であり、葺石と円筒埴輪列をもち、墳頂に家形埴輪と器財形埴輪を配するものである。墳頂部出土の器財形埴輪のなかには、三角板革綴短甲形が含まれ、円筒埴輪の特徴は川西宏幸による編年のⅢ期のもので、五世紀前半のものとしてよいと思われる。

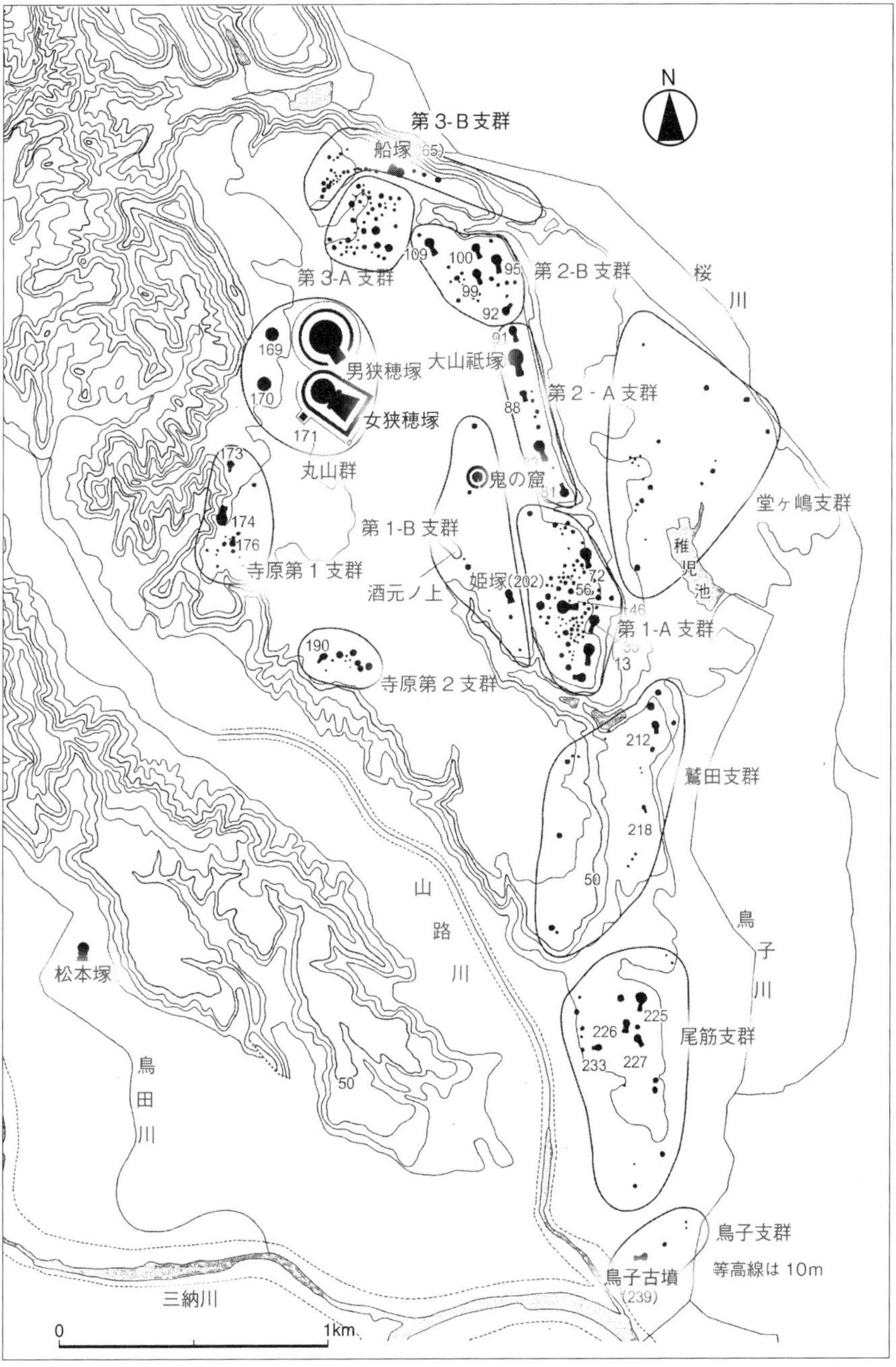
N
第 3-B 支群
船塚(65)
第 3-A 支群
109
100
95
99
92
第 2-B 支群
桜川
169
男狭穂塚
170
女狭穂塚
171
91
大山祇塚
88
第 2 - A 支群
丸山群
173
鬼の窟
81
174
176
寺原第 1 支群
第 1-B 支群
酒元ノ上
姫塚(202)
72
56
46
第 1-A 支群
35
13
堂ヶ嶋支群
稚児池
190
寺原第 2 支群
212
鵜田支群
218
50
山路川
松本塚
鳥子川
225
226
233
227
尾筋支群
鳥田川
50
鳥子支群
鳥子古墳
(239)
等高線は 10m
三納川
0
1km

図 30　西都原古墳群

この古墳の位置は、女狭穂塚古墳の陪塚であることを示しており、主墳の女狭穂塚古墳の時期の決定にも役立つものであった。

女狭穂塚古墳の埴輪

女狭穂塚古墳は、墳丘全長一七四〜一七七メートル、後円部径九七メートル、同高一五メートル、墳頂平坦部径二八メートル、前方部幅一〇九メートル、同高一三メートル、くびれ部幅七一メートルで、くびれ部双方に造出しをもち、盾形空堀の周堀と周庭帯をもつ古墳とされ、九州地方最大の前方後円墳である。

一九七五年五月には、盗掘の災禍にあったが、幸い埋葬施設にまではおよばず、埴輪の盗掘に終わったようである。

盗掘については、宮内庁係官による現地

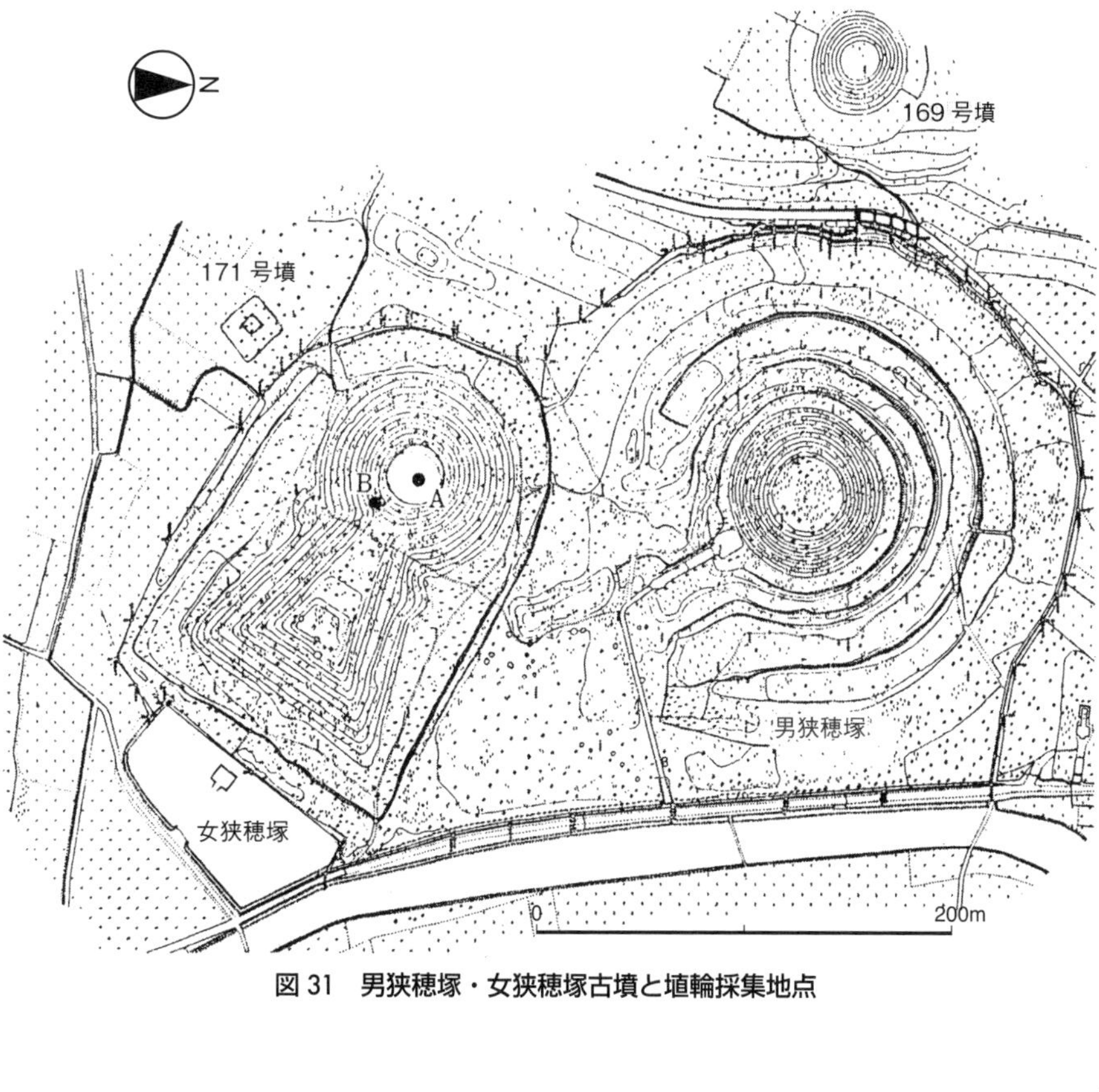

図 31　男狭穂塚・女狭穂塚古墳と埴輪採集地点

調査と埴輪の整理がおこなわれ、すぐれた報告書が出されている（福尾正彦「女狭穂塚陵墓参考地出土の埴輪」）『書陵部紀要』三六号、一九八五年）。

それによると、盗掘地点は後円部頂平坦面中央近くと、後円部のくびれ寄り斜面の二カ所で（図31A・B）、家形埴輪は後円部頂から出土した。

円筒埴輪は、底径三〇センチ、二五センチ、二〇センチの大・中・小の三種があって、完形品では凸帯が四段で横刷毛仕上げ、横刷毛はAとBの二種類で、黒珠をもつものが多い（図32）。透孔は、円形が一対である。また、ほかに朝顔形埴輪も出土している。

形象埴輪は、家、盾、三角板革綴短甲、肩甲、草摺《くさずり》、革綴冑、そのほか不明の形象埴輪が出土しているが、詳細は報告書にゆずる。

女狭穂塚古墳の時期的位置づけは、墳形とともに埴輪、とくに埋葬施設上の器財埴輪によって時期が限定され、五世紀前半としてよいだろう。それは前述した一七一号墳や近くの一六九号墳、一七〇号墳（子持家形埴輪、大船形埴輪）出土の埴輪と共通する要

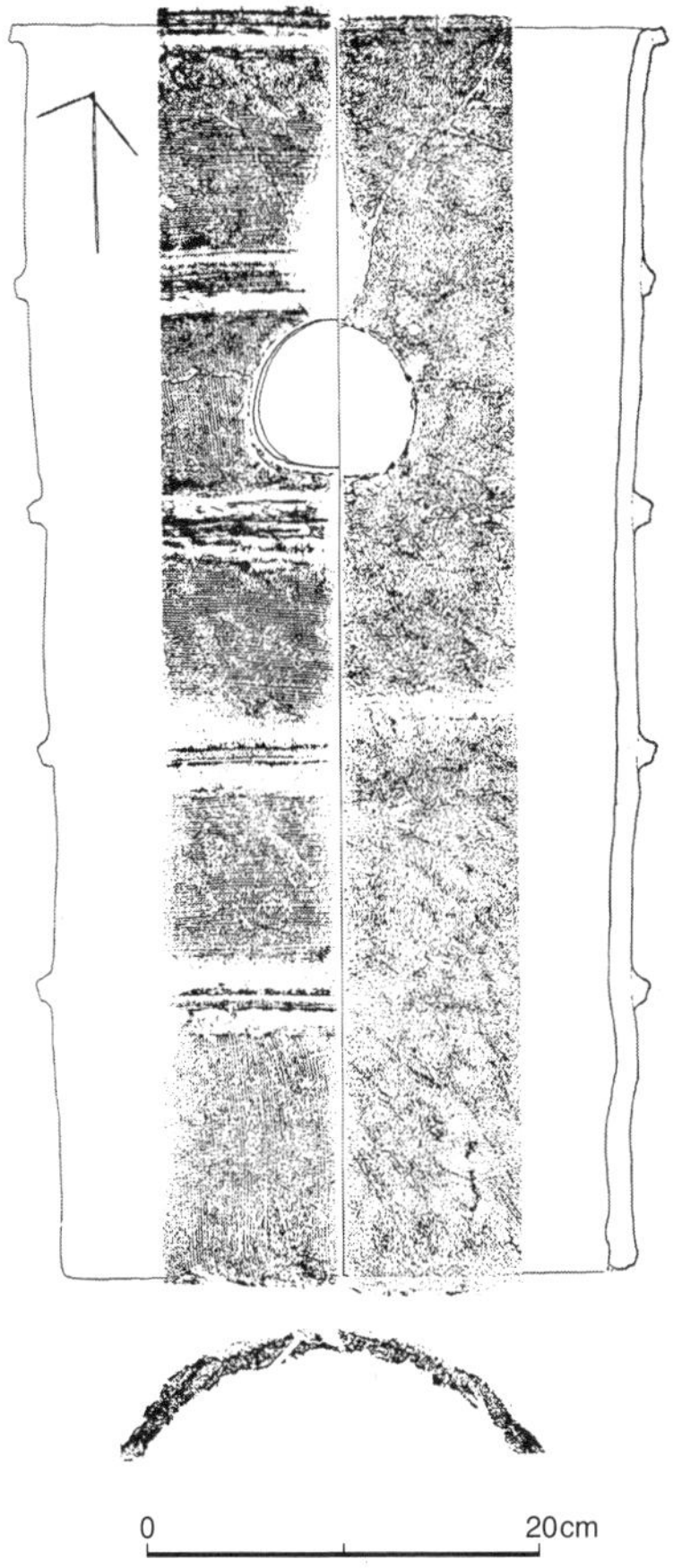

図32　女狭穂塚出土の円筒埴輪

素が多いとされる。
本格的な測量によって、墳丘の実態、墳丘頂平坦部の詳細、周堀外側の状況、墳丘築成後の変形などがいっそう明らかにされることを期待するものである。

男狭穂塚古墳

男狭穂塚古墳については、墳形と墳丘の規模、周堀の形について、さまざまな見解がある。三段築成の円丘部の径については、一二八～一三〇メートルと大差ないが、東南にのびる土壇状の盛土をめぐって、見解は大きく異なっている。全体として、円丘部につづく東南側は、墳丘と周堀とも大きく改変をうけており、原形をとどめていないからである。

まず、柄鏡形の前方後円墳とみる立場は、墳丘長二一九メートルで、前方部の幅二二メートル、同高さ二メートルとする。この場合は、柄鏡形の前方部が削られて、周堀部に女狭穂塚の前方部が食い込んでいることから、すでに男狭穂塚があるところに、女狭穂塚古墳を重複させたことになり、両古墳の形式差からも、男狭穂塚の先行は当然との立場である（末永雅雄『古墳の航空大観』学生社、一九七四年）。

しかし、この前方部削平（柄鏡形の全長二一九メートル）説には、次に指摘するように三つの弱点がある。

①東南にのびる土壇状の盛土は、古墳築造時のものとしては異様であり、後世のものと思われること。

②現状を残す周堀の東南部は、急速にすぼまり円形、または後円部から急に狭くなって、円形よりもやや東南にのびる形で、盾形や東南に長くのびる形でないこと。

③論理の問題として、広大な空間があるのに、先代の墳丘や周堀を切って築造することがありうるのか。この場合、大形墳での類例は皆無であり、損壊をともなってまで重複をさせる理由を示さねばならない。

①については、黒ボクの堆積であり、なかから染付けも出土したらしい（石川悦雄「男狭穂塚古墳」『前方後円墳集成・九州編』山川出版社、一九九二年）。また、明らかに後世の所産と思われる土壇状の土盛りから、径一二八メートル前後の円墳、または帆立貝形の古墳とする見解がある（緒方吉信「男狭穂塚陵墓参考地参拝所美化に伴う出土品」『書陵部紀要』四四号、一九九四年）。

一方、周堀が前方部方向に開いたままの馬蹄形

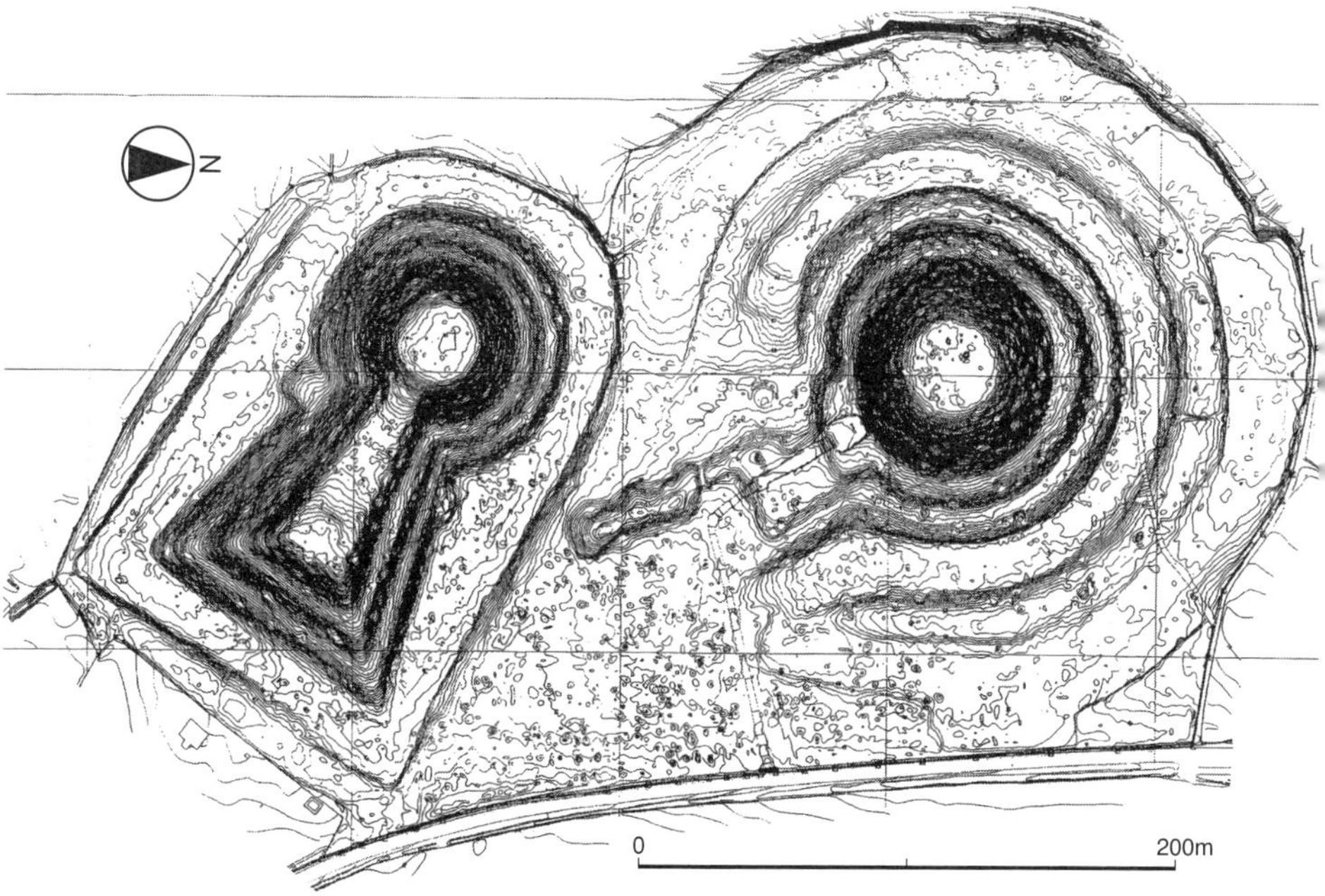

図 33　男狭穂塚・女狭穂塚古墳の地形測量図

の状態であることから、後円部の径一二八メートル、後円部の高さ一〇メートルの帆立貝形古墳、ないし造出し付き円墳という見解もある（今尾文昭「天皇陵古墳解説」『天皇陵古墳』大巧社、一九九六年）。また、円丘部に接続する三メートルあまりの高まりと、その前の平坦面を含めて、墳丘長一六七メートル以上、後円部径一三〇メートル、同高一八メートル、二重の空堀を含めて総延長二三五メートル以上という地元の研究者の説もある。

筆者は、かつて土壇状盛土を後世のものとし、周堀線から墳丘長一五〇〜一六〇メートルの帆立貝形古墳としたが、大過ないものと考えた（今井堯「西日本の巨大古墳」『巨大古墳と倭の五王』青木書店、一九八一年）。

一九九七年に実施された本格的な測量調査とその成果によって、男狭穂塚古墳は帆立貝形古墳として築造されたことが明らかにされている（**図33**）。

（3）雲部車塚古墳

発掘、そして陵墓参考地へ

雲部車塚古墳は、兵庫県篠山市東本庄にある前方後円墳である。この墳丘は前述したように、地元では墳墓としてみとめられていた。東本庄村共有の草刈り場であったが、洪水によって村が損壊し、その修復費用の捻出のため、売却・開墾の危機が迫っていた。このとき、たまたま帰郷していた東京帝国大学の八木奘三郎が雲部車塚を視察し、「墓形ヲ案ジテ二千年前ノ墓制ニテ御陵カ否ラサレバ皇族方ノ墳墓ナラン」と、陵もしくは皇族の墓と示唆したことから、試掘をすることになった。

一八九六年（明治二九）、八木の意をうけて、雲部村村長木戸勇助や東本庄惣代木戸正寿郎と村民が発掘をおこなった。発掘した場所は、後円部の平坦部西寄りで、地表下約九〇センチに石室を発見し、蓋石の若干をとり外して、内部に石棺があることと、その周辺に甲冑や刀剣類などがあることが知られた。この遺物の一部はとり出され、京都大学に保管され、他は埋め戻しをしたらしく、石棺は開口しなかったようである。

八木をはじめとする関係者は、『日本書紀』で崇神天皇一〇年に北陸、東海、西海、丹波に派遣された、いわゆる四道将軍の一人で、丹波に派遣された丹波道主命の墳墓と考えて、宮内庁に陵墓としての確認をもとめ、一九〇〇年（明治三三）に雲部陵墓参考地、近くの小墳二基が同い号・ろ号陪塚となった。

このときの詳細な記録と見取り図は、村長が「車塚一蒔」と表題をつけて残し、貴重な資料となっている。また、一九一五年（大正四）、帝室林野局によって二〇〇〇分の一の実測図が作成され、『雲部陵墓参考地之図』として、一九七二年に公開された（図34）。

雲部車塚古墳の墳丘と内部

雲部車塚古墳についての考古学的な知見は、「車塚一蒔」と『雲部陵墓参考地之図』、若干の埴輪、それに墳丘周辺を歩いた結果の総合である。

墳丘は、主軸をほぼ東西にし、前方部を東に向けた三段築成の前方後円墳である。墳丘全長一四〇メートル、後円部径八〇メートル、同高一三メートル、前方部の幅九〇メートル、同高一一メートルで、後円部径より前方部幅がやや大きいが、高さは後円部のほうがやや高いという特徴をもつ。くびれ部周辺に造出しが認められないことも特徴の一つとなっている。墳丘の周囲には、幅の広い盾形の周堀がめぐっている。

墳丘には、朝顔形と普通の円筒埴輪があり、円筒埴輪編年Ⅳ期の特徴がある。他に後円部頂に方形埴輪列があるらしく、葺石もあるらしい。

後円部頂中央寄りの西側に偏して、古墳の主軸に平行して竪穴式石室があり、その規模は内法で長さ五・二メートル、幅と高さがともに一・五メートルである。そして、石室中央には長

図34　雲部陵墓参考地（雲部車塚古墳）

持形石棺が置かれて、その規模は長さ二二〇センチ、幅八〇センチ位である（図35）。

石棺外の石室内には玉石が敷かれ、その上と石室壁から大量の武具が出土した。衝角付冑（小札式、三角板式）四、革綴・鋲止短甲五、鉄剣八、鉄刀三四、鉄鉾二、鉄鏃一〇七以上と石突などがあった。このうち鉄鏃の一本は、柄から先端まで総鉄製の貴重なものである。

広い周堀のほかに、畑に平行する周堤帯線が残り、その線上に墳丘の中心をおく三基の古墳があって、そのうち二基が陪塚となっている。

これらを総合すると、雲部車塚古墳の年代は、五世紀の第2四半期頃と推定され、丹波道主命が仮に存在していたとしても、古墳のほうが六〇〜八〇年は新しいことになってしまい、雲部車塚古墳が丹波道主命の墓であるという考えは、完全に否定されることになる。

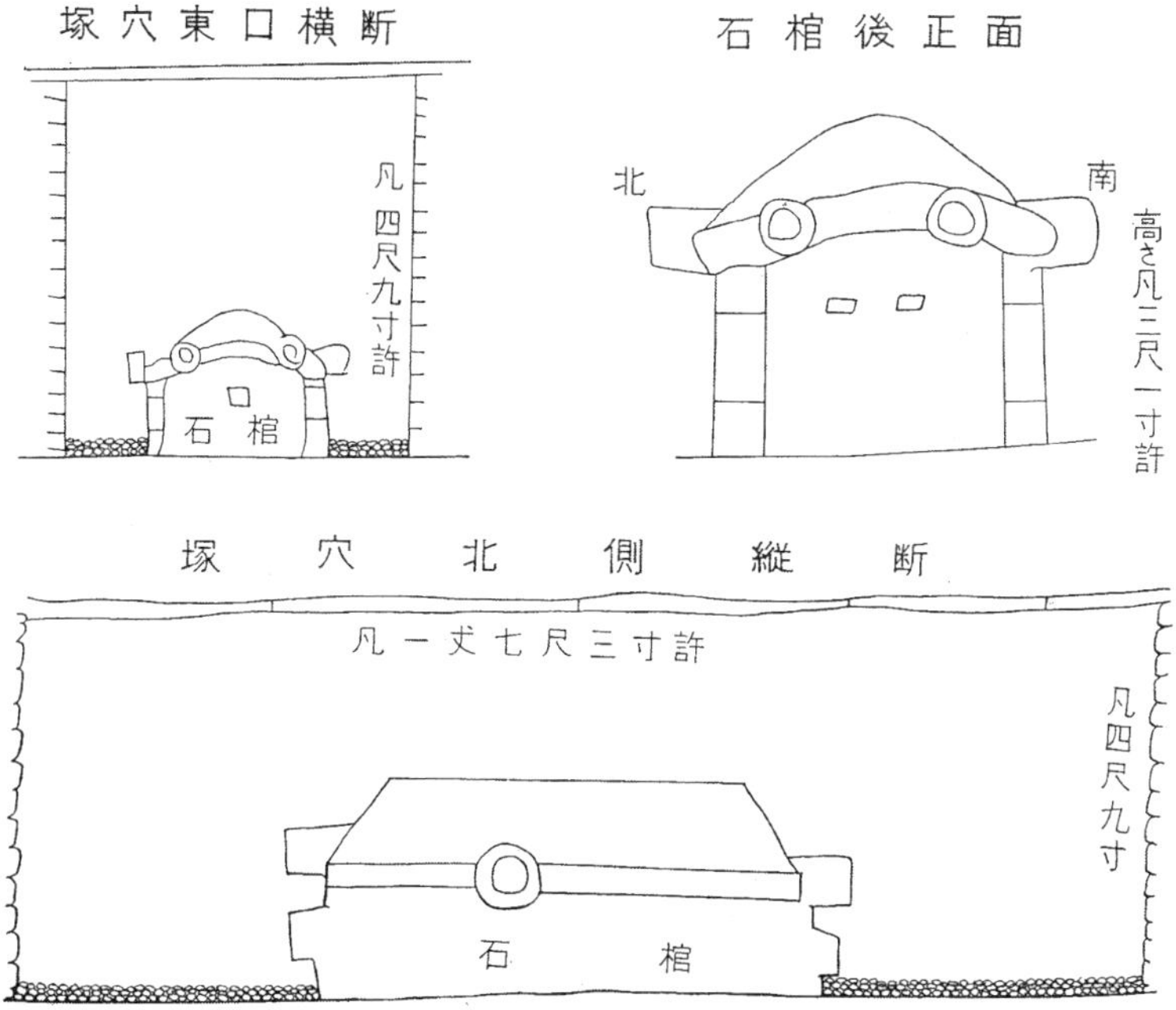

図35　雲部車塚古墳の石室・石棺見取図

雲部車塚古墳の周辺を歩く

雲部車塚古墳の周辺を歩くといっても、雲部車塚や陪塚の墳丘内には立ち入ることができず、周堀の外側と周堤帯、二基の陪塚については墳丘裾を回るにすぎない。こうした墳丘内に立ち入ることができないことを承知のうえで、現地を訪れたのには、つぎにあげる三つの理由がある。

第一は、陵墓図をみると、前方部墳丘裾の直線と前方部前側の周堀の直線が並行していないからである。これは、墳丘と墳域の築造企画の研究には重要な問題であり、古墳築造時本来のものなのか、後世の変形なのかを確認したかったからである。

第二は、陵墓図をみると、二つの陪塚のうち南側のものは方墳にみえ、北側のものは円墳にみえる。地元でも方墳と円墳としているが、本当にそうなのかを確認したかったからである。

第三は、雲部車塚古墳の後円部の背後に位置する丘陵の先端にある古墳の規模と墳形が気になっていたからである。この古墳の円丘頂は、周堤帯外側推定線上に位置していながら、陪塚とされていないこともあって、墳丘に立ち入って観察できるからである。

また、周辺の地形、篠山川流域の沖積地との関係、とくにどの範囲から雲部車塚古墳が見えるのか、それは雲部車塚古墳からどこまで見渡せることができるのかということであって、それを確かめたいこともあって、見学に訪れたわけである。

第一の課題についての観察結果は、まず雲部車塚の前方部前面の裾は、多少の改変はあっても原状を残している。それに対して、周堀の外側は、近世または近代の改変をうけ、宮内庁の護岸工事線では原状と大きく異なっている。

周堤帯の外側ラインは、田の畦などで盾形周堀の側面はよく残っている。また、前方部前面でも、かろうじて古い畦道の残りがあり、それを結ぶ直線は、前方部墳丘裾の直線とほぼ並行する可能性が高い。

一九〇〇年の古図では、周堀部分の南半分は田圃であったことがわかる。一九一五年の陵墓図では周濠となっており、われわれが現在見る周堀は、一九〇〇年から一九一五年までの間に、宮内庁が周堀掘削工事をおこなった結果であり、とくに南半分の改変が著しい。このことから、墳丘と周堀、外堤を含めた築造企画を論じる際には、周堀外側の線を前方部前面の基準にしてはならないことを示している。

第二の課題についての観察結果は、二つの陪塚のうち南側の姫塚は、現状の墳域は方墳で、一辺一六メートルほどであるが、田の耕作のために削られており、墳頂の上半部は円形である。このことから、本来は径一七〜一八メートルの円墳であった可能性が高い。なお、埴輪を採取したとの伝えがあるが、詳細は不明である。

一方、北側の陪塚、ろ号陪塚は「車塚北古墳」ともよばれ、かつては別の名称もあったようである。この古墳も墳丘裾は削られているが円墳としてよく、元来の径は二〇メートル前後と思われる。墳丘の高さは約二・五メートルで墳頂平坦部が広いことなどから、横穴石室系ではなく、上方からの竪穴系の埋葬であろう。

重要なことは、両墳ともに雲部車塚古墳の周堤帯外側の線上に墳丘の中心があり、陪塚としての可能性は高く、両古墳の陪塚の指定に関する限りは、正しかったといえる。

飯塚古墳（車塚西古墳）

第三の課題についての観察結果は、つぎのようである。

雲部車塚古墳の後円部の背後に位置する丘陵は、北から南に向かって下降しながら尾根がのびている。その傾斜変換上（隆起部）に築かれているのが本古墳である。車塚西古墳とよぶ場合もあるが、地元では飯塚とよんでいるので、本書でも飯塚古墳の名称を用いる。

この古墳は径約二〇メートルの円墳とも、径四〇メートルの円墳ともいわれ、詳細は不明である。墳丘には、雑木や真竹が生い茂り、観察は容易ではないが、墳丘と思われる範囲を三周し、墳頂に四度登って観察した結果、つぎのようにまとめてよいと思う。

下降する尾根の隆起部を利用して円丘をつくっており、円丘は二段築成で、一段目は地山を削りだし、二段目は盛土らしい。また、二段目の部分は南にのびて、雲部車塚古墳の主軸にほぼ直交して、狭いながらも造出しとなっている。尾根が下降するために、造出し部の墳頂平坦面は盛土であり、墳丘裾は後円部側と造出し部側では高低差が二メートル近くあって、高さの測り方がむずかしく、墳形については帆立貝形古墳なのか、造出し付き円墳なのかという意見が二つ分かれるところである。

墳丘長は四五メートル～五二メートルとしてよいが、雑木や真竹のために見通しが悪く、数値の差が大きくなってしまうのは仕方のないことである。また、墳頂平坦部は広く、上方からの埋葬施設が複数ある可能性が高く、この墳頂から須恵質の埴輪が出土している。一方、墳頂からの眺望は広く、重要な古墳であり、墳丘の詳細測量の必要性がある古墳だと強く感じた。

飯塚古墳の墳丘中央は、雲部車塚古墳の周堤帯外側の線上に位置することから、同古墳の陪塚の可能性も高いが、いずれにしても前記した二古墳の被葬者よりも、格上の人物の埋葬が考えられる古墳である。

以上の観察結果を得ながらも、残念なことは雲部車塚古墳の墳丘に入れなかったことである。国指定史跡は大形古墳であっても、墳丘には研究者はもちろんのこと、誰でも立ち入ることができる。雲部車塚古墳が陵墓参考地であったとしても、ぜひ、墳丘への立入り観察研究をしたいものである。

（4）見瀬丸山古墳

会社員が撮った三〇枚の写真

一九九一年一二月二六日夜、朝日放送が奈良県橿原市五条野に所在する見瀬丸山古墳の円丘部にある横穴式石室内部のカラー写真を放映した。翌二七日の朝刊には、各社ともに見瀬丸山古墳の石室内部について、二つの家形石棺を含めて大々的に報道した。これは同年五月三〇日に会社員が撮影した写真三〇枚と、これをもとにした見瀬丸山古墳検討委員会（坪井清足、猪熊兼勝、坂田俊文）による検討結果にもとづくものであった。

この一連の報道は、全国の古墳時代研究者をはじめとする考古学・古代史の研究者や原始・古代史に関心をもつ国民を震撼させたのである。それは見瀬丸山古墳が後期最大の前方後円墳であり、江戸期の古記録やゴーランドの記録から日本最大の横穴式石室として知られていたためであった。同時に、この円丘部分は宮内庁が「陵墓参考地」として管理し、研究者はもとより、国民も内部に立ち入って観察できないものとして、なかばあきらめもあった場所であったからである（図36・37）。

どうして会社員が石室に入れたのか、また研究者も石室内に入ったのかなどの憶測も飛び交ったが、「江戸時代の識者やゴーランドさえも石室内に入っているのに現代の研究者が石室に入れないのはおかしい」という声は多かった。入口に蓋はしたようだが、後始末はどうするのかということについての関心も高い。古墳の時期や二つの石棺の関係、被葬者についても、当然のことながら高い関心が示されている。なかには、マスコミに石室改築説を発表した人もいる。

見瀬丸山古墳について、検討委員会の発表をきちんとおさえたうえで、基本的な問題と当面する緊急の課題について、若干の問題点を提起する。

検討委員会の所見

見瀬丸山古墳検討委員会は、一九九一年一二月二六日に報道関係者に、A3判五枚の所見資料を公開している。その大要は、つぎのとおりである。

（1）見瀬丸山古墳は、墳丘長三一〇メートルの前方後円墳であり、後円部径一五〇メートル、同高さ二一メートル、前方部幅二一〇メートル、同高さ一五メートルで広い周堀をもつ。埴輪は知られていない。

（2）後円部最上段は、宮内庁が管理する陵墓参考地であり、墳丘のほかの部分は一九六九年に国史跡に指定され、橿原市が民有地の買収を進めている。

（3）一九九一年五月二九日に石室入口の崩壊部から小学生が石室に入り、それを会社員の父に通報し、三〇日にその会社員は同じ所から入ってカラー写真三〇枚を撮影した。この入口の部分は、宮内庁が囲った柵の外側である。

（4）この写真を提供された研究者が、その事実の重要性から資料の公開の必要性を認め、見瀬丸山古墳検討委員会をつくった。提供された写真をもとに、坂田俊文がコンピューターでひずみをとり除いて二枚の合成写真を作り、猪熊兼勝が石室復元図を作成した（図38上）。

（5）横穴石室の床には、約一メートル弱の堆積土がある。横穴式石室は南に開口し、全長三三メートル、玄室《げんしつ》長一二メートル、羨道長二一メートル、同幅一・八メートル、同高一・六メートルで、石室奥五・一メートル、同推定高四・四メートル（＋α）、同幅羨道《せんどう》側三・八メートル、同材には巨石を用い二段積みである。玄室に接する羨道部の高さは羨道部入口周辺より低い。また、石室が再構築された痕跡はない。石室開口部の位置は、ゴーランドの図面と異なり、後円部の三段目に開口する。

（6）家形石棺（凝灰岩製）二のうち、玄室奥壁に平行する石棺の形式は、玄室羨道部寄りに主軸を石室主軸と平行する石棺の形式より新しい。

（7）横穴式石室の時期は六世紀後半のもので、手前東よりの棺が石室と同時期である。このほか、石室用材として最重量のものは一〇〇トンの石材を用いたことも指摘されている。付図として、①見瀬丸山古墳石室復元図、②同石室内写真撮影部位図、③同縮尺による見瀬丸山古墳と石舞台古墳の石室比較図が配布・公表された。猪熊氏談によると、見瀬丸山古墳は墳丘・石室規模からして大王（天皇）のもので、宣化天皇の時期とはへだたり、欽明天皇陵としてつくられ、堅塩媛が追葬された、とのことである。

図36　見瀬丸山古墳の墳丘図

図 37　見瀬丸山古墳（写真の林の部分が畝傍陵墓参考地）

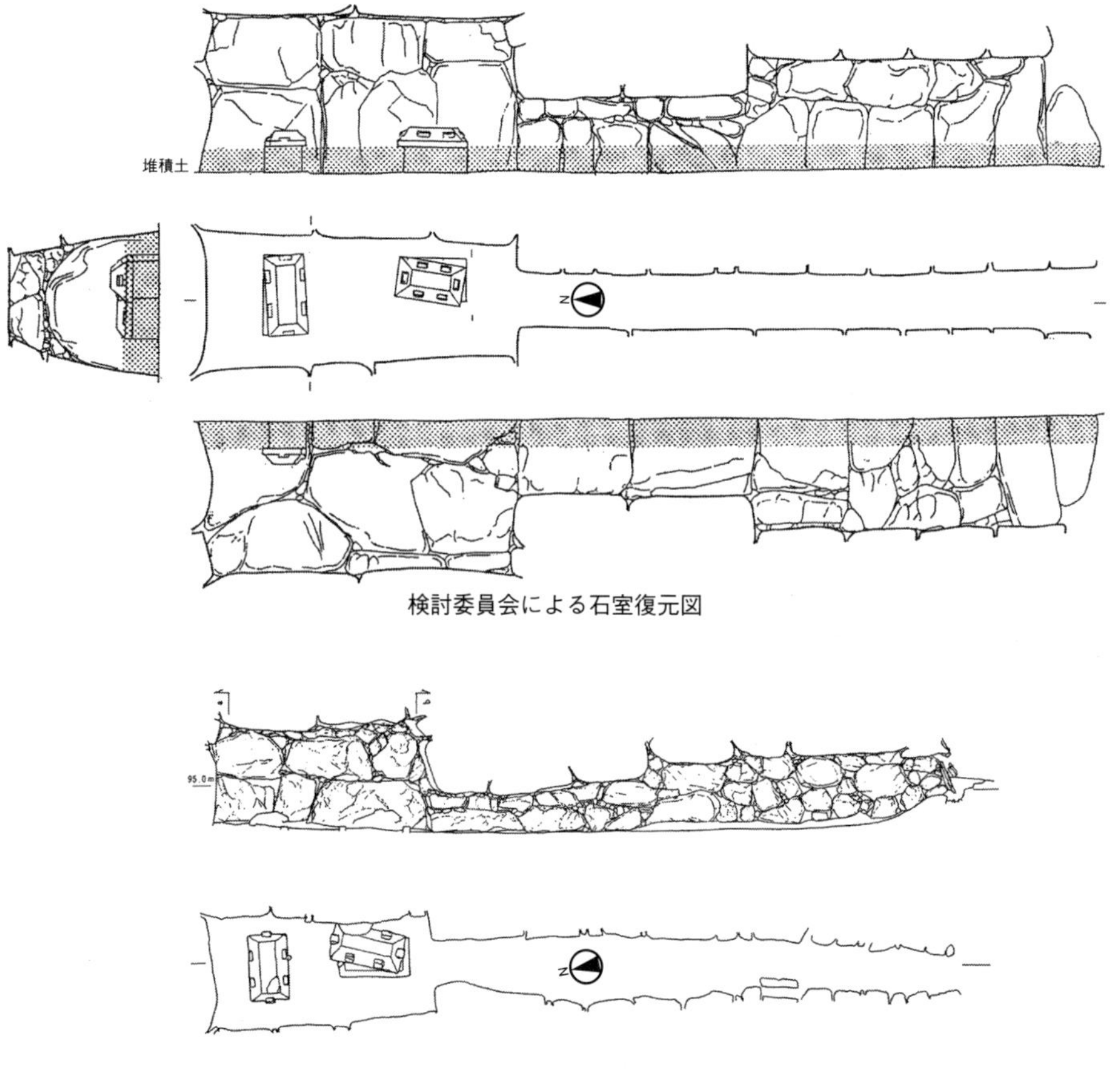

図 38　見瀬丸山古墳の石室復元図と実測図

以上の公表は画期的なものであり、「陵墓に関する資料をもっと公開するように」との意図から出たものといえる。（1）石室規模がこれまで考えられた以上に大きく、石室全長は三三メートルであること、（2）石室構築の各種特徴が知られたこと、（3）二個の刳抜家形石棺についての知見がえられたこと、（4）石室開口部は後円部三段目であること、（5）総体として六世紀後半の大王の古墳であり、五七一年没の欽明天皇陵と堅塩媛の合葬である可能性あること、の指摘は重要である。奥の棺と手前の棺の先後関係については異論があるかもしれない

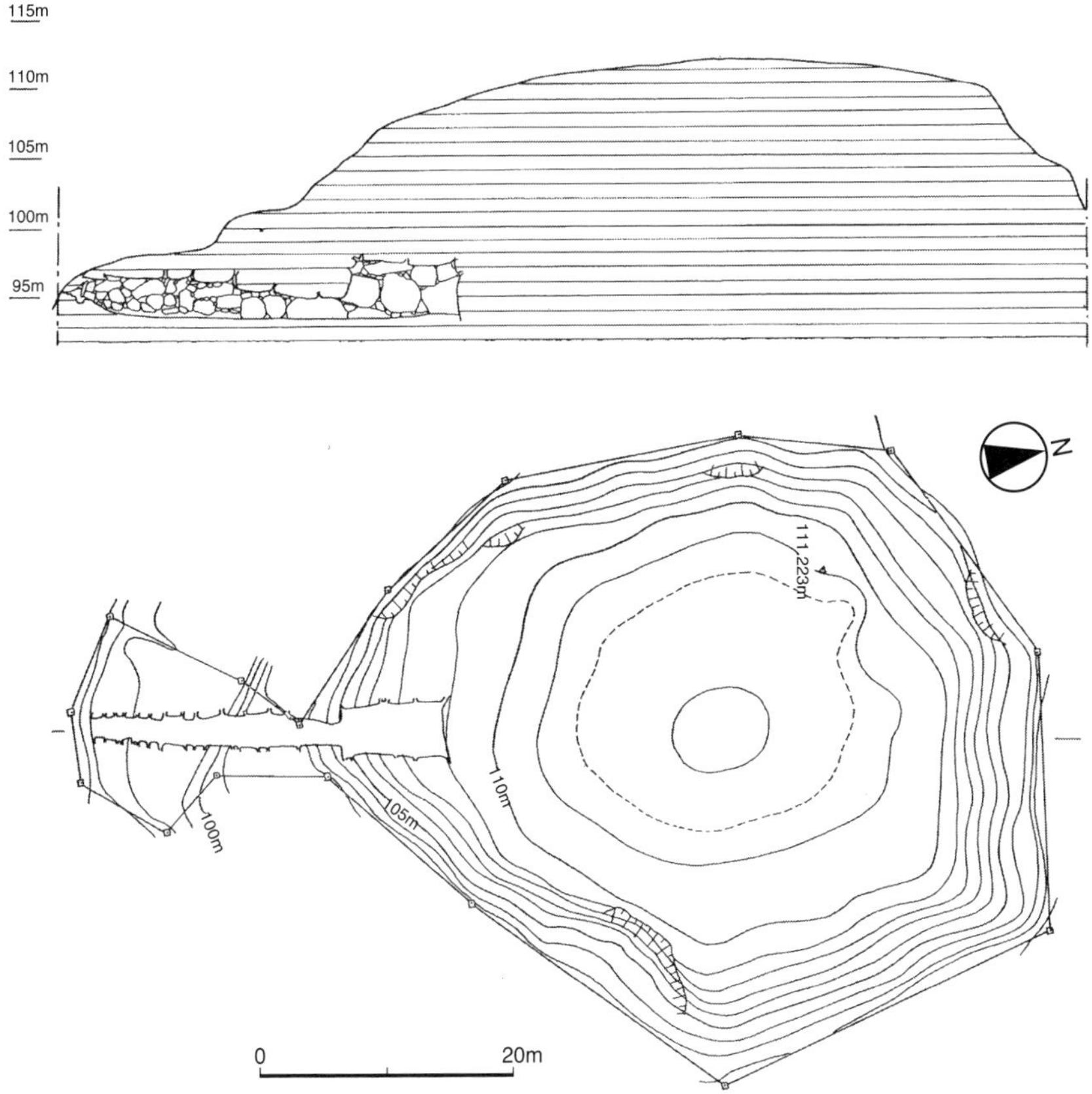

図 39　見瀬丸山古墳の横穴式石室位置図

が、事実のおさえとして公表資料の要約をおこなった。

最後の巨大前方後円墳の横穴式石室内の実態概要を知りえた意義は大きい。今回の一連のことがらは、さまざまな問題を浮き彫りにしたのである。陵墓古墳公開の立場からいくつかの問題にしぼって、若干の検討をおこなう。

基本的な問題

後期最大の墳丘と最大・最長の横穴式石室をもつ見瀬丸山古墳の歴史的な位置づけには、すべての研究者が深い関心をもち、石室内の立入りができない条件のもとで、さまざまな研究がおこなわれている。最近のものでは、増田一裕が見瀬丸山古墳の石室に関する一八三九年から一八九七年にわたる一二種の文献の比較検討から、石室構造と規模・石棺の復元研究をおこない、被葬者像を検討しているが、これは大変な努力である（増田一裕「見瀬丸山古墳の被葬者―檜隈・身狭地域所在の大王級古墳を中心として―」『古代学研究』一二四・一二五号、一九九一年）。「石室を開封するのみで多くの資料を得ることが可能で（中略）、将来をきたるべき日のために資料整理し」た研究である。

この古墳墳丘の平面形が剣菱形であるとして、墳丘の築造企画の面からの研究もある（石部正志・田中英夫・堀田啓一・宮川徏「見瀬丸山古墳の築造企画の検討」『古代学研究』一二七号、一九九二年）。

このように古墳地名から被葬者の特定への研究、二個の家形石棺の存在から推古紀を主とした研究などさまざまな角度から古墳への接近がなされている。一八〜一九世紀には、研究者や役人が石室内に入り観察をおこなったにもかかわらず、二〇世紀初頭に陵墓参考地となったことで、研究者は立入りができず今日に至っている。

研究者の誰もが一致する第一の基本的な要求は、見瀬丸山古墳横穴式石室内の観察であろう。これは、かつて多数の人びとが石室内に入り、今回は写真撮影もおこなわれ、すでに石室立入りの先例があることからしても、拒否しがたい要求である。

陵墓参考地のうち、管理形態でみれば、墳丘のうちの後円部上の円丘部のみが参考地とされているものに、津堂城山古墳と本例がある。古墳のもつ社会的性格からみれば、最高首長墳の可能性のあるものに、土師ニサンザイ古墳や河内大塚山古墳などと、見瀬丸山古墳がある。これらは研究者が墳丘への立入りをもっとも要望するものである。一刻も早く、見瀬丸山古墳の横穴式石室内への立入り観察が実現する日を待ち望むものである。写真合成による石室復元図から進んで包括的な検討を可能にし、石棺についても事実認識を深めることになりうるからである。

当面の問題

正否や善悪は別として、一九九一年五月三〇日に見瀬丸山古墳の横穴式石室内に人が入ったことは事実である。なんらかの形で横穴式石室内についての事後処置が求められるのは当然のことである。現在は、とりあえず入口は封鎖してあるようであるが、これだけでは不十分である。

石室内に仮に漆喰があった場合、保存の処置が必要であろう。一九世紀末以来、一〇〇年近く経過して人が立入ったのである。管理上からも係官の現状把握が必要となる。

当面の第一の仕事は現状把握と石室内の記録であろう。そのためには石室と棺の実測が必要である。

家形石棺の蓋は、二棺ともに棺身からわずかながらずれており、その現状の把握も必要と思われる。

石室底には約一メートルの堆積土があり、石棺も蓋付近まで埋没している。これらの状況を知ることも必要であろう。入口の密封の可否は別として、羨門封鎖装置の調査は、現状変更の危険をとり除くために必要と思われる。なかには、石室底の全面清掃の声もあるが、各種・大量の遺物および遺物片の存在が予想され、また木棺がありうる可能性もあるので急ぐべきではなく、保存科学を含めた学際的な調査体制と特別委員会形式の全考古学者の英知を結集する体制が必要であろう。

まずは現状把握と石室および石棺の実測、入口調査が先決であり、そのための調査過程での研究者への公開が必要であろう。

学協会連合は、研究の自由権と民主主義の問題として、宮内庁が管理するすべての古墳の立入りを要望している。この見地は堅持しつつ、筆者は当面緊急のことを提言した。

一二月二六日の公表資料にも、研究者が石室内に立入り実測したとはされていない。あくまでも写真をもとにした石室復元図とされている。保存管理面からも、石室、家形石棺、入口の実測の必要性と、その過程での公開を求めたものである。以上のことは民有地の史跡級石室の場合と同様に、保存・保全を念頭にした発言である。基礎資料の確定後に論を進めるという立場から、所論を控えている。

以上の文章は、文化財保存全国協議会の機関誌『明日への文化財』の編集委員会の求めに応じて、トピックとして報告したものである（今井尭「トピック・見瀬丸山古墳」『明日への文化財』三一号、一九九二年）。その後、見瀬丸山古墳は宮内庁によって横穴式石室の閉塞工事がおこなわれ、それに先立って一九九二年九月一四日に一三学協会に対して限定公開がおこなわれた。その際、宮内庁によって石室と石棺の計測値が公表されているので、その数値を紹介しておく（陵墓調査室「畝傍陵墓参考地石室内現況調査報告」『書陵部紀要』四五号、一九九四年）。

石室は全長二八・四メートル、玄室長八・三メートル、奥壁部幅四・一メートル、同部高さ三メートル、前壁部幅三・六メートル、同部高さ四メートル、羨道長二〇・一メートル、玄門部幅一・八メートル、同部高さ一・四メートル、羨門部幅一・四メートル、同部高さ二・五メートルである（図38下・39）。高さは、いずれも現石室床面からの数値であることを断っておく）。

北の石棺は蓋石が長辺二四二センチ、短辺一四四センチ、全高四二センチ、側縁の厚さ二二センチ、頂部平坦部の長辺一九三センチ、短辺六三センチである。

東の石棺は蓋石が長辺二七五センチ、短辺一四一センチ、全高六三センチ、側縁の厚さ一三センチ、頂部平坦部の長辺二〇一センチ、短辺五〇センチである。

第Ⅳ章　陪塚の検討

1　陪塚とは何か

陪《ばい》とは、「付き従う」とか、「お供をする」という意味であるので、陪塚（前述したように、宮内庁では陪冢《ばいちょう》を使っている）は文字どおり主人の塚（主墳）に陪従する塚ということになる。本来は中国の墓制で、中国では主墳と陪塚の関係が明瞭なものがあるが、日本の古墳は、かならずしも主墳と陪塚の関係が明瞭であるということではない。有力な大形の古墳に隣接する小古墳を陪塚とよび習わしている。ただし、考古学的に陪塚というからには、少なくとも規模の大きい古墳の周囲に規則的な配置をもって築かれた、より小さい古墳で、同時期のものをいう。

今日、宮内庁では天皇陵、皇后陵、皇族墓だけでなく、陵墓参考地に陪塚を指定し（表3）、その管理をおこなっている。仁徳天皇陵（大山古墳）のように、十数基もの陪塚があっても『陵墓要覧』の箇所数にはあらわれず、あくまでも主墳である仁徳天皇陵に含まれるのであるが（表4）、その数は一二八基にものぼる。したがって、陵、墓、参考地以外にも、一〇〇基をこえる古墳について、研

表3　指定陪塚一覧（抄）

陵墓名	陪塚数	塚名	大要
崇神天皇陵	4	い—に	円墳2（うち1は横穴式石室）、前方後円墳2（アンド山古墳122m、南アンド山古墳66m）。考古学的に陪塚でないものを含む
垂仁天皇陵	6	い—へ	帆立貝式（造出し付円墳）2、円墳・方墳、い号は円径50mに造出しのあるもの、は号は帆立貝形古墳で周濠長70m
景行天皇陵	3	い—は	方墳・円墳1、前方後円墳1（上の山古墳140m）
成務天皇陵	3	い—は	方墳3（い号辺35m、ろ号辺25m、は号辺30m）
仲哀天皇陵	4	い—に	円墳3（円1は方墳か）、前方後円墳1（全長約65m）
神功皇后陵	4	い—に	円墳2、方墳1、帆立貝形古墳1（全長約50m）
応神天皇陵	6	い—へ	方墳4、帆立貝形1、前方後円墳1。に号方墳は辺55m、ほ号陪塚とされている墓山古墳は全長225mの大首長墓で周濠外堤をもち、その内側に葺石がある。埴輪短甲・家・円筒列をもち、長持形石棺がある。けっして陪塚ではなく、墓山古墳自体が方形陪塚をもっている。
仲姫皇后陵	2	い—ろ	方墳2。3基並ぶ八島塚50mと中山塚が陪塚にあてられ、助太山は指定外
仁徳天皇陵	13	い—わ	前方後円墳1、帆立貝形古墳5と円墳・方墳である（表4）
磐姫皇后陵	10	い—ぬ	帆立貝形古墳2と方墳4、円墳4である。ほ号方墳は1辺42m、へ号帆立貝形古墳は全長約70m、円径45m
履中天皇陵	4	い—に	円墳・方墳1、帆立貝形古墳1（全長約55m）
反正天皇陵	2	い—ろ	方墳2（うち1は1辺25m）
允恭天皇陵	3	い—は	変形著しい円墳3と推定（うち1は径約35m）
雄略天皇陵	1	い号	方墳1（辺20m）
清寧天皇陵	1	い号	前方後円墳45m
継体天皇陵	8	い—ち	変形著しいが、円墳4、方墳2、帆立貝1、前方後円墳1（40m弱）
宇　度　墓	6	い—へ	円墳6とされるが、方墳・造出し付円墳各1の可能性もある
宇和那辺参考地	2	い—ろ	円墳または方墳1、前方後円墳1（変形全長約55m）
小那辺参考地	7	い—と	方墳7（うち最大のものは1辺約40m）
雲部参考地	2	い—ろ	円墳2（うち1は方墳か）

若干の陵・墓・参考地は正確を期せないため省略した。『古墳航空大観』中の実測図、『奈良県の主要古墳』『河内考古学散歩』などによったが、垂仁陵陪塚の一部など、新解釈もある。考古学的には陪塚であっても指定外のものは省いてある。

究者・国民の立入りが禁止されていることになる。

　宮内庁が指定・管理している陪塚は、前述した陵墓参考地と同様に、法的な根拠はまったくない。そして、これらの陪塚が、どのような理由にもとづいて、いつ指定されたかはいっさい明らかにされていない。陪塚の決定は、江戸期にはほとんど問題とされていないにもかかわらず、陵、墓、参考地のそれぞれに指定されていることから、陪塚の決定が順次おこなわれたとしても、一八九〇年代以降のことといえよう。しいていえば、天皇制権力の強化にともなって、「万世一系」とされた天皇陵聖域化のいっそうの進行のなかでおこなわれたと考えてよいであろう。このことは、一八九九年から一九〇二年にかけて、仁徳天皇陵（大山古墳）の三重濠の修築がおこなわれたが、「これらは、明治維新後、天皇が絶対な主権者となり、天皇の権威を高めるための一つとして天皇陵や皇族陵墓の整備が図られるが、伝仁徳陵古墳も、それらの一環として整備された」（中井正弘・奥田豊「伝仁徳陵古墳の周濠について」『考古学雑誌』六一巻四号、一九七六年）ことと、陪塚の決定も共通していたのである。

　つぎに、宮内庁による陪塚指定の科学的根拠にかかわる実態について、若干の紹介をしておきたい。

表４　仁徳天皇陵陪塚一覧

陪塚名	古墳名	墳　形	墳丘長	周濠	墳域長	備　考	
い号陪塚	孫太夫古墳	帆立貝古墳	56 m	○	約 60 m	須恵質埴輪他	周濠・墳裾削る
ろ	竜佐山古墳	帆立貝古墳	67	○	80 m 以上	周濠	造出し部削平・再盛土
は	狐山古墳	円墳	23			段築	墳丘変形
に	銅亀山古墳	方墳	26			周濠消滅	墳丘変形
ほ	菰山古墳	帆立貝古墳？	36				方部削平か
へ	丸保山古墳	帆立貝古墳	87	○	100 m	楯形周濠・埴輪	前方部平地化
と	永山古墳	前方後円墳	104	○	150 m	周濠・外堤・埴輪	造出しあり

ち～わ号は検討不十分。この中に坊主山古墳（円 10 m）、源右衛門山古墳（円 40 m）などが含まれる。

大安寺山古墳（円 60 m）、茶臼山古墳（円 55 m）は、この中に含まれているか仁徳陵本地内のものか不明。

塚廻古墳（円 35 m）、牧塚古墳（帆立貝・円径 35 m）は史跡であるが、本来の陪塚と推定される。

2　指定陪塚の考古学的検討

（1）陪塚にされた大王墳級の古墳

大阪府羽曳野市の墓山古墳は、古市古墳群（図40）のほぼ中央部に位置する全長二二五メートル、後円部径一三五メートル（高さ二〇・七メートル）、前方部幅一五三メートル（高さ一九・三メートル）の前方後円墳である（天野末喜「墓山古墳〔応神陵ほ号陪冢〕と周辺の古墳」『古市古墳群』一九八六年）。三段築成で、くびれ部両側に造出しをもち、幅が狭く深い濠と幅が広い外堤を備えた精美な形態は、中期の大形古墳の典型とみられている（図13）。葺石《ふきいし》は、墳丘はもちろんのこと、外堤の内側にも施されていて、墳丘の各段のテラスには円筒埴輪がめぐるほか、家や盾《たて》、靫《ゆぎ》などの形象埴輪もともなう。また、後円部頂上には、破損した長持形石棺の蓋石が露出し、それは格子目を刻んだ竜山石《たつやまいし》だといわれ、おびただしい滑石製模造勾玉が掘り出されたことがあるといわれており、事実、一部が宮内庁に保管されている。

この墓山古墳は同じ古市古墳群の允恭天皇陵（市ノ山古墳、図12）や茨木市の継体天皇陵（太田茶臼山古墳、図25下）と、墳丘の規模・設計企画などから同一規格の墳丘をもつものとして著名である。これら三古墳は仲姫《なかつひめ》皇后陵（仲ッ山古墳、図20）に共通する特徴をもつ墓山古墳が若干古く位置づけられ、それは出土した埴輪からもうかがえる。いずれにしても、ほかの二古墳とともに大王墳級の古墳であることは、多くの研究者が認めるところである。

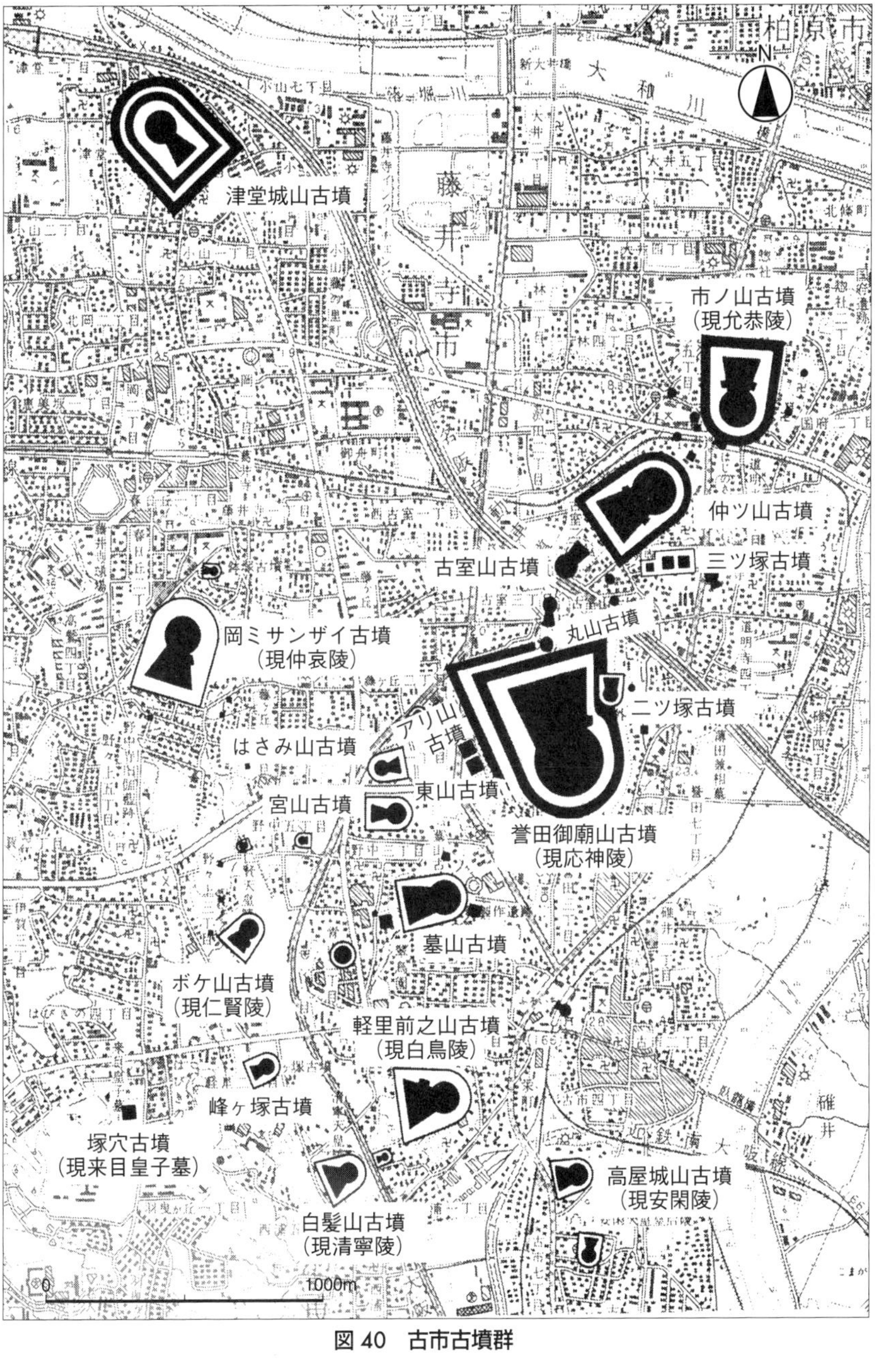
津堂城山古墳
市ノ山古墳
（現允恭陵）
仲ツ山古墳
古室山古墳
三ツ塚古墳
丸山古墳
岡ミサンザイ古墳
（現仲哀陵）
二ツ塚古墳
アリ山古墳
はさみ山古墳
東山古墳
宮山古墳
誉田御廟山古墳
（現応神陵）
墓山古墳
ボケ山古墳
（現仁賢陵）
軽里前之山古墳
（現白鳥陵）
峰ヶ塚古墳
塚穴古墳
（現来目皇子墓）
高屋城山古墳
（現安閑陵）
白髪山古墳
（現清寧陵）
柏原市
藤井寺市
0
1000m

図 40　古市古墳群

ところが、この墓山古墳は応神天皇陵（誉田御廟山古墳《こんだごびょうやま》）の六つの陪塚のうちの一つ、ほ号陪塚として指定されている（図13）。応神天皇陵は、墳丘長では百舌鳥古墳群中の仁徳天皇陵につぐ全国二番目であるが、表面積や体積では仁徳天皇陵を上回る全国一の巨大前方後円墳であることはよく知られている。しかし、いくら応神天皇陵が体積などで全国一の巨大古墳であっても、墓山古墳をその陪塚として指定したことは間違いである。

（2）主墳と年代の異なる陪塚

崇神天皇陵い号陪塚

奈良県天理市の崇神天皇陵い号陪塚は、崇神天皇陵（柳本行燈山古墳《やなぎもとあんどんやま》）後円部の南方約三五メートルに位置する、柘榴塚《ざくろづか》と通称される小古墳である（図42）。

このい号陪塚の外柵を設置するために、一九七五年に宮内庁による調査がおこなわれた。それによると、い号陪塚は古式土師器をともなう住居跡らしき遺構の上に、付近の土を盛って築いたもので、内部主体は破壊をうけて天井石を失っているが、側石の遺存状況から横穴式石室と考えられる。そして、石室内の床面出土の杯蓋（図41）から、この古墳の時期は古墳時代後期、六世紀後半から末葉とすることができる（笠野毅「崇神天皇陵陪塚い・ろ号の外溝柵設置箇所の調査」『書陵部紀要』二七号、一九七六年）。

この調査成果から、柘榴塚がもし崇神天皇陵陪塚という指定が正しければ、主墳である崇神天皇陵は六世紀後半ということになる。我々が認識しているように柳本行燈山古墳（崇神天皇陵）が四世紀の古墳とすれば、陪塚の指定が正しくないことになる。いずれにしても、崇神天皇陵い号陪塚は、主墳とは明らかに年代が異なることだけは間違いない。

仲姫皇后陵の陪塚

仲姫皇后陵（仲ツ山古墳）の南方約六〇メートルの位置に、東から八島塚《やしまづか》古墳、中山塚《なかやまづか》古墳、助太山《すけたやま》古墳とよばれる三基の方墳がある。このうち八島塚古墳が仲姫陵ろ号陪塚、中山塚古墳が仲姫陵い号陪塚に指定されているが、助太山古墳は陪塚に指定されていない（図20・43）。

これらは三ツ塚古墳と総称されているように、三基の方墳は南辺をそろえてほぼ正方形につくられ、濠を共有するという特異な景観を呈していることから、同時期に築造されたものと考えられている。それにもかかわらず、三基のうちの二基だけを陪塚に指定することは、まったく合理

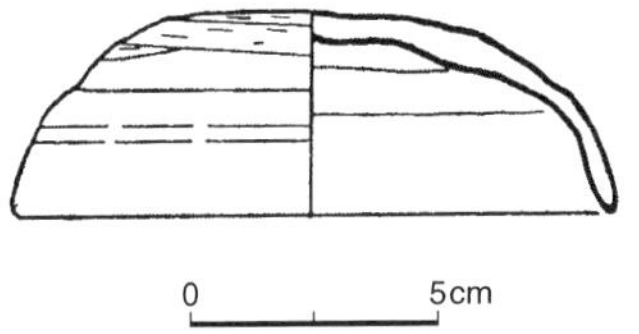

図 41　栢榴塚石室内床面出土の杯蓋

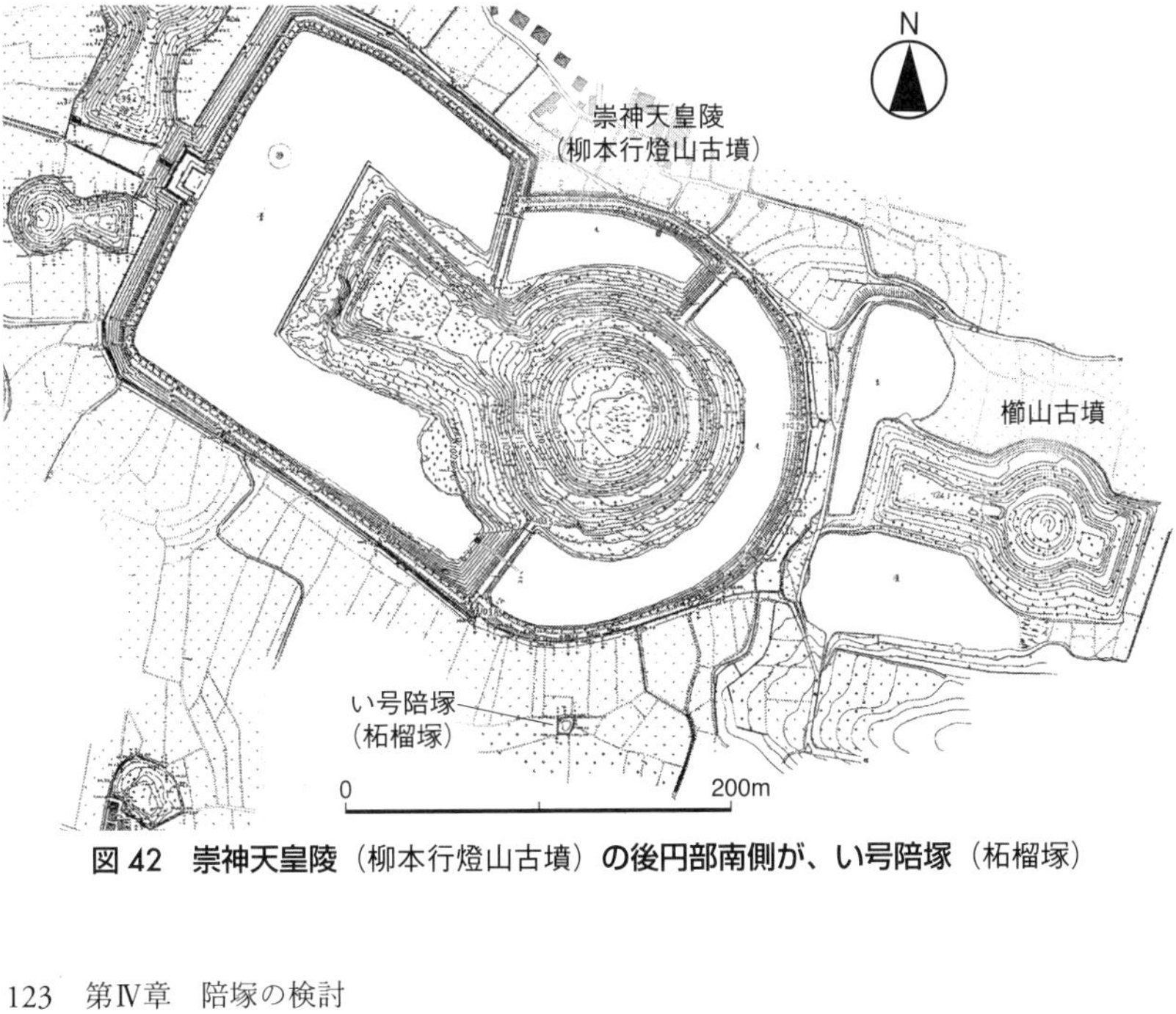

図 42　崇神天皇陵（柳本行燈山古墳）の後円部南側が、い号陪塚（栢榴塚）

性を欠いているといわざるをえない。

なお、八島塚と中山塚は一辺が約五〇メートルの同形・同規模の古墳であるが、助太山古墳は一辺が約三六メートルとやや小さいという違いがあるが、これとても助太山古墳を陪塚に指定しなかった理由にはならない。

助太山古墳の墳頂部には巨大な石の一部が露出している。これは天井の平坦面の四方に傾斜面をもっていることから、終末期古墳の石槨天井部に酷似している。そして、石材も終末期古墳によく使用されている二上山の牡丹洞産の凝灰岩であることなどから、終末期古墳の横口式石郭である可能性が高い。とすれば助太山古墳の年代は七世紀代ということになる。八島塚古墳と中山塚古墳が宮内庁によって陪塚に指定されていることから、墳丘

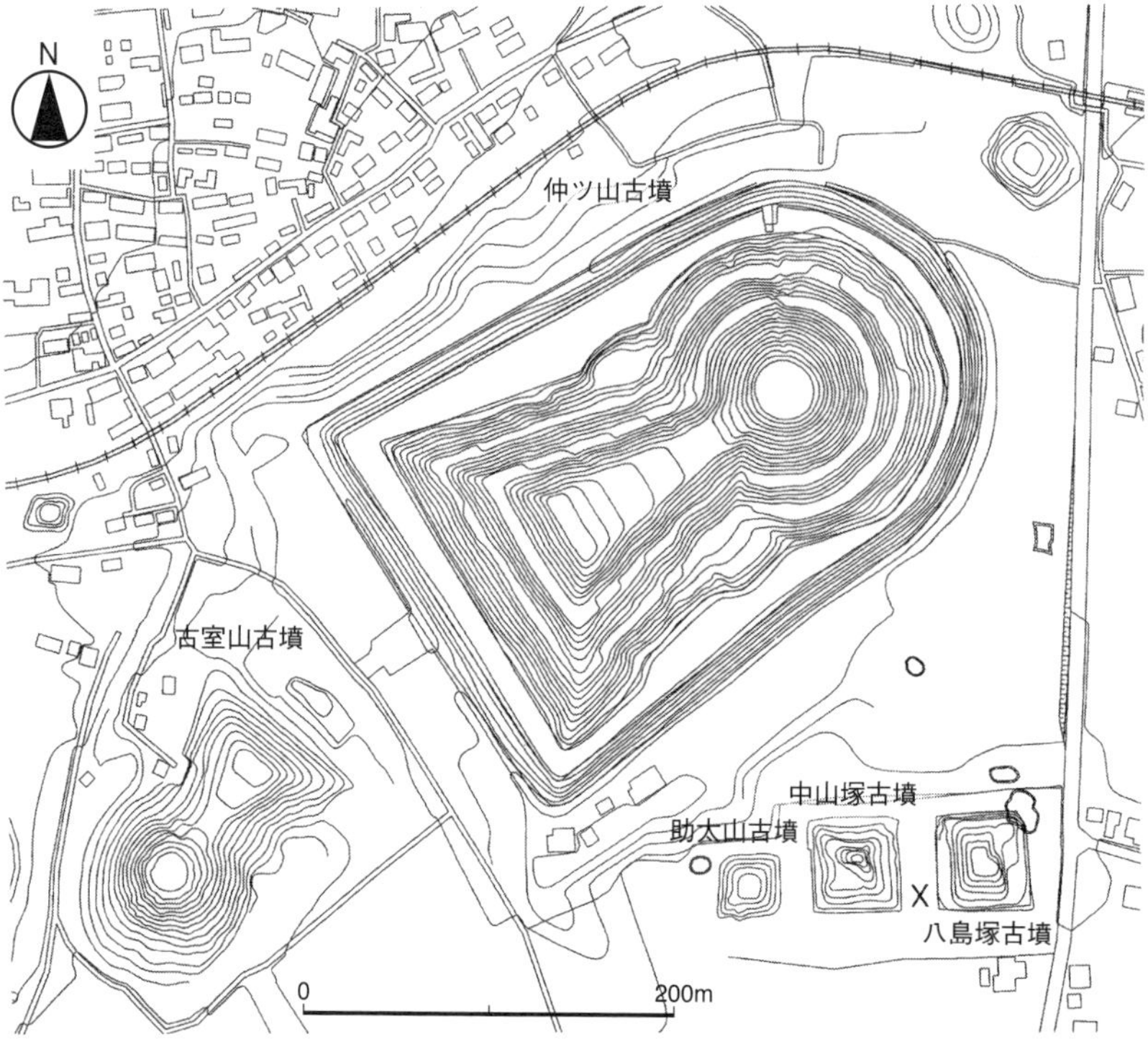

図 43　三ツ塚古墳と修羅の出土位置（× 印）

内にすら立ち入ることができないので、今後に課題は残るが、仲姫皇后陵（仲ツ山古墳）の築造年代が五世紀前半ということから考えても、三ツ塚古墳である八島塚、中山塚、助太山の三古墳が仲姫皇后陵の陪塚でないことは間違いない。

ところで、八島塚古墳と中山塚古墳が宮内庁によって陪塚に指定されているといっても、それは墳丘部に限られていて、周濠部は指定外となっている。この二つの古墳の間の濠を埋め立ててマンションを建設することになり、その事前調査が一九七八年に実施された。この調査で濠底をさらに一・三メートルほど掘り下げたところから、古代の運搬具である修羅《しゅら》が発見されて、大きな話題となったことを記憶している方も多いと思う（図43）。しかし、現在、この濠は埋め立てられてマンションが建ってしまった。これは宮内庁の陵墓の指定範囲が曖昧なことが、結果として、古墳の一部の破壊を招いてしまったのである。

修羅といえば、二〇〇六年度に使用が開始されている『新しい歴史教科書』（扶桑社発行）では、「大阪府藤井寺市の仲津媛皇后陵（5世紀前半のもの）で発掘された修羅の全長は7～8ｍもある」と仲津媛（仲姫のこと）皇后陵から修羅が発掘されたと解説している。この修羅は八島塚古墳と中山塚古墳の間の濠から発掘されたのであるから、これは明らかにでっちあげである。では、なぜ『新しい歴史教科書』の執筆者は、修羅が仲姫皇后陵から発掘されたとでっちあげる必要があったのだろうか。

仲姫は『記』『紀』では仁徳天皇の実母とされている人物である。『新しい歴史教科書』では、「前方後円墳の分布」の図で箸墓古墳、五色塚古墳、大仙古墳*（仁徳天皇陵）とともに、仲津媛皇后陵を掲載している。つまり「前方後円墳の分布」の図に仁徳天皇の実母である仲津媛皇后陵を大仙古墳（仁徳天皇陵）と並べることで、大仙古墳の被葬者を仁徳天皇と読者に印象づけたかったからにほかならない。しかも、現行の検定制度では、「前方後円墳の分布」の図に仲津媛皇后陵を掲載するには、教科書のどこかに仲津媛皇后陵に関する記事を入れる必要があることから、仲津媛皇后陵から修羅が発掘されたと記事をでっちあげたのである（勅使河原彰『歴史教科書は古代をどう描いてきたか』新日本出版社、二〇〇五年）。おそらく『新しい歴史教科書』の執筆者は、八島塚古墳と中山塚古墳が仲津姫皇后陵の陪塚に指定されていることから、修羅を仲津媛皇后陵から発掘されたと強弁できると考えたのであろうが、これなどは宮内庁による誤った陪塚の指定が悪用された好例といえよう。

＊『新しい歴史教科書』では大山古墳の「山」を「仙」としているので、ここではそれに従っている。

（3）除外されている真の陪塚

アリ山古墳

本来は陪塚である古墳が、陪塚と指定されなかった例も多い。応神天皇陵（誉田御廟山古墳）の外堤の西側には、南北に並んでアリ山古墳（一辺約四五メートル）と東山古墳（一辺約五〇メートル）の二基の方墳がある（図40）。両墳とも葺石と円筒埴輪列をもち、南北の中心軸を一致させている。

このうちアリ山古墳が一九六一年に発掘調査されており、墳頂下に三群にわかれて膨大な遺物が発見された（表5）。北の施設は長さ約三メートルの木箱に詰めた状態の鉄器群で、下層には農工具類、中層には刀剣類、上層には弓矢類を納めたらしく、総数二七〇〇をこえる鉄器群が埋葬されていた。

また、中央の施設は乱掘されていたが、武器類を中心に多数の鉄器が検出され、人が埋葬された疑いもある。南の埋葬施設も攪乱されていたが、帯状鉄板一五以上が検出されている（北野耕平「野中アリ山古墳」『河内における古墳の調査』大阪大学、一九六四年）。

調査担当者はアリ山古墳の被葬者を応神天皇陵との関係で、生前に主従関係をもって結ばれていた者が死後に主墳に従属する形で墳墓を築いたとの考えから、軍事的な職掌を担当した豪族であろうとしている。しかし、中央の施設の人体埋葬を疑問視する立場もあり、とりわけ軍事的な分掌者とはいえ、あまりにも多量な武器をはじめとする鉄器の集中から、人体埋葬のない、いわゆる副葬用陪塚とも考えられている。

いずれにしても、アリ山古墳と東山古墳は、誉田御廟山古墳との円筒埴輪が同じ時期のものであることと、誉田御廟山古墳の外堤ラインに並行して築かれていることから、誉田御廟山古墳（応神天皇陵）の真の陪塚

表5　アリ山古墳出土遺物一覧

遺物名		中央施設	北施設	南施設	計
武器類	鉄刀	○	77		77 以上
	鉄剣	○	8		8 以上
	鉄槍先	40	8		48
	鉄矛先	3	1		4
	鉄鏃	70	1542		1612
農具類	鉄鎌	6 以上	201		207 以上
	鉄斧頭	8	134		142
	鉄鍬	2	49		51
工具類	鉄鉇		14		14
	異形鉇		4		4
	鉄錐		1		1
	鉄鑿		90		90
	鉄鋸		7		7
	蕨手刀手	5	151		156
その他	鉤状鉄器		412		412
	帯状鉄板			15 以上	15 以上
	土師器	1			1
	土製丸玉		11		11

である可能性が高い。

七観山古墳

副葬用陪塚としては、七観山古墳が著名である。履中天皇陵（石津丘《いしづがおか》古墳）の後円部外堤より北へ約五〇メートルに位置する円墳（径約五〇メートル、図44）である。

戦中に陸軍が高射砲陣地を築くために削平したり、敗戦直後の混乱期には道路補修用の採土地にされたりしたことにより膨大な遺物が出土した。副葬品のみを墳頂下の三つ以上の施設に収納していたと考えられている（表6）。

その内容は三角板革綴式《さんかくいたかわとじしき》と鋲留式《びょうどめしき》の短甲《たんこう》、三角板革綴式と小札堅矧鋲留式《こざねたてはぎびょうどめしき》の衝角付冑《しょうかくつきかぶと》をはじめとする簡素で実用的な初期の武具類や武器類、馬具、工具などである。そして、七観山古墳は石津丘古墳（履中天皇陵）の陪塚としてさしつかえないと考えられている（樋口隆康・岡崎敬・宮川徏「和泉国七観山古墳調査報告」『古代学研究』二七号、一九六一年）。

ウワナベ古墳の陪塚

また、陵墓参考地では、ウワナベ古墳（宇和那辺陵墓参考地）の後円部北側にあった五基の古墳が米軍基地に接収されて、一基を残して破壊されてしまった（図27）。

そのうち主墳の外堤に接する大和六号墳は径約三〇メートルの円墳であったが、墳頂下に鉄製品と石製品が一括収納されていた。鉄製品の内訳は、鉄器製作用の地金である鉄鋌《ねりがね》の大形品二八二、同小

図 44　百舌鳥古墳群と七観山古墳

表6　七観山古墳出土遺物一覧

遺物名		1913年発見 末永報告	1947年発見 第1槨	1947年発見 第2槨	1952年発見 第3槨	計
武具類	衝角付冑	5		2		7
	短　甲	3以上		2		5以上
	肩　甲	1		2		3
	頸　甲	4		1		5
	草摺懸板	残欠				残欠
	錣状鉄製品			3		3
武器類	素環頭大刀	1	3		3	7
	鉄　刀	4			151	155
	鉄　剣	3			47	50
	鉄矛先	1		6	4	11
	鉄　鏃	多数	多数			多数
工具類	鉄　斧	3				3
	鉄　鉇	1				1
	鉄手斧			2		2
馬具	鞍金具		1具			1具
	轡	1	1			2
	輪　鐙		1双			1双
	輪　鈴		1			1
	帯金具		5			5
服飾品	袴　帯			1組		1組
	櫛	1				1
	石製勾玉				2	2

形品五九〇、鋤先状鉄器一七九、斧頭一〇二、鎌一三四、小刀子二八四、鉇《やりがんな》九という膨大さである（末永雅雄「大和六号墳」『奈良県抄報』四、一九四九年）。この大和六号墳は、主墳であるウワナベ古墳の副葬用陪塚と考えられている。

以上の古墳は陵墓および陵墓参考地に指定されている古墳の陪塚として間違いないが、宮内庁は陪塚に指定することなく、いずれも破壊・消滅している。

このように、宮内庁による陪塚の指定は、天皇陵などと同様に科学的根拠をもたないものを多く含んでいるし、真に陪塚とすべきものが除外されているケースも多いということである。

第Ⅴ章　考古学の社会的役割と陵墓古墳の公開

1 「陵墓」古墳の基本問題

立入りできない陵墓古墳

敗戦後にとられた一連の民主的改革のなかで、戦前のまま放置されてきたのが「元号」と「陵墓」古墳である（前章までと同様に、煩雑なので陵墓古墳と括弧を省略して記述を進める）。

研究者が陵墓古墳とよんでいるのは、第Ⅰ章で詳述しているように、宮内庁が天皇陵、皇后陵、皇子皇女墓、陵墓参考地、陪塚などに決めて管理しているもののなかで、考古学上の古墳であることが確かなもののことである。宮内庁は「古代高塚式陵墓」とよんでいる。

これら陵墓古墳は、皇室の祖先の墓（祖廟）であるという理由（根拠はない）によって、敗戦後も一貫して研究者が墳丘に立ち入って調査研究することができないまま、今日に至っている。

陵墓古墳の総数は約二四〇基もあり、二府一五県にわたっている。とりわけ巨大古墳は、ほとんどが陵墓に治定されており、墳丘全長が二〇〇メートルを超える古墳は、全国で三四基あるが、このうち研究者が墳丘に立入ることができるのは八基のみである。他の二六基は、天皇陵一一基、皇后陵五基、皇女墓一基、陵墓参考地八基、陪塚一基とされており、研究者といえども墳丘に立ち入ることができない。

陵墓に治定されている古墳も、すべて国民共有の文化財であり、国民は万全の保護をおこないながら自由に調査し、研究し、学習することができるはずである。学問の自由と民主主義の発展のためにも、「陵墓」を国民の文化財として、とり返すことが必要なわけである。

陵墓古墳の治定の範囲も科学的な根拠がなく、墳丘の裾が治定外であったり、大部分は墳丘部とせいぜい一重目の周堀だけが治定されたり、墳域の一部だけが治定されたりしている。そのため境界柵の外側は開発の餌食となっていることも、第I章で詳述しているとおりである。このことが築造時の原型を破壊し、考古資料の価値を台無しにするという結果をもたらしている（石部正志・田中英夫・堀田啓一・宮川徏「陵墓に指定された古墳の破壊と整備をめぐる諸問題」『考古学研究』一八巻二号、一九七一年）。

陵墓古墳の公開を求めて

こういったことが考古学・古代史の研究に大きな障害となっているために、階級の発生や国家形成の過程を研究する資料として、これら二四〇基の古墳を公開し、研究や歴史教育にも役立たせようという声が、考古学・歴史学・歴史教育学関係の人びとの総意となってきた。

一九七二年四月に文化財保存全国協議会が、五月には日本考古学協会が陵墓古墳の破壊阻止と公開を求める声明を発表するなど、あいついで諸学協会も声明・決議を公表した。そして、これら考古・歴史・歴史教育の諸学協会が共同して、陵墓古墳の破壊防止と公開のための統一行動を開始することになった（表7）。

諸学協会の共同声明の内容をあらためて紹介しておこう。

①陵墓古墳の宮内庁による修理の名のもとによる原形変更などをともなう工事を中止せよ。

②陵墓古墳を公開し、墳丘への立入り調査を認めよ。

③陵墓古墳からの出土品を公開せよ。

④どのような理由で陵・墓などを決めたかの資料と、江戸期以降の改修工事資料を公開せよ。

この要求にもとづいて、宮内庁交渉など諸学協会の統一行動が始まることになった。陵墓古墳の保存と公開を求める学会は、当初一〇学協会だったが、一九七九年には一二学協会に増え、その後も四学会が加わり、現在は左記の一六学協会が共同して行動している。

大阪歴史学会、京都民科歴史部会、考古学研究会、古代学研究会、古代学協会、史学会、地方史研究協議会、奈良歴史研究会、日本考古学協会、日本史研究会、日本歴史学協会、文化財保存全国協議会、歴史科学者協議会、歴史学会、歴史学研究会、歴史教育者協議会。

二〇〇八年末までに、宮内庁との交渉三二回、宮内庁所蔵遺物の公開展示一〇回、宮内庁書陵部による「陵墓」整備工事事前調査の限定公開が公式二八回・非公式七回、墳丘立入り一回がおこなわれた。また、陵墓図の公開などもおこなわれた。

表7 「陵墓」古墳保存・公開運動年表

一九七二・四・二三	考古学研究会　「陵墓」問題小委員会設置
四・三〇	文化財保存全国協議会（文全協）「陵墓」古墳の保存・公開決議
五・二	日本考古学協会　「陵墓」古墳の文化財保護法適用を決議
一九七四・四・二一	考古学研究会　「陵墓」古墳の保存・公開決議
六	文全協　陵墓古墳の公開と保存を求める声明
八	宮内庁　「伊豫親王墓」工事で黄金塚一号墳主体部破壊
一九七五・五	女狭穂塚陵墓参考地　後円部盗掘　埴輪採取される
一九七六・三	宮内庁　「陵墓図」を公開　サイズ・申込番号を公表
四・二五	五学会　土師ニサンザイ古墳の緊急保存を要望
五・一〇	一〇学協会　「陵墓」指定古墳の保存と公開を要望する共同声明
五・一〇	一〇学協会八人　陵墓古墳問題で宮内庁と第一回交渉　墳丘立入り調査要望
八・二八〜三〇	文全協　畿内大形古墳見学会開催
一一	土師ニサンザイ古墳の周堀・外堤沿いに埋め立てられる
一一・二〇〜二一	宮内庁所蔵遺物の公開展示始まる　第一回　古鏡
一九七七・四・一八	一〇学協会　宮内庁所管の学術資料の保存と公開に関する要望討議
四・二六	一〇学協会　陵墓古墳問題で文化庁交渉　国会でも公開要望
一九七八・三・一三	一〇学協会　第二回宮内庁交渉　立入り調査希望古墳名提示
六・一〇	文全協　陵墓問題特別委員会設置
六・一〇	一〇学協会　「陵墓古墳」の墳丘への立入り調査・公開を求める声明発表
七・二二	文全協　陵墓問題学習会発足
一一・一〇	文全協　「陵墓」問題特集号刊行『文化財を守るために』一九号

一九七九・二・五	一二学協会　第三回宮内庁交渉　事前調査の公開要望　交渉で大きな前進
六・一一	文全協　陵墓古墳の保存と公開に関する要望声明
九・一九	一二学協会　陵墓問題で協議　立入り調査・事前調査など
一〇・二六	陵墓整備工事にともなう調査の限定公開（第一回）始まる　白髪山古墳
一一・二五	文全協　古市古墳群見学会実施
一二・二～四	宮内庁所蔵遺物の公開展示　第二回　石製品・石製模造品
一二・二二	一二学協会共催陵墓問題講演会「天皇陵古墳の検討」早稲田大一五〇人
一九八〇・四・一〇	宮内庁　陵墓関係論文集刊行　学生社　報告書の幅広い活用
八・二〇	一二学協会　第四回宮内庁交渉
九・一七	第二回　陵墓古墳限定公開　田出井山古墳
一〇・二五	一二学協会共催陵墓問題講演会　大手前女大一七〇人
一九八一・二	陵墓参考地　新山古墳の墳丘裾破壊計画起きる
六・一五	日本考古学協会「陵墓」事前発掘調査公開を要望
六・二三	文全協陵墓問題特別委員会　新山古墳問題など緊急四課題討議
七・二〇	一二学協会　陵墓問題打合せ会
七・二二	一二学協会　陵墓古墳周辺の保存と陵墓古墳工事について文化庁へ要望
八・一二	日本考古学協会　陵墓の公開を要望
九・一四	一二学協会　第五回宮内庁交渉
一〇・二三	第三回　陵墓古墳限定公開　軽里前之山古墳
一二・二二	文全協陵墓問題学習会　甘粕健ほか「天皇陵古墳の検討」
一九八二・七・一四	一二学協会　第六回宮内庁交渉
九・一一	第四回　陵墓古墳限定公開　誉田（御廟）山古墳
一二・二〇～二二	宮内庁所蔵遺物の公開展示　第三回　装身具

一九八三・四・一六	一二学協会打合せ　陵墓参考地問題検討　シンポジウム予備討議
七・五	一二学協会　第七回宮内庁交渉　法の規定はないが、陵墓参考地は皇室財産と回答
七・二三〜二四	一二学協会共催　文全協主催　大阪の陵墓参考地古墳見学会　参加四九人
九・八	第五回　陵墓古墳限定公開　淡輪ニサンザイ古墳
一〇・二三	一二学協会「陵墓」を考えるシンポジウム　早稲田大二〇〇人
一九八四・六・一八	文全協　本格的な陵墓問題学習会を始める　九月　一二月　翌二月
七・二	一二学協会　第八回宮内庁交渉
九・八	第六回　陵墓古墳限定公開　野中ボケ山古墳　はじめて陪塚の墳丘に入る
一九八五・二・二四	文全協　講演会・「陵墓」と巨大古墳をめぐって　大手前女子大一六〇人
七・三	一二学協会　第九回宮内庁交渉
一〇・四	第七回　陵墓古墳限定公開　佐紀陵山古墳
一一・一四〜一六	宮内庁所蔵遺物の公開展示　第四回　武器・武具・馬具
一九八六・五・一七	文全協陵墓問題学習会　七月　九月　一一月　翌一月　四月
五・一九	第八回　陵墓古墳限定公開　太田茶臼山古墳
七・一	一二学協会　第一〇回宮内庁交渉
一〇・二三	第九回　陵墓古墳限定公開　河内大塚山古墳
一九八七・四・一一	文全協陵墓問題学習会　この頃より参加者増加傾向　六月　一一月　翌四月
七・一	一二学協会　第一一回宮内庁交渉　限定公開数の増加を要望
九・二九	陵墓古墳限定公開　非公式　春日向山古墳
一九八八・四・一六	文全協陵墓問題学習会　一〇月　翌三月
七・五	一三学協会　第一二回宮内庁交渉　墳丘に関する質問に調査の後に回答する
一九八九・一・二六	第一〇回　陵墓古墳限定公開　鳥屋ミサンザイ古墳
二・一一	文全協　昭和天皇死去にともなう「山稜」造営に抗議声明

四・一九～二三	宮内庁所蔵遺物の公開展示　第五回　埴輪Ⅰ（古市古墳群）
八・三〇	一三学協会　第一三回宮内庁交渉
一一・二九	陵墓古墳限定公開　非公式　春日向山古墳
一九九〇・七・一三	一三学協会　第一四回宮内庁交渉
八・九	陵墓古墳限定公開　非公式　小田中親王塚　北陸考古学参加
一一・二	一三学協会　陵墓問題で文化庁交渉
一二・二六	第一一回　陵墓古墳限定公開　佐紀陵山古墳
一九九一・三・一三	一三学協会　陵墓課調査官による「陵墓」古墳調査を要望
五・三〇	奈良県在住民間人　陵墓参考地五条野・見瀬丸山古墳の石室に入り写真撮影
七・一三	文全協陵墓問題学習会　この頃常時三〇人弱参加
七・一六	一三学協会　第一五回宮内庁交渉　男狭穂・渋谷向山古墳について質問
一一・二二	陵墓古墳限定公開　非公式　山田高塚古墳
一一・二七	第一二回　陵墓古墳限定公開　野中ボケ山古墳
一二・二六	坪井・猪熊・坂田氏　見瀬丸山古墳検討資料公開　石室内写真放映
一九九二・二・二七～二九	宮内庁所蔵遺物の公開展示　第六回　古鏡　第一回と同じ鏡修復　図録改訂
七・一四	一四学協会　第一六回宮内庁交渉　五条野・見瀬丸山古墳の石室内公開を要望
九・一四	第一三回　陵墓古墳限定公開　見瀬丸山古墳　石室入口で内部を覗く
一〇・三一	文全協陵墓問題学習会
一二・三	第一四回　陵墓古墳限定公開　高屋築山古墳　中世に変形
一九九三・七・九	一四学協会　第一七回宮内庁交渉
一二・一	第一五回　陵墓古墳限定公開　渋谷向山古墳
一九九四・七・二六	一四学協会　第一八回宮内庁交渉
一〇・二五～二八	宮内庁所蔵遺物の公開展示　第七回　埴輪Ⅱ

一二・二	第一六回　陵墓古墳限定公開　ヒシャゲ古墳
一二・一〇	日本史研究会・京都民科歴史部会　陵墓問題シンポジウム　京都府立大
一九九五・一　・九	一四学協会　「磐之媛陵」の事前調査と営繕工事工法の改善を要望
二　・一八	文全協陵墓問題学習会　一四〇人が参加し陵墓問題の関心の高さを示す
三　・二〇	一四学協会　「景行天皇陵」営繕工事に緊急要望
七　・一七	一四学協会　第一九回宮内庁交渉
九　・三〇	文全協陵墓問題学習会　一二月　翌三月
一一・二五	第一七回　陵墓古墳限定公開　佐紀石塚山古墳
一九九六・七　・九	一四学協会　第二〇回宮内庁交渉
一〇・二四	陵墓古墳限定公開　非公式　高田築山古墳
一一・二二	第一八回　陵墓古墳限定公開　岡ミサンザイ古墳　中世城郭で変形をうける
一九九七・七　・七	一四学協会　第二一回宮内庁交渉
七　・二六	文全協陵墓問題学習会　九月　一二月　翌二月　五月
一一・二七	第一九回　陵墓古墳限定公開　平田梅山古墳
一九九八・七　・二	一五学協会　第二二回宮内庁交渉　土師ニサンザイ・河内大塚山古墳の墳丘立入りを要請
一〇・七	第二〇回　陵墓古墳限定公開　宝来城跡　安康天皇陵が古墳ではなく城郭跡と確認
一二・一二	一五学協会　「陵墓」限定公開二〇回記念シンポジウム　天理大学五〇〇人
一二・一三	一五学協会　山の辺の道「陵墓」見学会　二〇〇人
一九九九・七　・九	一五学協会　第二三回宮内庁交渉
一一・二六	第二一回　陵墓古墳限定公開　高田築山古墳
二〇〇〇・四　・二九	文全協陵墓問題学習会
九　・二九	一五学協会　第二四回宮内庁交渉　陵墓地形図の転載許可の申請を求める
一〇・二〇	第二二回　陵墓古墳限定公開　吉田王塚古墳

一一・二八〜一二・一	宮内庁所蔵遺物の公開展示　第八回　埴輪Ⅲ（大和盆地東南部）
二〇〇一・七・一三	一五学協会　第二五回宮内庁交渉
一一・二三	第二三回　陵墓古墳限定公開　軽里前之山古墳
二〇〇二・七・一一	一五学協会　第二六回宮内庁交渉
一一・一四	陵墓限定公開　非公式　叡福寺北古墳
一一・二二	第二四回　陵墓古墳限定公開　太田茶臼山古墳
二〇〇三・七・一一	一四学協会　第二七回宮内庁交渉　五社神古墳のフトンかご設置の問題点等を指摘
一〇・二八〜三一	宮内庁所蔵遺物の公開展示　第九回　埴輪Ⅳ（奈良盆地北部）
一二・五	第二五回　陵墓古墳限定公開　五社神古墳　原位置での埴輪を検出
二〇〇四・七・九	一四学協会　第二八回宮内庁交渉
九・三〜五	一四学協会　陵墓問題について意見交換会
九・一〇	陵墓限定公開　非公式　田中黄金塚古墳
一一・一二	第二六回　陵墓古墳限定公開　雲部車塚古墳
二〇〇五・三・二〇	一四学協会　古市陵墓管区の陵墓の現地視察
七・八	一四学協会　第二九回宮内庁交渉　一一の陵墓名をあげて立入り調査を申し入れる
一二・二	第二七回　陵墓古墳限定公開　北花内大塚古墳
二〇〇六・七・七	一五学協会　第三〇回宮内庁交渉
一一・一三〜一八	宮内庁所蔵遺物の公開展示　第一〇回　埴輪Ⅴ
二〇〇七・七・一三	一六学協会　第三一回宮内庁交渉「陵墓の立入りの取扱方針」の新指針を提示
二〇〇八・二・二二	第一回　陵墓立入り調査　五社神古墳　第一段墳丘のテラスまで立入り調査
七・一一	一六学協会　第三二回宮内庁交渉
一一・二八	第二八回　陵墓古墳限定公開　百舌鳥御廟山古墳
一一・二九〜三〇	百舌鳥御廟山古墳を一般公開　六四〇〇人
二〇〇九・二・二〇	第二回　陵墓立入り調査　伏見城・佐紀陵山古墳

2　宮内庁との交渉・話し合い

宮内庁と陵墓古墳の保存と公開を求める学協会連合との交渉・話し合いは、一九七六年五月一〇日に第一回がもたれ、一九七八年八月以降、毎年一回おこなわれている。それは、大きく四つの段階に分けることができる。

第一期

一九七〇年代の交渉で、一定の成果が得られた時期である。

典型的なのは、一九七九年二月におこなわれた第三回宮内庁交渉である。一二学協会側は、前述した声明にもとづく要求をおこなったが、宮内庁側の回答はつぎのようなものであった

①陵墓古墳の墳丘への立入り調査は遠慮してほしい。外堤・周濠は、申し入れによって立入りを許可する（大学の学部長名・研究機関の長の名による申請）。

②陵墓古墳からの出土遺物のうち、既公開の鏡につづいて、装身具を本年秋に展示会形式で公開する。未整理遺物のうち、埴輪・土器などは、小展示のかたちで研究者に公開することを検討する。

③陵墓の改修については、今後も文化庁と協議して実施し、その際事前調査を研究者に公開するために、窓口として日本考古学協会に連絡する。

④改修時の調査記録は、速やかに『書陵部紀要』誌上で公開する。また、既報告の入手困難解消の

ため、古墳関係の報告を合本して本年秋に刊行する。
⑤陵墓図は閲覧できる仕組みにし、コピーは実費で頒布する。
⑥周溝・外堤が開発によって破壊される問題については、周辺を史跡に指定する方法で対処してほしい。

以上の回答は、基本的には現在も引きついでいる。

①の墳丘への立入りは、皇室の祖廟として祭祀されているという理由である。古い陵墓は式年（一〇〇年ごと）の祭祀であり、治定が確定したのは、一九世紀後半以降で祭祀のない場合もあるが許可されていない。

②の出土遺物の公開は、その後、原則として三年おきに実施されている。また、展示後は遺物の貸出しを実施し、致道博物館や大田区立博物館などが利用している。写真の貸出し、実費頒布、論文への引用も可能となった。

③の改修のさいの事前調査は、一九七九年一〇月に第一回の限定公開（各学会代表二人）以降、原則として年一回おこなわれることになった。

④の改修時の調査記録は、一九八〇年四月に学生社刊で『陵墓関係論文集』として公刊された。続は一九八八年、Ⅲは一九九六年、Ⅳは二〇〇〇年、Ⅴは二〇〇四年に刊行された。

⑤の陵墓図は、比較的安い実費で頒布された。利用が少ないという宮内庁からの発言もあった。

⑥の周辺の史跡指定は、中心部を宮内庁が管理するため、ドーナツの皮部分のみの史跡指定は一般に困難である。大阪府羽曳野市の努力で、宮内庁管理外側の墳域が買い上げられて史跡となった例も

ある。この問題について、学協会連合は一九七七年四月の第一回をはじめとして五回、文化庁へ交渉をおこなっている。

もっとも重要な古墳の墳丘への立入り調査は認められなかったが、陵墓図の頒布・所蔵品の公開などでは一定の成果があり、一学協会二人という限定公開とはいえ、事前調査公開の面でも成果があったといえよう。

この背景には、一九七四年八月に京都府の伊豫親王巨幡墓改修工事で黄金塚一号墳後円部の埋葬施設を破壊した事件や一九七五年五月に陵墓参考地である宮崎県女狭穂塚古墳後円部頂で埴輪が盗掘された事件があり、研究者を墳丘に立入りさせない一方での不祥事があったからである（今井堯「伊予親王墓から前方後円墳主体部現る」『文全協ニュース』三七号、一九七六年。福尾正彦「女狭穂塚陵墓参考地出土の埴輪」『書陵部紀要』三六号、一九八五年）。また、保革伯仲のなかで、一九七七年四月に河田賢治議員が参議院内閣委員会で陵墓古墳保存と公開について宮内庁を追及したことも、学協会連合や国民の強い要望とともに役割を果たしたということができる。

第二期

一九八〇年代は、宮内庁と公開保存を要望する一二学協会の交渉が毎年一回つづけられた。しかし、宮内庁が管理する古墳の墳丘への立入り調査については、ほとんど進展のない時期であった。このなかで、陵墓参考地問題が大きく話題となったのが一つの特徴である。

一九八一年に大和大塚陵墓参考地（新山《しんやま》古墳）の指定範囲が墳丘裾部を除外していたために、ここが開発工事の対象地となり破壊消滅の危険が迫っていた。ここに、陵墓参考地の問題がはっきりとあらわれてきたのである。

陵墓参考地と陪塚については、現行の皇室典範で陵墓にふれた第二七条にも、附則（3）にも規定がないし、『皇室陵墓令』（一九一五年）にも規定がない。このことは、陵墓参考地と陪塚については法的根拠がないことを示している。

すでに述べたように、現在、陵墓参考地は四六件あり、ほとんどは大形古墳である。なかには、陪塚をもつものもある。そして、東百舌鳥陵墓参考地（土師ニサンザイ古墳、図9上）、大塚陵墓参考地（河内大塚山古墳、図26）、畝傍《うねび》陵墓参考地（見瀬丸山古墳後円部上段、図37）のように、同時期最大の大王墳も含まれている（第Ⅲ章参照）。

これらのことから宮内庁管理古墳のうち、墳丘への立入り調査は、まず陵墓参考地から実現させようということになり、宮内庁に要望したのである。

宮内庁側は、①陵墓参考地は、天皇など人物を特定できないが、陵に準じて扱っている。②皇室財産法によって宮内庁が管理している皇室財産である。したがって、立入り調査は遠慮してほしいと回答した。

一二学協会側は、①法的根拠がない、②陵墓参考地（伝説地）は決定されてから一〇〇年前後であり祭祀は継続していない、③人物が不特定で没年不定であるから、古い陵墓は一〇〇年に一度式年祭祀をすることになっているが、式年祭祀も不可能であり祖霊祭祀もおこなわれていないことになる、として回答の撤回を求めたのである。しかし、皇室財産として管理しているという理由にならぬ理由で宮内庁は、こばみつづけている。

研究者が墳丘に立入ることができないという状態のもとで、学問的課題について一二学協会側が質問し、宮内庁側が『書陵部紀要』誌上で答えるということが一九八八年に実現した。第一回の質問は、箸中山《はしなかやま》古墳（大市墓《おおいち》）についてであり、墳丘規模、何段築成であるか、前方部側面に段築があるかなどが質問内容であった。以降、継続的に質問はおこなわれているが、回答は遅れている。

三年ごとの宮内庁所蔵遺物の公開展示と毎年一回の営繕工事にともなう事前調査の限定公開は慣行となっている。一九八七年から、年一回のほかに非公式の限定公開も始まった。

第三期

一九九〇年代に入っても、宮内庁管理部分外側の墳丘域を含む墳域の破壊は進行している。陵墓古墳の墳丘への立入り調査は実現していない。しかし、特筆すべきことがおこったのである。

第Ⅲ章で述べたように、一九九一年五月三〇日に、奈良県見瀬丸山古墳の横穴式石室のなかに会社員が入って石室内部を撮影した。これを入手した坪井清足・猪熊兼勝・坂田俊文の三氏が一九九一年一二月二六日に「見瀬丸山古墳検討資料」を公開したのである（一〇五ページ参照）。この古墳の横穴式石室は江戸時代から一九世紀末まで開口しており、ゴーランドの調査を含む数多くの古記録・絵図によって日本最大の横穴式石室として知られていた。そのため研究者の関心がもっとも集まった古墳であるが、宮内省によって入口が封鎖されて以来約一〇〇年間、研究者は内部を見ることができなかったのである。

一九九二年七月、一四学協会は宮内庁に、つぎの要望をおこなった。

①約一〇〇年ぶりに人が石室に入ったのだから、保存管理上からも、横穴式石室・底面の異常の有無を調査し、横穴式石室・家形石棺を新たな発掘なしで実測調査すること。

②この調査終了前に研究者に石室内立入りを含めて公開すること。

③横穴式石室・石棺の調査結果について、実測図・石材の鑑定結果を含めて公表すること。

④埋葬施設が発掘されている古墳については、内部を公開すること。

一九九二年九月一四日、一四学会代表に対して営繕工事にともなう事前工事の限定公開が実施された。石室入口は民有地との境にあるが、石室内への立入り公開は許されず、石室入口正面から明るくされた横穴式石室内部をのぞくという公開であった。石室全長約二八・四メートルのほか、各種数値が口頭で発表された。

陵墓古墳の限定公開は一九九一年・九二年ともに複数となるなど一定の前進をみたが、一学協会二名という公開参加人数枠の拡大は実現していない。営繕工事にともなう調査で、墳丘端地山・周堀底・墳丘外側末端を含む学問上必要なトレンチ調査も、営繕工事にかかわる部分のみの調査ということで要望は実現していない。

とくに一九九四年の第一六回陵墓限定公開のヒシャゲ古墳（磐之媛陵）については、墳丘の葺石《ふきいし》の調査が不十分であることと、中堤の内・外平坦部縁の埴輪列が知られていたが、ここに重機を入れるという破壊問題が明らかになり、また墳丘の調査が不十分なこともあって、一九九五年一月九日に宮内庁に対して一四学協会は、営繕工事の工法などの改善の要望書を提出した。同年七月一七日の第一九回の宮内庁交渉で議論となったが、宮内庁のかたくなな姿勢は変わらなかった。

また、大山古墳の墳丘に地震による崩壊が認められることから、都市防災の観点から墳丘内の立入りを要望したが、これについては公的機関からの要請があれば検討するという回答があった。

一方で一九九五年の第一七回の佐紀石塚山古墳（成務天皇陵）の限定公開から、一学協会三名に参加枠が拡大された。

一九九八年七月二日の第二二回の宮内庁交渉では、学協会連合から具体的な古墳名をあげて陵墓古墳への立入り調査を要望することになった。そこで、まず陵墓参考地からということで、土師ニサンザイ古墳（東百舌鳥陵墓参考地、**図9上**）と河内大塚山古墳（大塚陵墓参考地、**図26**）の立入り調査を要望した。

第三期にあたる一九九〇年代から二〇〇四年までは、宮内庁交渉が毎年七月に定期的におこなわれてはいたが、議論の内容はマンネリ化の傾向にあり、それは宮内庁が例年どおりの回答をくり返すだけで、学協会連合の要望に真摯に応える姿勢に欠けていることが主な要因である。

第四期

二〇〇五年からで、第二九回目にあたる二〇〇五年七月八日の宮内庁との交渉では、これまで個別に陵墓などへの立入りを要望していたのを、一五学協会として学術研究などで研究課題の多い陵墓を集約して、つぎのように立入調査の対象の陵墓・陵墓参考地を選定して要望書を提出した。

1誉田御廟山古墳（恵我藻伏岡陵）　2大山古墳（百舌鳥耳原中陵）　3百舌鳥陵山古墳（百舌鳥耳原

南陵）　4箸中山古墳（大市墓）　5五社神古墳（狭城盾列池上陵）　6西殿塚古墳（衾田陵）　7佐紀陵山古墳（狭木之寺間陵）　8河内大塚山古墳（大塚陵墓参考地）　9山田高塚古墳（磯長山田陵）　10多聞城（左保山南陵）　11伏見城（伏見桃山東陵）

学協会連合からは、

①歴史教育の資料として陵墓を活用したい。

②古墳の墳丘外形研究の最近の動向に照らして、書陵部陵墓課による表面調査結果を実地に追体験し、教示を得たい。

③城郭研究の分野からの立入り要望もしたい。

④これらの立入り調査は、一度で終わるのではなく、順次とりあげてほしい。

以上のような観点からの要望に対して、宮内庁書陵部長は「皇室財産ということを考えると、すぐに安請け合いはできないが、要望については検討させていただきたい」旨の答えがあった。

二〇〇七年七月一三日の第三一回目の宮内庁交渉では、宮内庁側から「陵墓の立入りの取扱方針」の新方針が示された。それはつぎのとおりである。

一、堂塔式陵墓を含めた陵墓全体

【理由】陵墓には形態的には古代高塚式陵墓以外にも、堂塔式陵墓などがあり、また、立地からみると、城郭地のなかにも含まれる陵墓（明治天皇陵など）もある。古代高塚式陵墓のみを対象としていたのでは、遺漏をきたすことによる。

二、見学の対象者が考古学等の史学を専門とする研究者であったのを、動植物の研究者などにも拡大したこと。

【理由】陵墓の立入りについては、考古学研究者のみばかりでなく、動植物の研究者、地質学等の研究者などからも要望がある。これらについては従来、対応できる内規がなかったため、旧方針の趣旨を准用していた。今回、新方針の策定にあたり、考古学以外の研究者も対象としたのはそのためである。

三、見学の対象範囲

（1）墳丘の最下段上面のテラスの巡回路まで。

（2）新たに堂塔式陵墓のほかという項目を設けたこと。

【理由】古代高塚式陵墓の事前調査の際に、歴史関係学会が立入り見学を行う場合、安全対策のため、墳丘最下段上面のテラスの巡回路まで立ち入ることもあって、旧方針との間に乖離が認められるようになったこと、また、古代高塚式陵墓以外の陵墓（堂塔式陵墓など）においても、動植物の生態調査などがあること、による。

四、立入りを許可する「資格」

書陵部長が立入りを許可することができる者は、考古学などの歴史学又は動物学、植物学などを専攻する次の各号に掲げる者とする。

（1）大学、短期大学または高等専門学校の教員。

（2）都道府県又は市町村教育委員会に所属する者。

（3）研究機関又は研究団体が主体となって行う研究に従事する者。
（4）前3号に掲げる者のほか、書陵部長が適当と認める者。

五、申請の手続きと許可の条件

書陵部長は、立入りを希望する者が所属する、機関の長又は団体の代表からの申請に基づき、立入りを許可するものとする。ただし、特別な理由があるものと書陵部長が認める場合及び立入りを希望する者が機関又は団体に属していない場合は、本人からの申請に基づき、立入りを許可するものとする。

許可する日時、人員、区域、その他立入りの実施に当たり必要な事項は、書陵部長が定め、書陵部職員の立会いの下に行うものとする。

付則

1　この方針は、平成一九年一月一日から実施する。

2　当分の間、原則として、この方針に基づく立入りの許可の件数は、年間で数件とし、かつ、一件当たりの人数を一六名とする。

この新方針にもとづいて、学協会連合が立入りを要望した前述の一一の陵墓に対して、二〇〇八年二月二二日に第一回の陵墓の立入りとして五社神《ごさし》古墳（神功皇后陵）、二〇〇九年二月二〇日に第二回の陵墓の立入りとして佐紀陵山《さきみささぎやま》古墳（日葉酢媛陵）と伏見桃山城跡（明治天皇陵）の立入り調査が実現した。

このように、陵墓の保存と公開を求める一六学協会の一団体一名という枠のなかで、これも墳丘の最下段上面のテラスの巡回路までという限定つきではあるが、陵墓にはじめて正式に研究者が立ち入ることができた。一九七二年に文化財保存全国協議会と日本考古学協会が陵墓古墳の破壊阻止と公開を求める声明を発表してから、すでに三七年がたち、当初からこの運動に参加していた筆者にとっては半生を賭けた闘いであった。それだけに、これだけしか勝ちとることができなかったのかと、正直にいって忸怩《じくじ》たる思いはある。しかし、学協会連合の運動がなかったら、墳丘の立入りどころか、陵墓古墳の限定公開すらおこなわれていなかったことを思うと、つぎの世代の人びとが自由に墳丘内に立ち入って観察・調査できるように、その一つの足がかりにしてほしいと切に望んでいる。

二〇〇九年は明仁天皇と美智子皇后の結婚五〇年と、即位二〇年の節目にあたるということもあって、マスコミはこぞって象徴天皇として、即位にあたって「日本国憲法を守り、これに従って責務を果たす」ことを誓い、それを行動することで憲法の理念を体現していったと喧伝している。

しかし、欽定憲法である大日本帝国憲法の万世一系の皇統を具現化させた天皇陵をはじめとする陵墓などに対して、主権者である国民が研究の目的であろうとも自由に立ち入れないという事実は、とても皇室を代表する明仁天皇が日本国憲法を体現しているなどとはいえない。海外に目を向ければ、日本人の研究者がピラミッドや中国・朝鮮半島の王墓内の調査・見学をおこなっているにもかかわらず、国内では「陵墓」というだけで、古墳の墳丘に立ち入って観察・調査をおこなうことすら、いまだ実現できていないのである。今後とも、粘り強い交渉と運動をつづけながら、広く国民の強い要望を結集していく必要性を痛感する。

3　宮内庁所蔵品の公開展示

宮内庁は、みずから管理している陵墓古墳営繕工事などでの出土遺物のほかに、大和大塚陵墓参考地（新山古墳）、藤井寺陵墓参考地（津堂城山古墳）、狭木之寺間陵（佐紀陵山古墳）の中心埋葬出土品（佐紀陵山は石膏模造品）や宮内庁管理外の奈良県をはじめ、九州から新潟県まで各地の古墳出土遺物を敗戦前から引きつづいて保有している。

これら宮内庁所蔵遺物の公開を要望した結果、一九七六年一一月以降、原則として三年に一度展示公開されることになった。

遺物は、宮内庁書陵部内で各回三日間（第九回は四日間、第一〇回は六日間）公開展示され、出土古墳（遺跡）・各遺物の写真と名称・大きさなどを含む図録が刊行され、有料頒布されている。この図録に公開された遺物は、展示または研究用・論文用に引用することが可能となった。申請すれば、たとえば鏡など紙焼写真も実費で頒布を受けられる。

今日まで宮内庁所蔵品の公開展示は一〇回おこなわれた。概要を記そう。

古鏡展

第一回と第六回は古鏡展である。二三基の古墳出土鏡一〇一面とそれ以降の鏡八面の公開である。一九七六年一一月と一九九二年二月公開の鏡は同一であるが、補修をおこない銘文の訂正を加え、すべての鏡の重量を記したのが一九九二年の展示と図録である。

圧巻は新山古墳出土鏡三四面で、三角縁神獣鏡《さんかくぶちしんじゅうきょう》のほか小形内行花文鏡《ないこうかもんきょう》にも同笵鏡があることを記している。佐紀衛門戸丸塚《さきえもんどまるづか》出土鏡一二面は一括である。佐紀陵山古墳出土の超大形鏡三面は石膏模造品であるが注目された。一九九二年版古鏡図録に鏡の重量を記したことは評価してよい。たとえば柳本大塚古墳出土の内行花文鏡は四七三五グラムあって、三角縁神獣鏡四面分の原料を必要としたことを示している。破損修復鏡の重さは不要と思われるが、図録への熱意が伝わってくる。

石製品・石製模造品展

第二回は一九七九年一二月、石製品・石製模造品展である。大部分は明治から大正年間に収集したもので、一府七県一四ヵ所出土のものである。新山古墳の一括資料や大和四号・六号の資料、佐渡島相川町鹿伏山《しかぶせやま》出土の車輪石・石製剣は初公開である。図録では石質が鑑定のうえ記述されている。X線による沸石《ふっせき》の存否なども注記されており、写真とともに断面実測図を加えたことも資料的価値を高めている。

装身具展

第三回は一九八二年一二月、装身具展である。陵墓営繕工事によって出土した崇神天皇陵い号陪塚出土金環のほかは、旧諸陵寮収集品である。応神天皇陵ほ号陪塚（墓山古墳）出土の滑石《かっせき》製勾玉《まがたま》や福井県西塚古墳出土の金製耳飾、愛媛県妻鳥陵墓参考地出土の透彫冠帯《すかしぼりかんたい》なども注目された。なお、この図録のうち新山古墳と巣山古墳の出土品は、のちに「伝」と当古墳出土品の区分の訂正がおこなわれている。

武器・武具・馬具展

第四回は一九八五年一一月、武器・武具・馬具展である。京都府伊豫親王巨幡墓（黄金塚一号墳）出土の鉄製小札などや、円山陵墓参考地（大覚寺一号墳、通称：大覚寺円山古墳）出土の金銅製単鳳《たんほう》環頭柄頭《かんとうつかがしら》など一部を除いて旧蔵品である。奈良県黒石山古墳出土の銅鏃と銅製弓弭《ゆはず》、奈良県衛門戸丸塚の鉄製武具・銅鏃も注目された。群馬県二ッ山古墳出土の金銅製武具類一括、新潟県鹿伏山出土の銅鏃は、古墳時代前期資料として遺跡地調査の必要性を示している。

埴輪展

埴輪展Ⅰ　第五回と第七回から第一〇回は、埴輪展のⅠからⅤである。一九八九年四月の埴輪展Ⅰは古市古墳群を中心としたもので、事前・立会調査による出土資料のほか古い収集品を含んでいる。府や市による調査で出土する埴輪は、外堤などの遺物が多く、墳丘の埴輪が求められ、その対比が注目されていただけに、研究者が待望していたものである。

三八古墳八八件の展示であり注目すべき新資料も多かった。当然のことながら巨大古墳の埴輪の巨大さは印象的であった。新知見は数多いが、六点のみふれる。

①岡ミサンザイ古墳の埴輪は墳丘上のものを含めてタガが低くV式（五世紀末から六世紀前葉）で

硬質埴輪が多く、仲哀天皇が仮に実在したとすると一〇〇年近く新しい特徴である。

②墓山古墳の埴輪はⅢ式（五世紀前葉）の特徴をもち、二段《にだん》逆刺《かえり》腸扶《わたくり》式の鏃を入れた靫《ゆぎ》形埴輪（高九七センチ）は大王墳につぐ大きさであることなどから、この古墳は応神天皇陵ほ号陪塚でなく大首長墳であることを改めて示した。

③誉田御廟山《こんだごびょうやま》古墳前方部墳丘上から巨大な家・衣蓋《きぬがさ》形・楯《たて》形・朝顔形埴輪が出土し、前方部頂に方形埴輪列があり、その直下に重要な第二埋葬があることを想定させる。

④軽里前之山の埴輪は墳丘裾のものもⅣ式（五世紀中葉から後葉）の特徴をもち、硬質のものが多い。このことから、この古墳を日本武尊の白鳥陵とするにはあたらない。

⑤白髪山古墳墳丘裾の埴輪もV式で外堤上の埴輪と共通性をもっている。

⑥河内大塚陵墓参考地の外堤には埴輪が出土せず、墳丘の埴輪の有無が論じられていたが、墳丘裾出土の一点が展示された。これは最末期のものに見えた。

⑦仁賢陵出土古墳の埴輪はV式であるのに対して、い号陪塚（野々上古墳）出土埴輪はⅡ式（四世紀末から五世紀初頭）であることから、約一〇〇年もい号陪塚が古くなり、陪塚指定のあやまりを示している。

古市古墳群の埴輪全体の編年観についていえば、藤井寺市・羽曳野市を中心とした古市古墳群研究会の編年観が正しかったことをこの埴輪展が示したといえる（藤井寺市教育委員会『古市古墳群―藤井寺の遺跡ガイドブック』一九八六年）。このほか、誉田御廟山古墳前方部頂埋葬、河内大塚山古墳に末期の埴輪があったことを示したことも資料的に重要であった。

埴輪展Ⅱ　一九九四年一〇月、百舌鳥古墳群の埴輪が公開された。このなかには、一九八〇年代後半の石津丘古墳（履中天皇陵）前方部出土の埴輪の新公開も含まれていた。百舌鳥古墳群の巨大古墳の築造年代順が墳丘の埴輪から、石津丘古墳（履中天皇陵）→大山古墳（仁徳天皇陵）→土師ニサンザイ古墳（東百舌鳥陵墓参考地）であることが確認されるなどの成果があった。

埴輪展Ⅲ　二〇〇〇年一一・一二月、大和東南部の箸中山古墳、西殿塚古墳、柳本行燈山古墳、渋谷向山古墳などの出土埴輪が公開された。

箸中山古墳は後円部の特殊器台・特殊器台形埴輪・特殊壺、前方部の二重口縁壺形埴輪が主体で、とくに後円部出土の特殊器台は宮山型であった。

西殿塚古墳は後円部出土の特殊器台・特殊器台形埴輪・特殊壺が公開され、特殊器台形埴輪は都月型であった。

渋谷向山古墳では、朝顔形埴輪や器台形埴輪などがいずれも大形であることが注目され、同時に展示された陪塚とされる松明山古墳の埴輪と年代が合致した。このように、巨大古墳出現期を含む前期古墳を主体とした埴輪の公開は、きわめて有益であった。

埴輪展Ⅳ　二〇〇三年一〇月、奈良盆地北部の古墳出土の埴輪を中心に公開された。

六基の大形古墳の埴輪の製作技法などから、佐紀陵山古墳（日葉酢媛皇后陵）→佐紀石塚山古墳（成務天皇陵）→西池宝来山古墳（垂仁天皇陵）→ウワナベ古墳（宇和那辺陵墓参考地）→ヒシャゲ古墳（磐之媛皇后陵）の築造順が確かめられた。

また、佐紀陵山古墳の渡り土堤と佐紀石塚山古墳の北渡り土堤から大量に、かつ各種の埴輪が出土していることから、渡り土堤が外部から墳丘への通路ではなく、ここで祭祀がおこなわれていたことが明らかとなる。

埴輪展V　二〇〇六年一一月、これまで展示されなかった地域のもので、宮崎県から愛知県までの広範囲の出土品で、一四四件三一四点である。

岡山県の中山茶臼山古墳（大吉備津彦命墓）と矢部《やべ》大𡌛《おおぐろ》古墳出土の特殊器台埴輪は初公開で古墳出現期の資料である。

愛知県の和志山大塚古墳（五十狭城入彦皇子墓）出土の円筒埴輪二点は東海地方の最古級のものの可能性が高い。

また、奈良県の北越智桝山古墳（倭彦命墓）出土の円筒・朝顔などの埴輪が展示されたが、この古墳は日本最大の方墳だけに注目される。

さらに、三重県の丁字塚古墳は日本武尊墓とされているが、鰭付円筒・円筒埴輪、家などの形象埴輪が展示されたが、円筒埴輪はII式であることなど、注目すべき資料があった。

このように、宮内庁所蔵品の公開展示は研究者が陵墓古墳の墳丘内に立ち入れない状況のなかで非常に有意義な内容である。とくに埴輪は古墳の年代を考察するのに欠かせない資料であるだけに、これらの公開だけをとってみても、宮内庁の陵墓の治定がきわめて非科学的であることが明らかとなった。

4　陵墓古墳の限定公開

営繕工事にともなう事前調査の公開

宮内庁は管理している陵墓などについて、毎年営繕工事をおこなっている。このうち、周堀のある古墳では滞水による墳丘裾や外堤裾の損傷防止のために防護工事をおこなうが、これは現状以上の損傷を止めるという性格の工事である。しかし、墳丘裾に石垣を全周させた宣化天皇陵工事では、鳥屋ミサンザイ古墳のくびれ部や造出しを識別することすら困難なほど古墳の原形を破壊するものとなっている。

考古資料の原形破壊と損傷は許すことができない。そこで陵墓古墳の保存と公開を求める学協会連合は、古墳の原形を損傷する営繕工事の中止を要求したのである。

古代高塚式陵墓（陵墓などとされている古墳）の営繕工事をおこなう場合は、古墳の現状を確かめるための事前調査を実施せよ。それにもとづいて古墳の原形を損傷しない工法で営繕工事を実施せよ、と要求したのである。あわせて、この営繕工事にともなう事前調査を関係学協会に公開することを要求した。

これは、一般に開発工事に先行する古墳の事前調査の際に現地説明会を実施することと同様のことであり、原形を損傷しない工法での修復を予定したものであった。

こうして陵墓営繕工事にともなう事前調査が公開されることになったのである。

墳丘裾・渡り土堤・外堤裾の調査であるから墳丘上には入らないが、宮内庁が管理する陵地（周堀内）などに研究者が立ち入ることがはじまった。各学会の代表者二名についての限定とされた。このことから「限定公開」という用語が生まれたのである。

第一回の限定公開は、一九七九年一〇月二六日に大阪府白髪山古墳（清寧天皇陵）でおこなわれ、一二学協会代表二四人が参加した。これは学協会代表二四人に対して皇宮警察二四人が配置されるという、ものものしいものであった。

その後、この陵墓古墳の限定公開は、**表8**のように公式二八回、非公式七回が実施されている。発掘された墳丘裾、堀、外堤などの断面土層の観察、葺石など外表施設の観察、出土遺物の観察ができ、調査員の説明をうけることが可能になったのである。

学協会連合は毎回、限定公開参加者と陵域に入らなかった関係ある研究者とともに検討会を開き、検討会資料と観察をもとに学術的新知見と問題点、調査法・工法などについての検討をおこなっている。

この限定公開の問題点について、三五回を一括して①限定公開の拡大、②学問的知見、③調査法と工事方法に分けて概略を記そう。

限定公開の拡大

営繕工事にともなう事前調査は、文化財としての古墳調査の一部であり、史跡としての古墳の墳端、墳裾施設、墳裾部墳丘築成、墳域確認の調査と同様な性格をもつものである。したがって、本来関心のあるすべての研究者・国民に公開されるべきものである。

このことから限定公開の参加者枠の一学協会二名が、一九九五年から三名に拡大したが、それでも参加枠が少ないので、増員するよう要求している。これが未実現であるのは、宮内庁側の態度とともに学協会連合の側にも要因があるといえる。それは参加者が参加枠未満の学会があり、それが宮内庁

表 8　宮内庁書陵部による「陵墓」営繕工事と「限定公開」の経過

第 1 回	1979.10.26	白髪山古墳（清寧陵）
第 2 回	1980.09.17	田出井山古墳（反正陵）
第 3 回	1981.10.23	軽里前之山古墳（白鳥陵）
第 4 回	1982.09.11	誉田御廟山古墳（応神陵）
第 5 回	1983.09.08	淡輪ニサンザイ古墳（宇度墓）
第 6 回	1984.09.08	野中ボケ山古墳（仁賢陵）
第 7 回	1985.10.04	佐紀陵山古墳（日葉酢媛陵）
第 8 回	1986.05.19	太田茶臼山古墳（継体陵）
第 9 回	1986.10.23	河内大塚山古墳（大塚陵墓参考地）
非公式	1987.09.29	春日向山古墳（用明陵）
第 10 回	1989.01.26	鳥屋ミサンザイ古墳（宣化陵）
非公式	1989.11.29	春日向山古墳（用明陵）
非公式	1990.08.09	小田中親王塚古墳（大入杵墓）
第 11 回	1990.12.26	佐紀陵山古墳（日葉酢媛陵）
非公式	1991.11.22	山田高塚古墳（推古陵）
第 12 回	1991.11.27	野中ボケ山古墳（仁賢陵）
第 13 回	1992.09.14	見瀬丸山古墳（畝傍陵墓参考地）
第 14 回	1992.12.03	高屋築山古墳（安閑陵）
第 15 回	1993.12.01	渋谷向山古墳（景行陵）
第 16 回	1994.12.02	ヒシャゲ古墳（磐之媛陵）
第 17 回	1995.11.25	佐紀石塚山古墳（成務陵）
非公式	1996.10.24	高田築山古墳（磐園陵墓参考地）
第 18 回	1996.11.22	岡ミサンザイ古墳（仲哀陵）
第 19 回	1997.11.27	平田梅山古墳（欽明陵）
第 20 回	1998.10.07	宝来城跡（安康陵）
第 21 回	1999.11.26	高田築山古墳（磐園陵墓参考地）
第 22 回	2000.10.20	吉田王塚古墳（玉津陵墓参考地）
第 23 回	2001.11.23	軽里前之山古墳（白鳥陵）
非公式	2002.11.14	叡福寺北古墳（聖徳太子墓）
第 24 回	2002.11.22	太田茶臼山古墳（継体陵）
第 25 回	2003.12.05	五社神古墳（神功陵）
非公式	2004.09.10	田中黄金塚古墳（黄金塚陵墓参考地）
第 26 回	2004.11.12	雲部車塚古墳（雲部陵墓参考地）
第 27 回	2005.12.02	北花内大塚古墳（伝飯豊天皇陵）
第 28 回	2008.11.28	百舌鳥御廟山古墳（百舌鳥陵墓参考地）

に口実を与え、公開拡大の障害となっている。公開日が緊急に決まったり、土・日曜以外もあるなど容易に日程を組めないという理由はたしかにあるが、改善したいことである。
宮内庁管理の陵地内に立ち入って事前調査を観察できるのは一学協会三人であるが、事前調査の大部分は接続する民有地からも観察できる。たとえば見瀬丸山古墳（畝傍陵墓参考地、図37・39）の横穴式石室入口は民有地に接しており、渋谷向山古墳（景行天皇陵）後円部裾の葺石などは周堀外側上から容易に観察できる。学協会連合の側では、このことをもっと周知徹底させることが必要と思われる。宮内庁管理地外側の見学者が増えることは、限定公開の人数枠拡大に道を開くといえる。

学問的知見

限定公開によって、新たな学問的知見やこれまで想定されていたことの実証など、研究資料の評価の確定などでも一定の成果があったといえる。個別の古墳ごとに成果と問題点も多いが、参加記の形で発表されているので一切割愛する。各古墳に共通する問題点での成果についてのみふれる。

墳丘築成　古墳の墳丘築成が限定公開によって確定される。軽里前之山古墳（白鳥陵、図4上）は二段築成説もあったが、確実に三段築成であることが明らかになる。また、渋谷向山古墳（景行天皇陵）では、本来の第一段目が堀の改修によって水没していたことがわかり、四段築成であることが明らかとなる。

外堤・中堤　外堤・中堤の幅は、ほとんどが築造当初の形をとどめている。高さは、近世に嵩上《かさあ》げされたものであることが、近世陶器や瓦の出土によって明らかにされた。このことは、史跡の岡山県両宮山古墳でも同様である。なかには、渋谷向山古墳後円部外堤のように、基底部から近世につくられたものもある。

この状況は渡り土堤も同様で、近世につくられたものと、近世に嵩上げされたものがあり、空堀としてつくられた堀が、滞水する濠に転化したものがあることを示している。

墳端部・渡り土堤・堤の施設　滞水による浸食と江戸後期・敗戦前などの護岸工事による損傷と破壊が大きく進行している。現状を残す部分についていえば、墳丘裾部、渡り土堤、堀外側の斜面部にしっかりと葺石がふかれ、佐紀陵山古墳（日葉酢媛陵）のように渡り土堤上にも埴輪が樹立されていたことを明確にした。中堤や周堀外側の堤にも埴輪の樹立や、埴輪の樹立を示す埴輪片の転落状況が明らかにされた。墳丘最下段や渡り土堤の削り出し整形と、台地形に築成したもののなかに、一部盛土築成の部分があることが知られた。

また、中堤と二重堀の存在があらためて確認された例に、太田茶臼山古墳（図25下）と軽里前之山古墳がある。一方、平田梅山古墳（欽明天皇陵）の渡り土堤では、江戸時代に属する陶磁器片が出土したことから、後世の築造であることが確認された。

原形の変形　中世・近世に城として利用変形されたものがある。典型は高屋築山古墳（安閑天皇陵）であり、後円部の片側が大きく削られ、前方部の片側は近世に大きく盛土され、陵墓図でえられた墳丘主軸線は現状と異なり、片直角型設計の既発表図は変更の必要を生じた。

また、岡ミサンザイ古墳（仲哀天皇陵）も近世に城に利用され、陵墓図で東側くびれ部に造出し状の遺構とみえるのは、近世の盛土であることが観察されている。

一方、安康天皇陵が限定公開されたことによって、これが正方形の曲輪《くるわ》と馬出《うまだ》しが付随する平山・台地城で、大和の城郭史を塗り替えるような発見もあった（村田修三「宝来城跡と伝安康天皇陵」『文全協ニュース』一四二号、一九九八年）。当然、宮内庁が指定する安康天皇陵は、古墳でないことが明確となったことはいうまでもない

近世の堤の嵩上げや、新築堤のために傾斜地につくられた巨大古墳の前方部端の墳裾部が水面下にあって、築造時の墳丘全長は陵墓図による墳丘全長よりも長いものがあることも資料的に重要な知見である。

主墳と陪塚　埴輪などの遺物によって、明らかに主墳とかけ離れた時期のものが陪塚に指定されており、その見直し、または訂正の必要のあるものが知られた。

野中ボケ山古墳の円筒埴輪はV式であるが、そのい号陪塚とされる野々上古墳の円筒埴輪はII式であり、約一〇〇年陪塚が古いことが明瞭になった。これは、限定公開以前に崇神陵い号陪塚が横穴式石室で金環や須恵器を出土し、その特徴は後期後半であり（笠野毅「崇神天皇陵陪塚い・ろ号の外溝柵設置箇所の調査」『書陵部紀要』二七号、一九七六年）、主墳より約二〇〇年も新しいことが明らかにされた例につづく典型的な例である。

古墳の時期　古墳築造の時期を示す埴輪や土器も大量に出土している。限定公開のなかでも、仮にその人物が実存したとしても、古墳の時期と大きくへだたる例も知られた。淡輪ニサンザイ古墳（宇度墓）出土の円筒埴輪はIV式であり、垂仁天皇皇子五十瓊敷入彦墓とはしがたい。造出し部出土の埴輪からもこのことはいえる（土生田純之「宇度墓出土の埴輪」『書陵部紀要』三八号、一九八四年）。軽里

前之山古墳の円筒埴輪はⅣ式であり、日本武尊白鳥陵とされるが大幅に異なる。太田茶臼山古墳出土の円筒埴輪はⅣ式であり、継体天皇陵とされるが、一から二代前の時期にあたる。陵墓比定の根拠のなさ、ないしあやまりが明確になった例である。また、陵墓参考地では、雲部車塚古墳が第Ⅲ章で詳述したように、参考地指定の理由である『紀』で四道将軍の一人とされる丹波道主命の墓とされたが、円筒埴輪はⅣ式と、丹波道主命が仮に実在したとしても、古墳のほうが六〇〜八〇年も新しいことになり、雲部車塚古墳が丹波道主命の墓であることは完全に否定されたことになる。

なお、二〇〇八年二月二二日に第一回の陵墓の立入りとして五社神古墳、二〇〇九年二月二〇日に第二回の陵墓の立入りとして佐紀陵山古墳と伏見桃山城跡の立入調査が実現したが、筆者はみずからの癌との闘いで調査はもとより、検討会などにも参加できなかった。五社神古墳の立入り調査の成果については、宮川徏が検証・報告をしているので、それを参照されたい（宮川徏「五社神古墳と陵墓問題―二系列併存したヤマトの大王墳―」『明日への文化財』六〇号、二〇〇八年）。

調査方法・営繕工事の方法

宮内庁の陵墓整備の事前調査の範囲と目的は、外柵や護岸工事の範囲（平面的にも深さも）に限られ、築造時の遺構を破壊しないための調査であった。したがって、地山に達しないものであったり、墳丘裾から堀をへて外堤などに達するトレンチなどは設定しない。研究者である学協会連合は、毎回もどかしさを痛感したのである。営繕工事は築造時の原形に復して、破壊を防ぎ原状にもどすものでなく、近世・近代の損壊をそのままにして、それ以上の破壊を食い止めるという性格の工事である。

長期的には、築造時の原形と構造を確定し、墳裾などの浸食の原因となっている不自然な滞水状態をなくすことが基本的な問題である。したがって、築造時の原形と墳端の構造を明らかにする調査が必要である。

外柵工事は、その外側が価値のないものとして開発の餌食となっている現状のもとでは、この工事はおこなわないことが望ましい。この宮内庁管理境界の外側も、墳域であることがほとんどである。このためには、本来の墳域を史跡指定地とすることが望ましい。しかし、ドーナツ状に皮の部分のみを指定することは困難であり、宮内庁管理部分も含めた史跡指定が必要である。文化庁と宮内庁が協議して二重（両）指定の実現が基本的な保存・解決の方向であろう。

ところで、墳裾などの保全のために、コンクリートを用いた工法や石垣積工法は廃止された。現在は蛇籠工法と呼ばれる、籠に石を入れて置くという工法がとられている。これは一歩前進であるが、最善の保全工法について、史跡整備事業における墳裾保全工事も含めて、衆知を集めた工法の再検討が必要と思われる。

事前調査とそれにもとづく営繕工事が正しくおこなわれたとしても、未調査部分の工事や工事のための車両・器材の搬入路による破壊があってはならない。野中ボケ山古墳の営繕工事などで、工事用取付道路の設置や撤去、蛇籠の設置の際に随所で現墳丘裾が削られてしまったことから、工事の厳重な監視の必要性が指摘されている。これも保全に必須用件である。

5　シンポジウム・見学会・学習会

見学会やシンポジウム

一九七六年五月に陵墓古墳の公開と保存を求める一〇学協会の共同声明が発表されたが、これをうけて同年八月には二泊三日で近畿地方の大形古墳見学会が文化財保存全国協議会（文全協）主催で実施され、夜は活発な論議が交わされた。以後、一九九八年まで古墳の見学会やシンポジウム、学習会が何度も催され、研究者や国民のなかに陵墓問題を浸透させ、大きな関心を生み出す原動力となった。

一九九八年一二月には天理大学で、「陵墓」問題に諸学会がとり組んでからの一定の総括の一環として、一五学協会共催で「陵墓」限定公開二〇回記念シンポジウムがおこなわれた（陵墓限定公開二〇回記念シンポジウム実行委員会編『日本の古墳と天皇陵』同成社、二〇〇〇年）。参加者が五〇〇名を超えたことは、陵墓古墳への国民の関心がいかに高いかを、あらためて知ることになった。

残念なことにこれ以降、今日まで学協会連合共催によるシンポジウムや見学会は開かれていない。二〇〇九年に陵墓限定公開三〇周年を記念する学協会連合のシンポジウム開催へ向けて準備が進められていると聞くが、一〇年以上の学問的蓄積と新知見を含めた、一六学協会共催のシンポジウム開催を要望する声は強い。

学協会連合の企画が中断するなかで、加盟各学協会は限定公開報告会・研究会などを開いている。一六学協会のうち、陵墓問題特別委員会を設置しているのは考古学研究会、日本考古学協会、文全協である。

文全協の活動

文全協は一九七八年一一月に「陵墓」問題特集号（『文化財を守るために』一九号）を刊行して、古墳破壊の現場や教育現場からのレポート、指定の修陵関係資料の分析、「陵墓」古墳の資料解明をおこなった。このなかで陵墓古墳の考古学的名称を用いた一覧表を提示し、この古墳名が一般化した。また、陵墓問題特別委員会を中心にして「陵墓問題学習会」を発足させた。一九七八年に第一回目を開催し、一九八四年六月以降は年四回平均の開催を継続していたが、二〇〇〇年以降は停滞してしまっている。この再開も急務である。報告は、大別して三種に分かれる。

第一は宮内庁交渉の報告、限定公開古墳についての予備討議、限定公開について新知見も含めたスライドを用いた報告、宮内庁所蔵品展での新知見を含めた報告である。

第二は、大形古墳の編年的位置づけと消長、これらを含む古墳の構造、宝器など個別遺物の検討、見瀬丸山古墳に関連して家形石棺の分類・編年・系譜についての報告、大形古墳における多埋葬の検討などである。

第三は、漢代から唐にいたる中国王陵の特質と変遷、高句麗や伽耶の王墓・墳墓と倭との関係の類である。

このほか、古墳設計企画各説の検討、出現期古墳調査各報告書での新知見の検討や東国の前方後円墳とその背景についての報告もあった。

報告者は東京周辺在住の研究者や大学院生、学生（卒論テーマ）を中心としたが、「古市古墳群の構造と変遷」については、大阪の天野末喜氏に報告をお願いした。各報告についてかなり活発な意見が出された。参加者は一九八〇年代末に一時二〇人以下の時もあったが、一九九〇年代に入って毎回三〇数人から四〇人前後となっている。陵墓古墳についての強い関心をあらためて示している。陵墓問題学習会は継続する必要があり、定期化が目下の課題となっている。

文全協が陵墓問題特集号を刊行してから三〇年を経過しようとしている。この間の学問的蓄積と限定公開や、所蔵品展での新知見を踏まえた成果は膨大である。このなかで中世・近世の古墳改変もかなり明らかになった。これらのことから、文全協独自か学協会連合共同での冊子の作成が要請されている。望ましいのは一六学協会共同の作業であるが、本書がその先駆けの役割を果たせれば本望である。

6　今後に向けて

なぜ墳丘立入りは必要か

宮内庁が陵、墓、参考地、陪塚として管理している約二四〇基の古墳は、墳丘への立入り観察調査ができない。これは基本的には研究権の制限であり、国民主権の制限であって、基地のなかの文化財とともに民主主義の基本問題である。

陵墓古墳とされているものの学問的課題は、最高首長墳や大王墳だけの問題ではない。第一は二府一五県に分布していることからわかるように、地域史・地方史の解明にも立入り調査が必要である。さらに、さまざまな個別問題とかかわっていることである。三例だけあげよう。

京都の鳥辺野陵地には横穴式石室をもつ群集墳がとりこまれており、後期群集墳研究上の課題がある。

孝元天皇陵には丘陵尾根上の小形前方後円墳を含む三墓（中山塚一〜三号墳）があり、古式小墳としての課題がある。

倭彦命墓は現在二〇〇メートルを前方後円形に改変されているが、中心部は桝山古墳とよぶ日本列島最大の方墳である（**図7**）。この編年的位置づけと段築を含む構造の解明は、墳形論の前進にとどまらないであろう。

円筒埴輪をはじめとする埴輪研究の進展や土器研究の進展は、編年的位置づけの細分を可能にしている。これにより大形古墳の正確な位置づけができ、国家形成過程の研究のうえで、これらの研究はかかせないものであることはいうまでもない。埴輪が発生して以降、巨大古墳や大形古墳では首長埋葬のほかに、これにつぐ埋葬にも方形埴輪列などの施設が設けられていることが知られている。このことは、首長につぐ人物の埋葬施設の有無・位置を知ることができる。これは首長権の構造に迫る重要な視点への道を開く（今井堯「吉備における古墳被葬者の検討」『古代吉備』一〇集、一九八八年）。

葺石や石室石材、石棺の岩石学的研究の進歩は著しい。墳丘立入りによって石質の同定、ひいては産地同定も可能であり、社会的諸関係の検討に大きい前進をもたらす。河内大塚山古墳（大塚陵墓参考地、**図26**）後円部の巨石などは、横穴式石室材の一部か否かも判明するに違いない。

後世の改変部分と原形部分の識別も可能であるし、近世の堤の嵩上げにより墳丘の一部が水没している古墳では、本来の墳丘規模の想定が可能であろう。また、最高首長墳は四段築成か否かも検討可能である。

以上のことは、一九七六年当時以降の墳丘への立入り調査の必要性について、若干の補足である。

陵墓古墳も史跡指定を

現在宮内庁管理の古墳は江戸時代中期以降、一九四四年までに現在地に確定したのであり、陵墓参考地と陪塚は一八九〇年代以降の指定である。したがって、連綿とした祭祀の継続はない。現在、皇室財産として管理していることだけが、墳丘への立入り調査をはばむ理由となっている。しかし、皇室財産である京都御所が開放されることもある。根本的な問題点は別にしても、世界で古代の墳墓を右のような理由で公開していないのは日本だけであり、外国の研究者・記者には理解しがたいことである。

「陵墓」などとされている古墳の墳域全体を破壊から守ることは、考古資料の保全ということから必要である。周堀外側に葺石や埴輪の樹立があったり、周堀外側肩部に意図的な埋葬施設例が増加していたりすることも、右の重要性を補足するものである。そのためには外柵工事や護岸工事は最低限におさえるべきであろう。墳裾損傷の原因である滞水状態そのものにも検討の要がある。

営繕工事にともなう事前調査において、築造時の原形を明らかにする調査も必要であろう。これはすでに損傷後の原状固定だけでは、保全の面からみても中途半端な短期の保全処置にとどまるからである。

宮内庁が管理している古墳中心部を除いて、その外側だけを史跡指定することは、住民・地権者の感情からしても困難である。本体は文化庁と宮内庁の二重指定を本格的に考えることなしに、墳域全体の保存・保全は不可能に近いといえよう。

7 元号法制化と教科書問題

元号法制化

一九七九年六月、元号法が公布された。元号とは年号につける称号のことで、古く中国から日本に伝えられ、皇帝が地上も時間も支配するという思想から生まれたものである。日本では六四五年の「大化」が最初とされているが、確実なのは七〇一年の「大宝」からで、「明治」になるまでは、天皇の即位、遷都、天災地変などによって、たびたび改元された。ところが、「明治」と改元されるとともに、天皇一代について一つの元号とする「一世一元制」となった。

先の敗戦後、一九四六年一一月に国民を主権者とする日本国憲法が制定され、それにともなって皇室典範も一つの法律となった。その新しい皇室典範には元号の規定はなく、元号の法的根拠はなくなった。その後の元号は西暦とともに慣習的に使用されてきて、なんらの問題もなかった。それは当時の世論調査でも、圧倒的多数の国民は元号の法制化に反対、あるいは不要の意見であったことからもわかる。しかし、自民党をおよび各種の右翼団体などは、天皇元首化、旧憲法や教育勅語の復活への「一里塚」として、元号の法制化を画策した。

当時、私は元号法制化の動きに対して、「現在、日本の考古学研究者や文化財の保存に努力する人々の前に、元号法制化・有事立法という形での反動イデオロギー攻勢が法的規制力をもって、強権的にのしかかろうとしている。今回のこの動きは、「紀元節」復活・指導要領の改悪・検定教科書の改悪・公民科の設定と歴史科の削減・靖国神社国営化などの軍国主義的攻撃の延長線上にあり、ひとつひとつの抵抗が突破されれば「君が代」や教育勅語の復活へと続く道である。従って、考古学研究の自由を守るためにも、国家権力に支えられた大規模開発から文化財を守るためにも、当面する「元号法制化」反対のたたかいに参加するものである」と訴えた（今井尭「元号法制化と「陵墓」の公開」『人民の歴史学』五八号、一九七九年）。

一九七九年に元号法が公布され、皇位継承がおこなわれた場合に改元することが規定された。その後、最近の動向だけをとってみても、一九九九年の国旗・国歌法、二〇〇〇年の『新しい歴史教科書』の検定合格、二〇〇六年の教育基本法の改悪と自衛隊法改正による自衛隊の海外派遣というように、良識的な国民が危惧したとおり、日本国憲法と教育基本法のもとでつちかわれた平和と民主主義が蚕食されてきている。しかし、九条の会に象徴されるように、国民はすんでのところで踏ん張り、こうした反動攻勢に対抗して、文字どおり草の根の民主主義を根づかせようとしている。

戦前・戦中の考古学

戦前、戦中の歴史学は、天皇制国家権力のきびしい抑圧のもとに、その発達を阻止され、ゆがめられてきた。とりわけ考古学は皇国史観の根源となった「神代史」や古代天皇制讃美の歴史とは、真っ向から対立する資料の性格をもつことから、政治的・イデオロギー的に大きな制限が加えられた。戦前の考古学は珍品の蒐集と展示のなかで生き残るか、個別的な考証・個々の事実に対する実証的研究に沈潜することで、現実から眼をそらし、思想性を抜き取ることによってのみ、その存在が保証された。「神代史」にはじまる虚構の国史の体系に眼を向けないことで生きのび、その一方で朝鮮・中国への侵略のなかでの略奪的発掘に積極的に参加することがおこなわれた。ここでも大東亜共栄圏のイデオロギー的基礎となった皇国史観の体系と抵触しない限りで、いわば「研究の自由」が保障されたのであった。

純粋に資料のもつ性格を客観的に説明することさえ、本来皇国史観と対決せざるをえない考古学が研究活動のすべてを禁止される事態にまで至らなかったのは、考古学みずからが歪曲的古代史観の体系に沈黙を守り、科学的な歴史叙述を断念したことによるものであった。そのなかにあって、皇国史観に公然と反対し、考古学の科学性を主張し弾圧された和島誠一のような研究者もあらわれたが、考古学の大勢は以上の事態のままで敗戦を迎えたのである。

反省なき戦後の考古学

敗戦後、天皇制ファシズムの崩壊と民主主義の高揚は、考古学に対するさまざまの抑圧をとり払い、「学問研究の自由と言論の自由」は保証されたかにみえた。「神代」に変わり「石器時代」以下をもって考古学は、はなばなしく登場した。しかし、その内容が事象の交替にすぎないものならば、国民の歴史意識の変革にはいかほどの作用も果たせなかったといわざるをえない。

戦争下に、現実と対決し、思想に裏づけられたひそかな仕事を積み重ねて、深刻な反省をもって戦後を迎えた文献古代史家にくらべると、考古学は無反省のまま登場したのであった。しかも、象徴天皇制が残され、「昭和」という元号とともに、国家形成過程の第一級資料である大王陵を含む二四〇の古墳は「陵墓」という名のもとに、研究者・国民の手の届かない所に放置されたままであり、そのことが考古学界では大した問題ともならなかったのである。それ以上に、外務省外交史料館蔵の「天皇制存続の理論的基礎」によれば、「科学的に見て神武天皇の国家統一は無理としても、崇神天皇による国家統一は認めてよい」という趣旨の記述があるが、この終戦直後の記述と同様に「崇神天皇陵は崇神天皇の墓で最古の大古墳である」という説を、なんらの実証なしに発言した高名な考古学者もいたほどである。

考古学は研究の方法と課題、学風について十分な検討と反省を加えることがないまま、戦後の反動期を迎え、反動イデオロギー攻勢に対することになるのである。しかし、この期間に、後に考古学研究を支える人びとが、科学的考古学を模索し、深刻な反省をおこなっていたこともまた事実である。

一九五〇年の朝鮮戦争を契機として、軍国主義が復活するなかで、「紀元節」復活要求と、学習指導要領の改訂という形での反動イデオロギー攻勢が、考古学者にもおそいかかってきた。それはまず建国記念日という名にぬりかえられた「神代史」の帝国主義的復活の要求としてだされたのである。この要求は考古学を含めた原始・古代史研究と歴史教育の前進に対する、戦後はじめての反動的挑戦であり、一連の反動攻勢の第一歩であった。

しかし、「国民感情がそうならやむをえまい。戦時中でさえ神をさけて科学性を保持してきた。反論したり声明を出すことは政治的であり、学問研究者のとるべき道でない」などという発言に象徴されるように、現実から逃避する考古学者の戦前からの風潮は根強いものがあった。

学習指導要領改訂の攻撃は、一九五六年の「F項氏*」の発言から強力なものとなった。その内容の一つに「戦前は先史時代として扱っていたものを原始時代として教えている。考古学は補助学なのに教科書は考古学を重く見過ぎる」があり、考古学への全面的攻撃が開始されたのであった。一九五八年の改訂は、原始・古代に攻撃が集中しており、日本原始社会の指導にあたっては、「社会組織などに深入りしたり、考古学的興味だけにとらわれて、これらに多くの時間を費やさないように留意する必要がある」という形で、国家形成について、事項の羅列のなかに、その成立と発展の実態を埋没させることをねらったのである。しかも、「この際、古典に見える神話や伝承などについても正しく取り扱い、当時の人々の信仰やものの見方などに触れさせることが望ましい」と、考古学を締め出す一方で、神話教育を公然と復活させたのである。

こうした考古学に対する反動イデオロギー攻勢が盛んになる頃、文化財が開発によって危機におちいり、やがて全国的に広汎かつ大規模な文化財破壊が進行し、一部の研究者は破壊に便乗して発掘をおこない、発掘資料をみずからのものとすることもおこなった。こうして「発掘栄えて考古学滅ぶ」という事態もはじまったのである。これらの反動イデオロギーに対する姿勢と遺跡保存に対する姿勢は、考古学における個々の研究者の立場を浮き彫りにすることになった。

＊検定調査にあたる五名の調査員（A～E）のほかに、Fなる「第六の人物」の意見の項目があったことから、

この匿名の人物をF項氏とよんだ。

反動イデオロギーと考古学の対決

「紀元節」復活や学習指導要領改訂、検定教科書の改悪に対する考古学者のたたかいが本格的にはじまったのは、一九五〇年代の後半からである。

戦後、旧石器時代の存在とその実態の研究、登呂《とろ》遺跡をはじめとする集落と生産の場と生産技術の研究、地域史を明らかにするために国民とともに発掘がおこなわれた月の輪古墳と南掘《みなんぼり》貝塚の発掘を契機とする研究の大きな前進、イタスケ古墳の保存にはじまる文化財保存運動の進展は、学閥というような枠組みをこえた新しい研究の方向性とその連帯を生み出していた。

「紀元節」復活に対して、いちはやく反対の意思表明をおこなった考古学研究者個人はいたけれども、考古学関係団体で最初に反対声明をおこなったのは、一九五八年三月の考古学研究会委員会であった。「紀元節」の復活は、学問、ひいては考古学研究の自由と発達に重大な脅威として成長することを指摘したのであった。翌年からは総会のたびごとに、反対決議をおこない、全国の考古学研究者の奮起を訴えたのである。やがて、各地の考古学関係団体もたち上がり、一九六五年には、日本考古学協会も「建国記念の日」反対の請願書提出を決め、翌年に提出した。

一九六七年二月に第一回の「建国記念の日」の式典が政府の主催でおこなわれたが、考古学研究会のように、法制化後も毎年声明を発表し、その危険性を訴えるとともに、つぎの攻撃を警鐘したのであった。こうして、日本の考古学界がはじめて、反動イデオロギー攻勢と対決するなかで、「紀元節復活に反対する考古学研究者の会」として、諸団体と連帯して継起する一連の攻撃への抵抗の組織も結成されたのである。

考古学研究会による教科書『新しい日本の歴史』

この「紀元節」問題と併行しながら、考古学研究者がとり組んだのは、学習指導要領改悪と検定教科書の改悪という、科学的歴史教育に対する攻撃であり、同時に科学的考古学に対する挑戦に対してであった。

たびかさなる学習指導要領と検定教科書の改悪について、そのたびごとの反対声明や歴史教科書の検討会だけでは不十分であることが確認された。家永訴訟の支援とともに、すでに科学的な原始・古代史からほど遠くなっている歴史教科書に対して、非検定の歴史教科書の作成が考古学研究会によってとり組まれた。それは小・中・高の現場教師の教育実践から提起された、原始・古代史への疑問・課題について、考古学研究の最近の到達点をもとに歴史叙述をおこなうという作業であった。

二年間にわたり、毎週一回の討議と集中討議を経て、一九七二年三月に『新しい日本の歴史』の第一編「原始社会から古代国家へ」が、小学校用・中学校用・高等学校用として完成したのである。社会的生産とその性格、社会のしくみとその発展の特徴を、階級・国家などの厳密な規定を念頭において、日本における人類の発生から、壬申の乱後の古代天皇制国家の確立に至る歴史を叙述しようという試みは、当然、困難をきわめた。この討議の過程で、考古学研究が国民的課題から著しくおくれている分野、あるいは諸概念の科学的検討を要するものなど、大小無数の課題がだされた。したがって決定版ではないが、検定教科書改悪の一層の進行のなかで、科学的原始・古代史にもとづく教科書として、正しい歴史教育に一定の役割を果たすことができたといえよう。

削除された旧石器時代と縄文時代

一九七二年の『新しい日本の歴史』の第一編「原始社会から古代国家へ」で出された諸課題をもとに本格的な通史の仕事として、これにつづく時期から現代までの歴史叙述は、考古学と文献史学、それと歴史教育者との共同の課題として残されていた。しかし、その後の考古学をめぐる情勢の変化、とくにバブル経済とよばれるような異常な開発攻勢のなかに考古学者は好むと好まざるとにかかわらず呑み込まれることになり、毎年の膨大な考古資料と情報に翻弄されてしまった結果、考古学の社会的な役割を見失い、はなはだしい場合には、それを軽視する風潮すら生むことになった。そして、『新しい日本の歴史』は現代史まではもとより、その後の考古学の研究成果を踏まえた改訂版、あるいは新版の第一編「原始社会から古代国家へ」が刊行されないままに今日まできている。

こうした状況のなかで、二一世紀に入ると異常な教科書が登場することになった。それは各社の検定教科書『小学校社会科六年上』と中学校の扶桑社版『新しい歴史教科書』である。

『小学校社会科六年上』からみていこう。**表9**は二〇〇五年度から使用されている『小学校社会科六年上』で主に考古資料を対象とする旧石器時代から古墳時代までが、どのように扱われているかを示したものである。この表をみても明らかなように、現行の小学校の歴史教科書では、旧石器時代どころか、縄文時代の記述すら本文から削除されてしまうという、異常な事態となっているのである。

歴史にあまり興味がなくても、青森県の三内丸山遺跡で「縄文時代の歴史を書き換える」発見があったといったマスコミの大々的な報道を覚えている人は多いと思う。また、前期・中期旧石器時代の遺跡の捏造事件があったとはいえ、日本列島に縄文時代以前に人類が居住していたことを多くの人は理解しているものと思う。

日本にも旧石器・縄文時代があったというのは厳然たる事実であるが、それが小学校の歴史教科書から削除されてしまったのは、これも学習指導要領の改悪によるのである。それは一九七七年版の小学校学習指導要領までは、改悪されたとはいえ「我が国において漁猟や農耕が始まったころの人々の生活」というように、「漁猟」の時代である旧石器・縄文時代は教えることができたのであるが、八九年版の小学校学習指導要領で「遺跡や遺物などを調べて、農耕が始まると人々の生活や社会の様子がかわった」

考古資料を対象とする時代のとり扱い

古墳時代	発展学習
はじまりと国内統一 国内が統一される 古墳を調べる：ナガレ山古墳・大仙（仁徳陵）古墳 大和朝廷と渡来人のかつやく：記紀（ヤマトタケルノミコト）・新池遺跡	日本列島に人が住みはじめたのはいつ？：岩宿遺跡・野尻湖遺跡 米つくりがはじまる前のくらしは？：三内丸山遺跡
らしをのぞこう りへの歩み 巨大古墳と大王：大山（仁徳陵）古墳 古墳をつくった人々：稲荷山古墳	三内丸山縄文ワールドを調べてみよう：三内丸山遺跡
むらから古墳の国へ 古墳て何だろう：森将軍塚古墳 国ができあがってくる：大仙（仁徳陵）古墳・記紀（ヤマトタケルノミコト）	のりおさんは、米づくりがはじまるまえの時代についてしらべてみました：三内丸山遺跡
世の中をどう変えたか 大和の大王 大和朝廷と渡来人 大山古墳（仁徳陵）・記紀（ヤマトタケルノミコト）・稲荷山古墳	
始まりとくにの統一 大きな古墳がつくられる：森将軍塚古墳 くにのまとまり：大山古墳・稲荷山古墳・記紀（ヤマトタケルノミコト） 大陸や朝鮮半島の文化に学ぶ：高松塚古墳・藤ノ木古墳	日本にもゾウがいた：野尻湖遺跡 縄文時代に栄えたむら：三内丸山遺跡

と「漁猟」が削除された結果、まず小学校の教科書から旧石器時代の記述が一社を除いて削除されてしまったのである。そして、九八年版では、原始・古代史にかかわる内容が「農耕の始まり、古墳について調べ、大和朝廷による国土の統一が分かること。その際、神話・伝承を調べ、国の形成に関する考え方などに関心をもつこと」を定めて、実際の指導にあたっては「示された歴史的事象の範囲にとどめ、それ以外のものは取り扱わないようにする」ことを明確に指示したのである。要は農耕が始まる以前は教えるなということであるから、当然、小学校の教科書から農耕社会である弥生時代以前、つまり旧石器・縄文時代の記述は削除されてしまったのである。

二〇〇五年五月の日本考古学協会の総会で、小学校の教師でもある剱持輝久が「小学校の社会科教科書から旧石器時代や縄文時代の記述が

表9　現行の『小学校社会科6年上』の

出版社	まえがき	旧石器時代	縄文時代	弥生時代	
大阪書籍	地域の歴史をさぐろう 池上曽根遺跡			米作りの 人々が米作りをはじめる 登呂のむらを調べる 登呂遺跡	 はげしくなる争い 吉野ヶ里遺跡
教育出版	縄文と弥生むらの想像図			大昔の暮 国づく 米づくりが始まる 登呂遺跡	 むらからくにへ 吉野ヶ里遺跡・魏志倭人伝
東京書籍	八雲立つ風土記の丘			米づくりの まちの遺跡を探検しよう 板付遺跡	 むらからくにへ 吉野ヶ里遺跡
日本文教出版	三内丸山遺跡・登呂遺跡			米づくりは、 米づくりのむら 吉野ヶ里遺跡	 各地にできた「国」 魏志倭人伝・黒塚古墳・加茂岩倉遺跡
光村図書	歴史を探ろう 大塚・歳勝土遺跡			米作りの 米作りが伝わった 吉野ヶ里遺跡・菜畑遺跡	 人々の間に役割のちがいが生まれた 魏志倭人伝

削られているのは問題ではないか」との提起があった。この問題提起によって、ようやく事態の深刻さを理解した日本考古学協会では、二〇〇六年一二月の愛媛大会において、歴史教育に考古学の成果が適切に活用されるとともに、近く予定されている学習指導要領の改訂にむけて、小学校第六学年の社会科教科書に旧石器・縄文時代の記述を復活させることを強く求める声明を文部科学省と中央教育審議会に提出した。そして、日本考古学協会は公開講演会などを連続的に開催して、世論に旧石器・縄文時代の復活を訴えた。その運動もあって、二〇〇八年版の小学校学習指導要領では、「「日本列島における農耕の広まりと生活の変化」については、狩猟・採集を行っていた人々の生活が農耕の広まりとともに変化していったことに気付かせるようにする」というように、不十分ながらも「狩猟・採集」が復活することになった。

偽りの教科書をつくらないために

一方、中学校の扶桑社版『新しい歴史教科書』であるが、これは国家主義・民族主義を標榜し、戦後の歴史教育を否定、現行の歴史教科書を自虐的だと批判する「新しい歴史教科書をつくる会」が主導して編集した中学校用歴史教科書である。この『新しい歴史教科書』の特徴は、とくに近・現代と原始・古代の記述に顕著である。近・現代では、アジア太平洋戦争を「大東亜戦争」と侵略を企てた当事者の命名に従い、あたかも侵略戦争が「大東亜共栄圏」の解放闘争であったかのように偽って記述している。そこには中国や朝鮮、東南アジアの国々とその人民を蔑視し、排他的な民族意識をあおることによって、アジア太平洋における日本の侵略戦争を合理化・正当化しようとしたのである。そして、原始・古代は、そうした「大東亜」の覇権を握るに相応しい神国・日本を演出するために、戦前・戦中の皇国史観にもとづく国定教科書の復活を目論んだのである。

この『新しい歴史教科書』は二〇〇〇年度の検定を通ったが、歴史の偽造を許さない教育関係者をはじめ多くの国民の草の根の反対運動で、実際の教育現場での採択率はごく少数にとどまった。そして、「新しい歴史教科書をつくる会」は、巻き返しを期して、批判をあびた点は一部手直しをして、二〇〇四年度の検定にも合格させた。この改訂版の『新しい歴史教科書』も本質は旧版と同様であって、批判をあびたが、東京都杉並区など一部の地域で採択が強行された。しかし、国民の草の根の運動は、ここでも採択率をごく少数にとどめた結果、「新しい歴史教科書をつくる会」は分裂するという事態となっている。

こうした教科書問題でも、つねに喉に刺さった棘のような存在にあるのが「陵墓」である。研究者といえども立ち入ることができないことから、研究の大きな障害となっていることである。そして、国家形成過程の研究が不十分とならざるをえないということは、当然、歴史教科書の記述も科学性を欠くだけでなく、「新しい歴史教科書をつくる会」などの反動勢力による歴史教科書の恣意的な解釈にも悪用されていることは、第Ⅳ章でも指摘したとおりである。そうしたなかで、主権者である国民の学問の自由と民主主義の発展のために、一九七〇年代から地味ではあるが継続されているのが、陵墓古墳の保存と公開運動なのである。

附　『帝陵発掘一件』の考古学的検討

江戸時代の盗掘の記録

『帝陵発掘一件』は、江戸時代後期に天皇陵などが盗掘された際の奈良奉行所によるとり調べの記録である（図45）。

一八四四年（弘化元）、四八年（嘉永元）、四九年（嘉永二）に、大和国添下郡横領村百姓嘉兵衛などが、当時「成務《せいむ》帝陵」、「垂仁《すいにん》帝陵」、「称徳《しょうとく》帝陵」とされていた三古墳と布留社《ふるしゃ》禁足山の盗掘をおこない、布留社宝蔵と穴師《あなし》八幡宝蔵へ盗みに入って盗掘遺物を売ったことが発覚した。

横領村百姓嘉兵衛、三条村百姓佐蔵、奈良東向仲町和助、同中院町半蔵の四名が磔《はりつけ》、山辺郡布留村百姓長次郎の中追放以下の処分が決定して、一八五八年（安政五）三月に一件は落着した。

このとり調べ記録には上記三帝陵の盗掘位置、地表下から棺までの深さ、石棺の形と寸法を含む重要な記載が含まれている。この記載は、元禄・享保・文化・幕末などの山陵絵図にも見られない詳細な記録である。これは奈良盆地北西部の超大形古墳の実態、とりわけ埋葬施設についての重要な考古資料であることを示している。とりわけ、これらの古墳は、現在、宮内庁が「陵」として管理しており、考古・歴史関係一六学協会の公開要望にもかかわらず、研究者も国民も墳丘内に立ち入ることができないままであることから、その資料的価値はきわめて高い。

ところで、盗掘者・故売者であり、判決時に死亡していた嘉兵衛と和助、半蔵は、塩詰めの死体を奈良町中引廻しのうえ磔、佐蔵は奈良町引廻しのうえ磔刑などというように、未曾有の極刑に処せられている。このことは、近世末期の刑政史研究はいうまでもないが、当時、幕府が尊王思想との関係で、陵墓にいかに神経をつかっていたかがよくわかる。つまり幕末から明治にかけての天皇陵決定の意味を考えるにあたっても貴重な資料であるので、ここに紹介しておきたい。

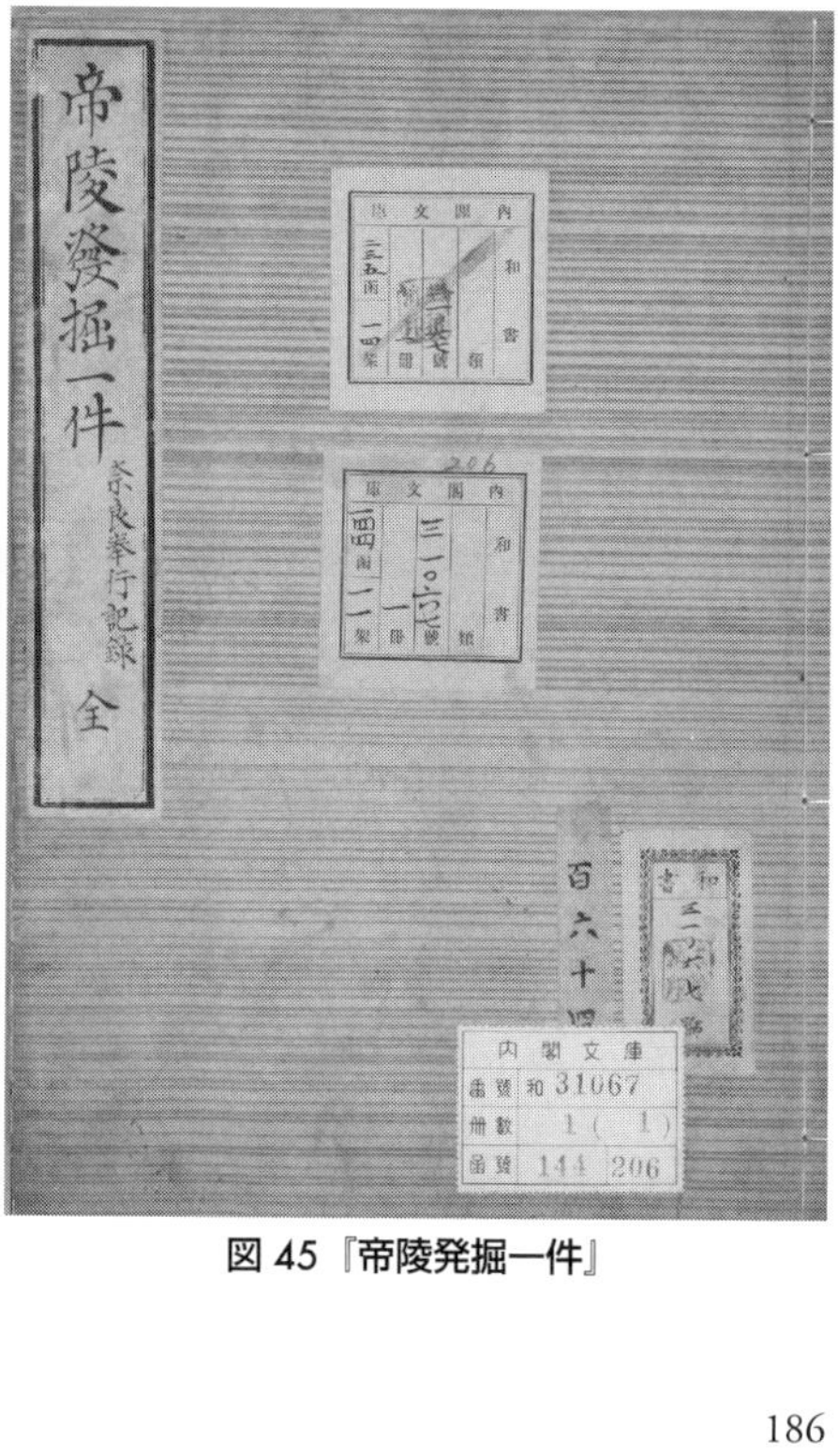

図45『帝陵発掘一件』

『帝陵発掘一件』の公開

『帝陵発掘一件』については、後藤秀穂がその存在と、内容の一部を紹介している（後藤秀穂『皇陵史稿』本元事務所、一九一三年）。それは取調記録の全容を紹介したものではなかったが、多くの先学がこれに言及してはいた。筆者は、国立公文書館において『帝陵発掘一件』の好写本に接し、全文の紹介を予定していたのである。また、茂木雅博が書物のなかで、茨城大学図書館蔵本をもとに『帝陵発掘一件』の全文を公開した（茂木雅博「陵墓の発掘」『天皇陵の研究』同成社、一九九〇年、付篇『帝陵発掘事件』）。このなかで、若干の考古学的検討も加えられているが、きわめて不充分である。それだけでなく、公開全文には奥付の部分がないので、『帝陵発掘一件』の内容の紹介と考古学的検討を加える価値は十分にあると考える。

本書で『帝陵発掘一件―奈良奉行所記録　全』の底本としたのは、国立公文書館蔵本である（一九八二年二月二日付で複製許可）。これは菅政友蔵本を一八七八年（明治一一）一〇月謄写したもので、「修史館」の用紙を使用し書写したものである。『帝陵発掘一件』の写本として、無窮会蔵の二写本や宮内庁蔵本などがある。このうち、現宮内庁蔵本は、公文書館本の写本である。一八七五年に太政官歴史課が修史局と改称され、一八七七年に修史館と改称されている。用紙もこの改称直後のものとみられ矛盾がない。修史館は現在の史料編纂所に至るものであり、一八五二年（嘉永五）に書かれた写本とはいえ、第一級の写本であり、底本としてよいといえる。

『帝陵発掘一件』は貴重な記録であることから、当初、考古学と近世研究者の共同作業による公刊を試みた。その過程で、一九八八年一〇月一日に、文化財保存全国協議会陵墓問題学習会（國學院大學常盤松校舎）で、釈文をもとに近世史としての報告を外池昇が、考古資料としての報告を今井堯がおこなった。本書では、釈文のうち重複部分と神社宝物の盗み部分、故買人の吟味部分を割愛している。近世史的検討は、他日を期すことにしたが、外池昇氏に負うところ大であり、深く感謝する。後出の『帝陵発掘一件』（抄）は、同氏の釈文である。なお、関連する四古墳について、その山陵絵図を加えることにした（『諸陵周垣成就記』元禄十二年九月二十八日付細井知慎序文。天保十二年伴信友考訂書写、明治二十三年草川重遠写本〈国立公文書館蔵〉より）。類似絵図がほかに五種類あるが、もっとも詳細なものを利用した。

考古学的事実の検討

『帝陵発掘一件』に記された、①盗掘された古墳、②古墳の盗掘箇所、③石棺の形と規模について江戸期の山陵絵図と帝室林野局による測量図を加えて検討する。このうち②がもっとも軽視されていたものである。

①盗掘された古墳　弘化・嘉永年間における帝陵の比定は、現在の宮内庁による陵墓比定とは異なった部分をもっている（**表10**）。そこで、三帝陵はどの古墳を指すかを検討する。

成務帝陵は、一八四四年（弘化元）九月、四八年（嘉永元）九月、四九年（嘉永二）一〇月と三回にわたって盗掘がおこなわれたが、嘉永当時の成務天皇陵は佐紀《さき》石塚山《いしづかやま》古墳である。元禄・幕末

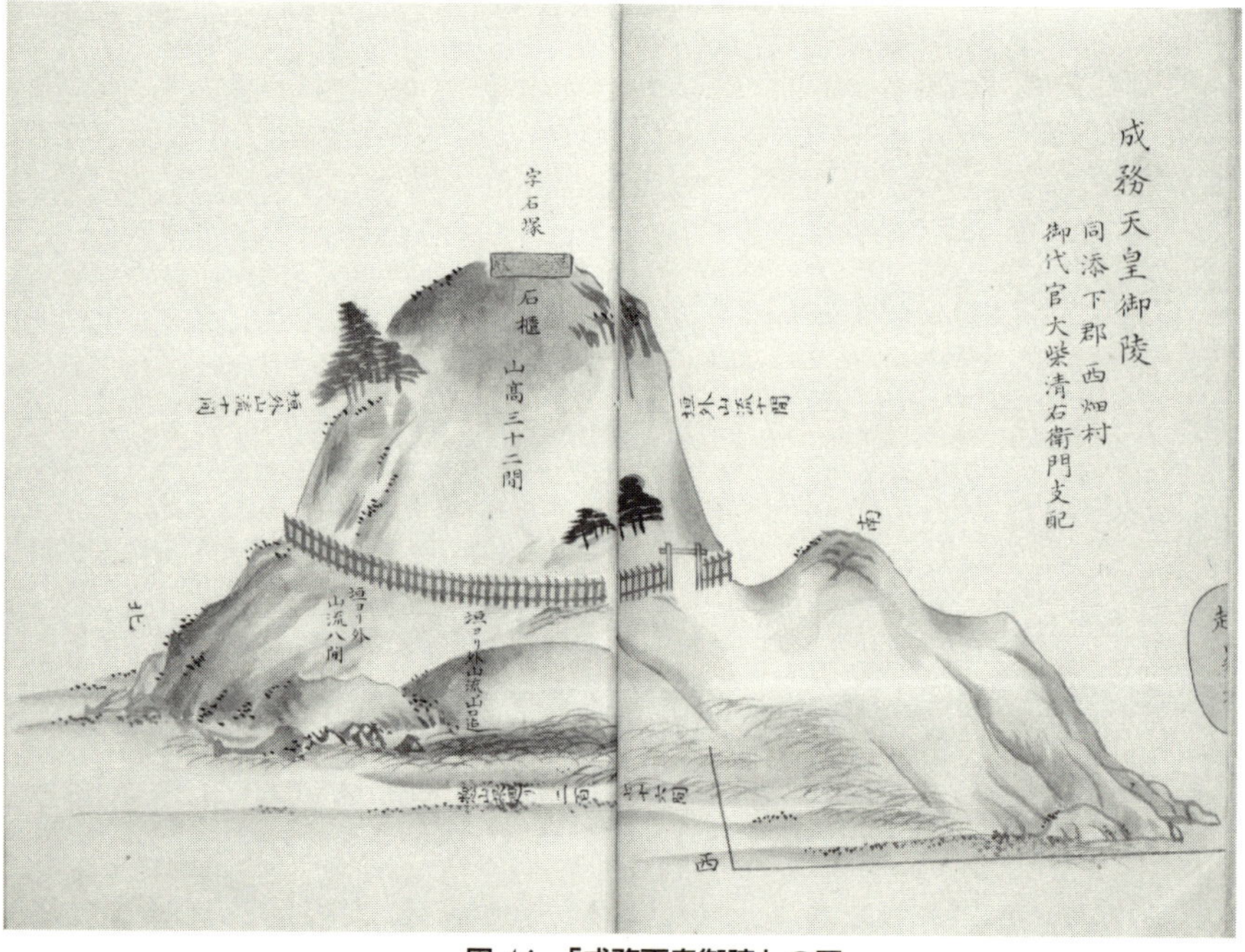

図 46　「成務天皇御陵」の図

期の山陵絵図のいずれにも、右に「成務天皇御陵」と墨書し、後円部頂周辺に「字石塚」と墨書することから明瞭である（図46）。

垂仁帝陵は、一八四九年（嘉永二）九月に盗掘された西池宝来山《にしいけほうらいさん》古墳のことである。江戸期のどの山陵図も「垂仁天皇御陵」「添下郡斉音寺村」と右記し、中央上部に「字宝莱山」・「字宝来山」・「蓬莱山」と墨書することなどから明瞭である（図47）。

右二天皇陵の比定は現在もかわっていない。

称徳帝陵は、一八四九年（嘉永二）一一月に盗掘されているが、この古墳は五社神《ごさし》古墳である。江戸期の山陵絵図には、右上方に「稱徳天皇御陵」「添下郡西畑村（中略）山上村七箇村立合之地也」と右下に書き、後円部中央に「字五社神」と墨書することから明瞭である（図48）。現在、宮内庁はこの古墳を「神功皇后陵」に比定しているが、嘉永当時の神功陵は佐紀《さき》陵山《みささぎやま》古墳に比定

図 47 「垂仁天皇御陵」の図

されていた（図49）。佐紀陵山古墳が日葉酢媛《ひばすひめ》命御陵に治定されたのは、一八七五年（明治八）のことである（石田茂輔「日葉酢媛命御陵の資料について」『書陵部紀要』一九号、一九六七年）。

②古墳の盗掘箇所　盗掘された埋葬の位置について、詳細な検討がおこなわれたことはなかった。

成務帝陵の盗掘位置は「南之方」と明記する。茂木は「絵図では陵は後円部上に描かれているので、後円部の南側」と理解している（茂木雅博『天皇陵の研究』前掲）。茂木が参考とした『諸陵考』（別名『元禄御陵図』成立年代不詳）の成務天皇陵図も、**図46**の絵図と同様に後円部頂に露出した石棺の図が描かれており、「幅深サ共三尺」掘って石棺が見えたという供述と矛盾している。宮内庁の「成務天皇狭城盾列池後陵之図」によると、主軸を北—南にとる前方後円墳の、南にある前方部頂は、等高線が著しく乱れている（末永雅雄『古墳の航空大観・陵墓図』学生社、一九七四年）。

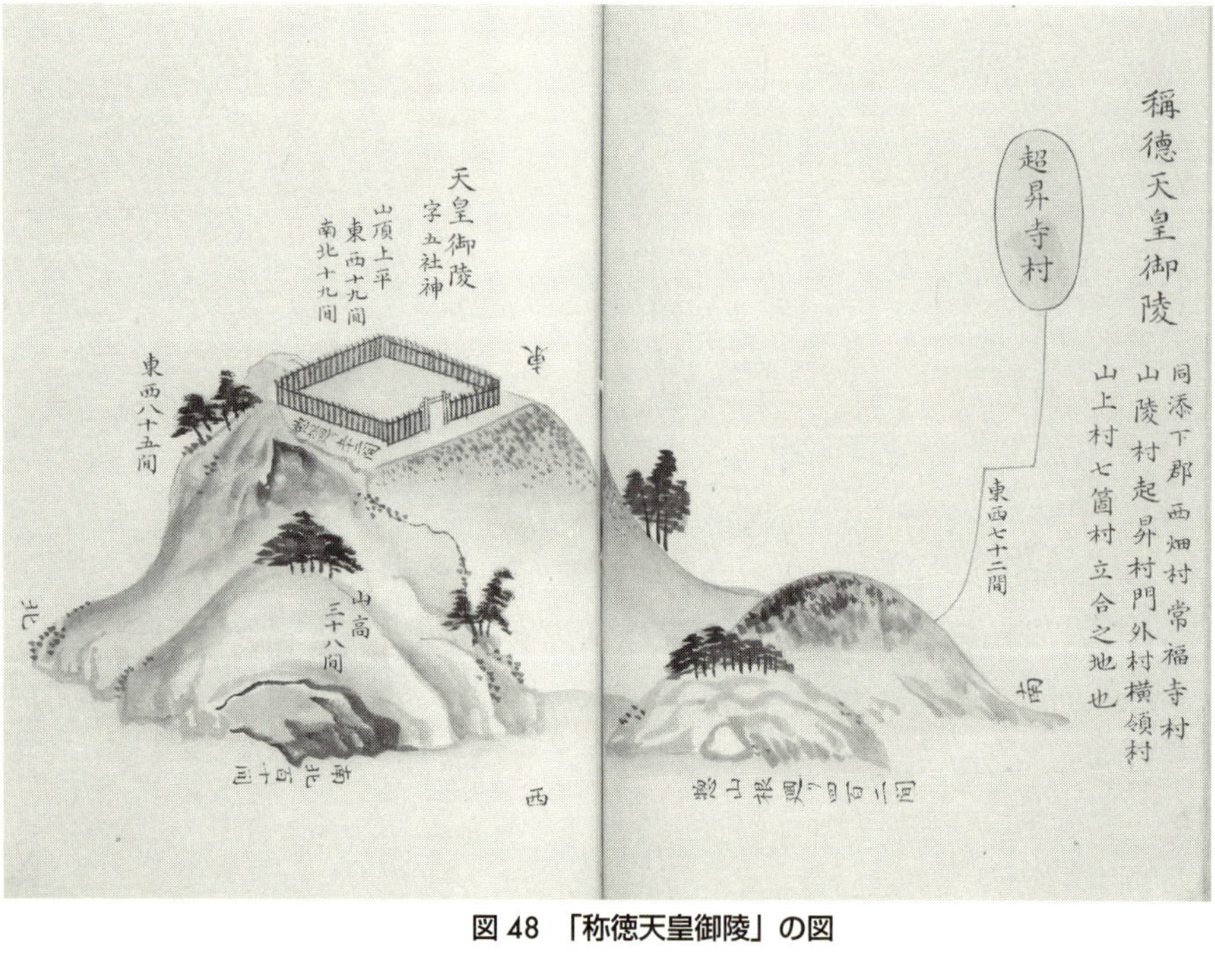

図48　「称徳天皇御陵」の図

このことは、墳丘築成後に改変があったことを物語っている。「南之方」高きところのこの乱れは、佐紀石塚山の弘化・嘉永の盗掘箇所が、前方部であったと想定される。当時の山陵絵図にある石棺は、いずれも地上に露出した状態で描かれており、掘りくぼめて「石棺相見え」の状態でないことも右の想定の傍証となる。

称徳帝陵の盗掘個所は「東北之方」とされている。五社神古墳は、前方部を南やや東にふった主軸をとる前方後円墳であるから、盗掘箇所は後円部ということになる。ただし、後円部頂は「北北西の方」高きところとなり、首長棺でない可能性もありうるが、とぼしい資料からの検討には限度があるので、盗掘箇所は、後円部ということにとどめる。

垂仁帝陵の盗掘箇所は「東南之方」とされ、深さ六尺掘って御棺石にあたったとする。西池宝来山古墳は、主軸を北西—南東にとる前方後円墳で

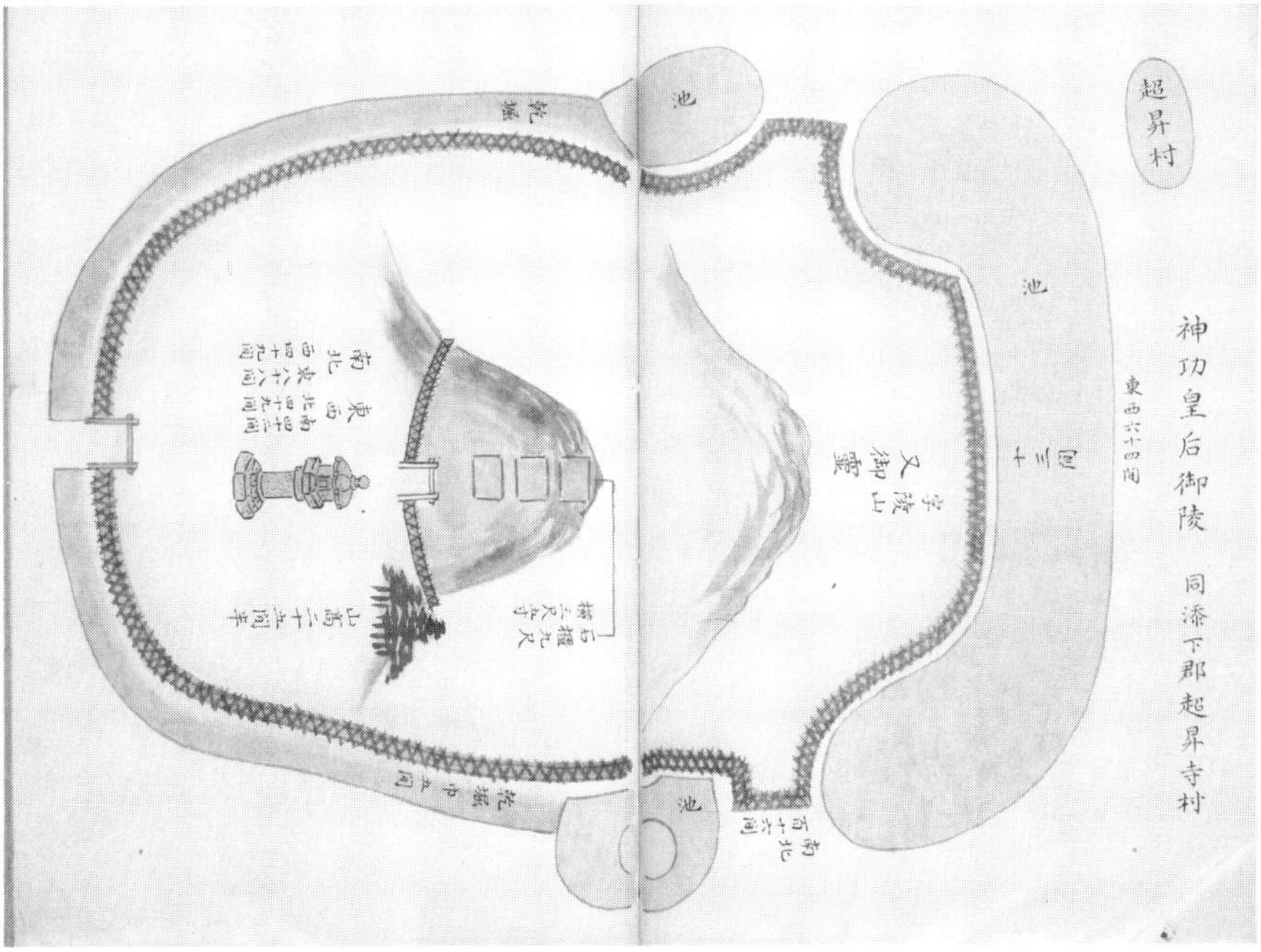

図 49　「神功皇后御陵」の図

あり、東南部に前方部が位置している(図8)。「垂仁天皇菅原状見東陵之図」を見ると、南東にあたる前方部頂の等高線がやや乱れている(末永雅雄『古墳の航空大観・陵墓図』前掲)。江戸末期の垂仁天皇の山陵絵図には「東南ノ方地形高キ所窪アリ」と墨書され、絵図によっては窪みが前方部頂に書かれているものもある(たとえば、遠藤鎮雄訳篇『史料・天皇陵』新人物往来社、一九七四年、第十一代垂仁天皇〈絵図〉所収)。これらのことは、西池宝来山古墳前方部頂の地表下一・八メートルに石棺があり、これが盗掘の対象となったと推定してよいことを示しているといえよう。

③石棺の形と規模 「御棺石にて」と表現される石棺について検討する。棺身の長さ・幅・高さと蓋の長さ・幅を記述し、蓋の形についても記述しているので、規模・形態の検討が可能である。

成務帝陵南之方の石棺は、棺身の長さ七尺・幅四尺・高さ四尺で、覆(蓋石)は長さ八尺・幅五尺であり、覆の形は「亀之形」と表現している。棺蓋が棺身より長く幅広であることは、石棺として一般的である。覆(石棺蓋)を亀の形としているので、組合箱式石棺や割竹形・船形の石棺でないことは明瞭である。「亀之形」の手・足に見えるのは縄掛突起であるが、その突出度からみて家形石棺よりも長持形石棺がより適切である。棺蓋の長側面・短側面に縄掛突起が突出した長持形石棺の形は亀の形に見える。棺長と幅の比

表10『帝陵発掘一件』関係古墳比定変遷

古墳名	承和10年以前	元禄10年	享保10年	文化5年	嘉永年間	文久3年	現宮内庁
五社神	成務陵	称徳陵	称徳陵	称徳陵	称徳陵	神功陵	神功陵
佐紀石塚山	神功陵	成務陵	成務陵	成務陵	成務陵	成務陵	成務陵
佐紀陵山		神功陵	神功陵	神功陵	神功陵	明治8年より日葉酢媛陵	
西池宝来山		垂仁陵	垂仁陵	垂仁陵	垂仁陵	垂仁陵	垂仁陵
佐紀高塚山						称徳陵	称徳陵

率からしても割竹形石棺や船形石棺ではない。

また、盗掘の仕方が蓋を開けずに、あいた穴から手を入れて盗掘している。このことから棺蓋は重い石であり、組合箱式石棺でないことを示している。「垂仁陵」東南之方の石棺も「亀之形」とし、「称徳陵」も同様とするから、三古墳ともに長持形石棺とみることができる。

河内・津堂城山《つどうしろやま》古墳や大和・室宮山《むろのみややま》古墳の蓋上面に格子状突起をもつ長持形石棺は、亀の甲羅によく似ている（図50）。

佐紀石塚山前方部の長持形石棺の規模は、播磨・壇場山《だんじょうやま》古墳、山城・久津川車塚《くつかわくるまづか》古墳、播磨・玉丘《たまおか》古墳出土の長持形石棺の規模に近い。長・短側に各一つの突起をもつ古式の類では、備前・花光寺山《けこうじやま》古墳出土棺よりやや大きい。

西池宝来山古墳前方部頂石棺と、五社神古墳後円部の長持形石棺の規模は（棺身の）長さ六尺・幅三尺・高さ三尺、蓋の長さ七尺・幅四尺とする。この

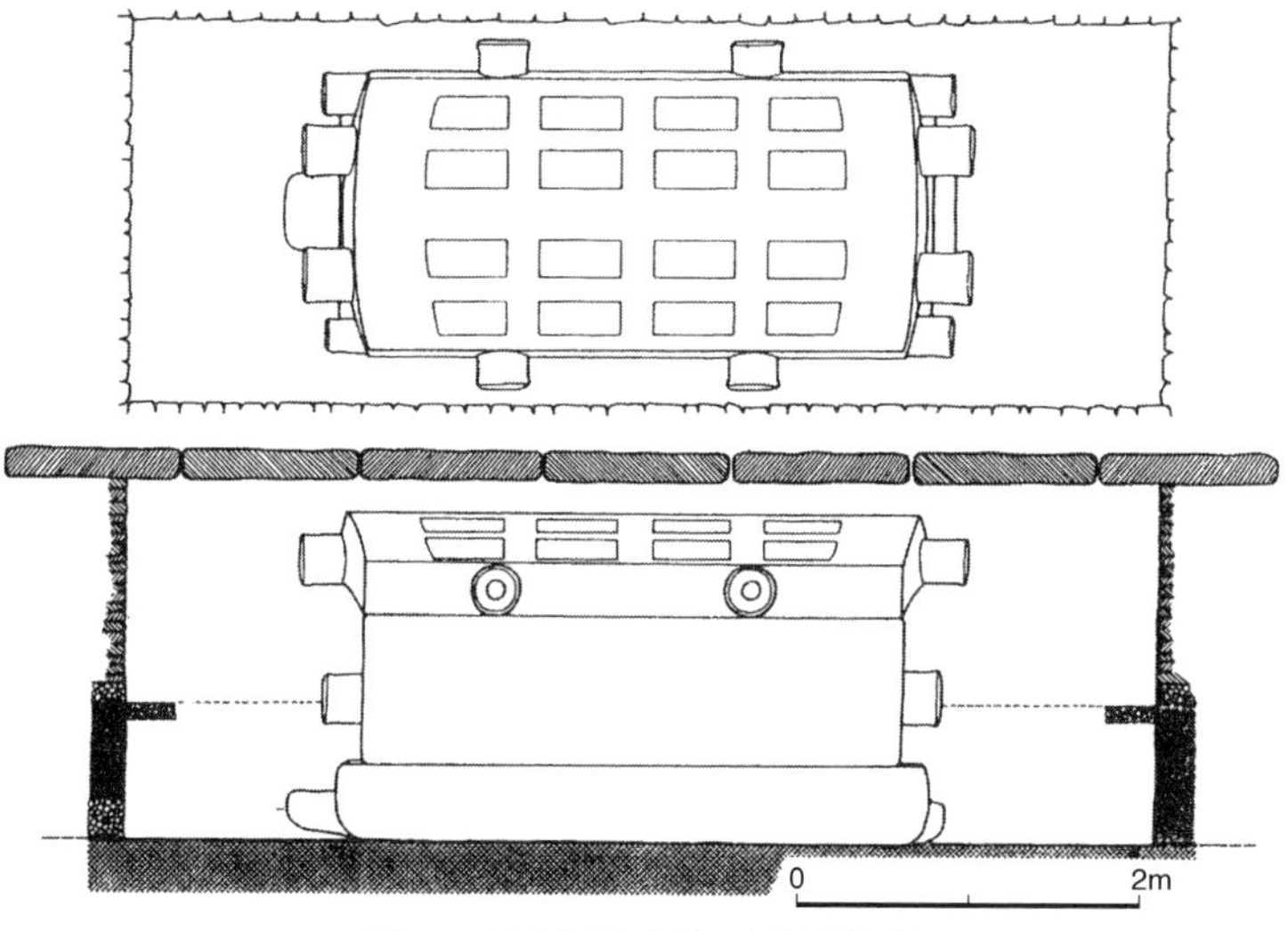

図50　津堂城山古墳の長持形石棺

規模は、佐紀石塚山前方部の石棺よりやや規模が小さいが、この規模より小さい長持形石棺も知られている（間壁忠彦・間壁葭子「長持形石棺」『倉敷考古館研究集報』一一号、一九七五年）。
三古墳の長持形石棺は、津堂城山古墳や室宮山古墳の長持形石棺より小さい。墳丘長二〇〇メートルを超す二古墳の首長棺より、奈良盆地北部の三古墳の棺規模が小さいことは、前方部の棺であることに起因するのかもしれない。ほかの要素の検討も必要なので、検討課題としておきたい。

提起された二つの問題

以上検討したことをまとめると、佐紀石塚山古墳前方部、五社神古墳後円部、西池宝来山古墳前方部に、それぞれ長持形石棺が埋置されていたことになる。このほか、江戸時代の山陵絵図から佐紀石塚山古墳後円部頂にも石棺（長持形石棺の可能性大）が露出していたことが読みとれる。これらのまとめと検討は、二つの問題を提起している。

巨大古墳の複数埋葬　西池宝来山古墳後円部の埋葬についての知見は、今のところないが、後円部頂に大首長の埋葬棺があったことは当然予測できるから、佐紀石塚山・西池宝来山両古墳では、後円部頂のほかに、前方部頂にも長持形石棺を用いた、きわだって目につくような埋葬があったことになる。墳丘長二〇〇メートルを超す巨大古墳のなかで、複数埋葬棺が知られているのは、大和・巣山古墳、大和・室宮山古墳、和泉・大山古墳にすぎないと一般に理解されており、これらはまれな存在とする見解も成り立つ。
そこで付記しておきたいことがある。それは墳丘長二〇〇メートルを超す巨大古墳のなかで、後円部頂はもとより前方部頂さえ、全面的に調査された例は一例もないということである。巨大古墳において、推定される後円部頂中央以外に、顕著な埋葬がないと実証された例は、一例もないのである（今井堯「古市古墳群の埴輪公開と三つの問題点」『歴史評論』四七五号、一九八九年）。このことを強調するのは、考古資料の資料批判がないままに論が横行しているためである。巨大古墳における複数埋葬の存否と、その性格の再検討が必要であることを、『帝陵発掘一件』は提起している。

巨大古墳の長持形石棺の上限　最高首長墳、または大王墳を含む墳丘長二〇〇メートルを超す巨大古墳の棺として長持形石棺は、いつから採用されたのであろうか。これまで、その上限として、河内の津堂城山古墳、大和の室宮山古墳があげられていた。資料批判を抜きにして、これを絶対視する論も多い。その最たるものは、河内勢力と葛城勢力が連合して、大形古墳に長持形石棺を首長の棺として採用したという類の説であった。河内の古市古墳群で最初につくられた津堂城山古墳に先立って、奈良盆地西北部の墳丘長二〇〇メートルを超す三基の巨大古墳（五社神古墳、西池宝来山古墳、佐紀石塚山古墳）に長持形石棺が存在していたことを論証したが、このことは、最高首長墳が河内につくられた段階には、すでに長持形石棺の採用が始まっていたことになる。

奈良盆地東部、柳本古墳群中の櫛山古墳中円部では、長持形石棺がすでに知られている。渋谷村出土とされる碧玉製石枕があるが、旧渋谷村には渋谷向山古墳と上ノ山古墳（宮内庁は景行陵の陪塚とする）がある（末永雅雄『古墳の航空大観・陵墓図』前掲）。この碧玉製石枕の底部の形などから、木棺や割竹形石棺の石枕ではなく、平底石棺の石枕と考えることができる。柳本・渋谷の巨大古墳の埋葬施設として、長持形石棺が用いられたという可能性があることを再検討する必要性があらためて提起されているともいえる。

『帝陵発掘一件』は、巨大古墳における複数埋葬の存否と、王者の棺である長持形石棺の上限について、ともに再検討が必要であることをも提起したのである。

江戸後期には、盗掘者は別としても、民衆が入会地であった巨大古墳の墳丘に立ち入ることができた。現在、自由と民主主義の世といわれながら、宮内庁管理の古墳二四〇基以上に、国民も研究者も立ち入ることができない。墳丘に立ち入ることによって、『帝陵発掘一件』の検証をぜひともおこないたいものである。

『帝陵発掘一件』（抄）

（外題）

帝陵発掘一件 奈良奉行記録 全

（内題）

「帝陵発掘一件 奈良奉行記録 全」

和州ニ有之 帝陵等ニテ盗イタシ候者共、先般川路左衛門尉在勤中召捕其段去亥二月内紀伊守殿所司御勤役中申上置候一件、私南都着之上引合之モノ共一同猶亦吟味仕候趣、左之通御座候

松平時之助領分
和州添下郡横領村
百姓
嘉兵衛
子四十五歳

一亥二月四日入牢

右嘉兵衛吟味仕候処、同郡斎音寺村次郎右衛門悴ニテ十八ヶ年以前ヨリ横領村ニテ別宅イタシ妻子共五人相暮百姓透間ニ古道具商ヒイタシ罷在、追々困窮罷成與風存付　帝陵又ハ神社宝蔵ニハ古代之品モ有之、盗取売払候ハヽ、淩方ニ可相成ト同類申合又ハ一人立左之通

一九ヶ年以前辰年九月日不覚申、暮六時頃嘉兵衛一人和州添下郡超昇寺村・古超昇寺村・新超昇寺村・門外村・常福寺村・山陵村・横領村・立合場所ニ有之候成務帝陵南之方鍬ヲ以テ幅深サ共三尺計堀穿候処、石之御棺相見ヘ右側相扒候処土中ヨリ曲玉五十取出盗取、堀穿候処ハ如元埋置、右曲玉ハ名前不存者ヘ代金一分ニ売払申候

一五ヶ年以前申年九月日覚不申、暮六時頃奈良東向中町和助、此和助儀去亥三月朔日病死仕候、嘉兵衛申合前書　成務帝陵鍬ヲ以前同様堀穿得ト及見候処、御棺石ニテ高四尺計長七尺計、幅四尺計、同覆ハ亀之形ニ相成幅五尺計長八尺計ニテ、御棺覆際北隅ニ長八寸計三角之欠穴有之、窺見候処御棺之内側朱之色相見底ニ朱ニ似寄之品又ハ小石等有之候付、右穴ヘ手ヲ入朱ニ似寄之品掛目一貫六百目計、管石数六十八取出盗取、掘穿候所ハ如元埋置、管石ハ和助取之、朱ニ似寄之品ハ同人方ニテ嘉兵衛倶ニ幾度ニモ水ニ晒シ干シ候処朱ニ紛レ無之、掛ヶ目一貫二百目ニ相成、嘉兵衛ヨリ奈良今辻子町亀次郎并ニ同人方ニ厄介相成居候中院町半蔵、此半蔵去亥三月十九日病死仕候、両人口添イタシ貰、両度ニ同所下三条町小兵衛ヘ代金四両一分銀札三匁八分ニ売払、右代之内金三分和助ヘ分遺、同一分ハ半蔵同二朱銀札一匁ハ亀次郎ヘ口添料ニ呉遣、其余ハ嘉兵衛取之申候、同十月日覚不申、暮六時頃前書中院町半蔵・嘉兵衛申合、右成務帝陵鍬ヲ以前同様堀穿御棺欠穴ヨリ手ヲ入相扒管石数十取出盗取、堀穿候所ハ如元埋置、管石ハ配分イタシ嘉兵衛分取候分ハ家内ニ差置候処紛

失イタシ申候
一去々戌九月日覚不申、和州添下郡三条村佐蔵并前書半蔵・嘉兵衛申合、同州山辺郡布留村布留社後ロ手禁足山石垣之辺ニハ管石埋有之由兼テ承リ居候付、三人同道知ル人同村長次郎方ヘ罷越相尋候処、同人モ承リ居候旨申ニ付、堀穿盗取候ハ、配分モ可致旨申聞右埋置有之由申伝候場所教貫、長次郎ハ其儘罷帰リ候付、同日暮六時頃三人ニテ其辺鍬ヲ以幅深サトモ二尺計堀穿候処、土中ヨリ管石数十五取出盗取、嘉兵衛ヨリ前書横領村八郎兵衛方ヘ引当ニ預ケ置、銀札八匁借受佐蔵半蔵嘉兵衛三人配分イタシ申候

（中略）

前書横領村與助貸家ニ罷在候
同郡三条村
百姓
佐　蔵
子三十五歳

一亥二月四日入牢

右佐蔵吟味仕候処、三条村佐吉悴ニテ六ヶ年以前ヨリ同郡横領村與助貸家ヲ借リ請、妻子共四人相暮道具類商ヒイタシ罷在候
一四ヶ年以前酉年九月日覚不申、夜五ツ時頃佐蔵一人和州添下郡斎音寺村ニ有之候　垂仁帝陵東南之方、鎌并鍬ヲ以幅深サトモ六尺計堀穿候処、御棺石ニテ高三尺計長六尺計幅三尺計、同覆ハ亀之形ニ相成幅四尺計長七尺計ニテ、覆際南隅ニ長八寸計三角之穴有之、挑灯之火ニテ窺見候処御棺之内

ニ四尺計リ相廻リ候長三尺計程之朽木一本有之候迄ニテ、外ニ品物不見請候間何等不得取、堀穿候所ハ如元埋置申候

（中略）

一同十一月日覚不申、暮六時頃前書超昇寺村外六ヶ村立会場所ニ有之候称徳帝陵東北之方、鎌并鍬ヲ以幅深サトモ六尺計堀穿候処、御棺石ニテ高長幅共都テ前書同様覆際北隅ニテ八寸計三角之穴有之、挑灯之火ニテ窺見候処何等之品モ不見当候間、夫々如元埋置申候

一同類申合布留社後ロ手、禁足山堀穿又ハ同社宝蔵共都合四ヶ度盗イタシ候始末ハ夫々嘉兵衛申口通リ相違無之、配分イタシ候代金ハ家内入用ニ遣ヒ仕舞申候

帝陵ヲ堀穿候ヘ共何等之品モ不取得、嘉兵衛・為七・半蔵之外同類無御座旨申之候ヘトモ、右始末重々不届至極之段、吟味詰候処無申披誤入候旨申之候

（中略）

同所《（奈良）》今辻子町
亀次郎方ニ厄介相成居候
中院町
半　蔵

一亥二月四日入牢
同亥三月十九日病死

此者去亥三月十九日病死仕候ニ付、重科人之見込ヲ以死体塩詰申付置、其段同月申上置候儀ニ御座候

右半蔵吟味仕候処、松平時之助家来山岸総兵衛次男ニテ親元立出町人ニ相成、先年中院町ニテ家屋敷買請同町人別ニ加リ手跡指南罷在候処、困窮罷成家屋敷売払去々戌六月ヨリ今辻子町亀次郎方ニ厄介相成居申候

一同類申合　帝陵又ハ布留社後ロ手禁足山堀穿盗イタシ、或ハ　帝陵ニテ盗取候朱ヲ売払之口添イタシ遣、世話料貰請候始末ハ嘉兵衛申口之通相違無之、分取候管石ハ所不存途中ニテ落シ、配分又ハ貰請候金銀札ハ小遣給物代等ニ遣仕舞、此外帝陵等ヲ堀穿盗ハ勿論不正之品取扱候儀無之、嘉兵衛佐蔵之外同類無御座旨申立候へ共右始末重々不届至極之段、吟味詰口書爪印未タ不申付内病死仕候

一超昇寺村庄屋利右衛門・年寄善五郎・同長次郎、古超昇寺村庄屋藤五郎・年寄吉三郎・同仁衛門、新超昇寺村庄屋善次郎・年寄善五郎・同久四郎、門外村兼帯庄屋古超昇寺村利右衛門・年寄新七・同伊三郎、常福寺村庄屋総助・年寄伊三郎・同源八、山陵村庄屋四郎兵衛・年寄甚七・同甚兵衛、横領村庄屋兵作・年寄與助、斎音寺村庄屋喜兵衛・年寄文四郎・同利兵衛相糺候処、嘉兵衛其外之モノ共本文　三帝之陵堀穿候ト之儀ハ今般吟味ニ付初テ承リ驚入候旨申之、然ル処　帝陵品替之儀有之候ハヽ、可申出旨、文化年中京都町奉行ヨリ村々役人共へ申渡高札相渡置候次第モ有之由ニテ、水野下総守・河野対馬守ヨリ再応掛合有之、右村々役人共　帝陵品替之儀不心付罷在候不念之、兼同所ニオイテ吟味之上申口取之、御咎之儀ハ同謀之モノ一同相伺候方ニ可有之旨ヲ以口書取之差越、右ハ元禄度之当御役所ニオイテモ取調有之、組之者見分等ヲモ差遣候上　陵廻リへハ竹垣等補理置候様申渡、其後京都町奉行被取調候節モ是又同様申渡有之候処、年暦相立当時甚麁略之体ニ相成居、殊ニ嘉兵衛其外之モノ共右場所堀穿盗等イタシ候次第不心付罷在候モノ共ニテ、一ト通リ之不束ト

ハ難申候間、庄屋ハ過料三貫文ツヽ申付、年寄ハ急度叱リ置候様可仕候、尤今般嘉兵衛其外之モノ共及不届候右　三帝陵之儀篤ト相糺、向後麁末不相成様取計方勘弁イタシ可相糺、其外奈良近辺所々ニ有之候　陵之儀ニ付、内紀伊守殿御勤役中被仰達候趣モ有之候ニ付、夫々取調候様可仕旨等私在府中、阿伊勢守殿以御書取被仰渡候間、以後取締方等之儀ハ文化度京都町奉行所ヲイテ取調之趣モ有之候間、得ト右奉行ヘ打合追テ相調可申、且嘉兵衛其外之モノトモ盗取候品之内、成務帝陵内ヨリ取出シ候管石数六十取上候　分取計方之儀ハ、別紙奉伺候

（中略）

以切紙申入候和州横領村嘉兵衛其外之モノ共、御場所柄ニオイテ盗イタシ候一件御仕置伺書一冊、去ル子年五月中務殿（佐々木信濃守其地在勤中）当地在勤中差越候処、難決儀有之ニ付江戸表ヘ被相達処別紙書付一通到来、則相達候間可被得其意候以上

（安政四年）十二月

本田美濃守

戸田能登守殿

奈良奉行掛

松平時之助領分

和州添下郡横領村

百姓

嘉兵衛

同村與助貸家ニ罷在候

塩詰之死体奈良町引廻之上

磔

奈良町引廻之上
磔

塩詰之死体奈
良町引廻之上
磔

塩詰之死体奈
良町引廻之上
磔

中追放

敲之上
軽追放

貰受候金子取上
過料三貫文

同郡三条村
百姓
佐　蔵

奈良東向中町
家持
和　助

同所今辻子町亀次郎
方ニ厄介相成居候
中院町
半　蔵

和州山辺郡布留村
百姓
長次郎

石河鎗次郎知行所
和州添下郡平松村
又兵衛

大阪常磐町三丁目
甚兵衛

同所唐物町三丁目
安兵衛
同人手代
吉兵衛

奈良北魚屋西町
公事人宿
六兵衛

病死
同
人悴
喜八郎

安兵衛ハ買取候品取
上両人共三十日手鎖

喜八郎ハ過料三貫文六兵衛ハ
存命ニ候ヘハ急度叱リ

右伺之通御仕置可被申付候以上

十二月

一朱書之内山田佐十郎ハ交易イタシ候品又ハ買取候品共取上急度叱リ置可申処、兼テ主人方ヘ申立置候ニ付咎之不及沙汰段可申渡候

右伺書嘉永五子年三月二十七日付之書状ヲ以佐々木信濃守殿御在勤中、脇中務大輔殿所司代御勤役中御進達罷成置候処、難被成御決儀御座候ニ付、江戸表ヘ御達シ被成候処、安政四巳年十二月二十八日所司代本美濃守殿ヨリ御書付ヲ以テ御仕置可申付旨御達シ有之、然ルニ右一件ハ他所引合之モノモ有之、年内余日無御座正月二月中ハ重御仕置ハ不申付仕来ニ付、御仕置延引之儀所司代ヘ被仰上委細ハ一件帳記有之、三月五日一件落着

右帝陵発掘一件一冊以菅政友蔵本謄写
明治十一年十月

おわりに

五社神古墳の墳丘立入りに、私は残念ながら参加することができなかった。ちょうどその頃、「愛煙家」という不摂生がたたってか、血痰が出はじめて、検査漬けの毎日を送っていたからである。そして、五月二三日には肺癌であることがわかり、七月一五日に左上葉を切除した。

医者によると、手術は成功したということで、本書の執筆を急ぐことにした。そして、原稿がどうにか形になった二〇〇九年二月に、歩行が困難となったばかりか、言語障害におちいってしまった。

三月一〇日、脳に転移のおそれがあるということで、再入院ということになってしまった。しゃべることがままならなくなって、筆談に頼っている今の状態では、ゲラを見て「あとがき」を書くだけの時間の余裕は、もはや私には残されていないと覚悟している。

最後に、つぎのことを述べることをお許しいただきたい。
子どものようにわがままで、経済的にもめいわくをかけっぱなしでいた妻の七七子に、

今日まで支えてくれてありがとう。

二〇〇九年初春　都立府中病院にて

今井　堯

図版・表出典

①図版・表の出典は、つぎのとおりであるが、版の大きさなどから改変、削除、加筆、組み換えをおこなっている。
②筆者関係のものは、出典を省略してある。

◆図版
図1　大塚初重・小林三郎『古墳辞典』東京堂出版、一九八二年
図2～14・16・19～23・25下・26～28・34・42　宮内庁書陵部『陵墓地形図集成』学生社、一九九九年
図2写真　桜井市教育委員会
図10・16・20各写真　勅使河原彰
図15・17・45～49　独立行政法人国立公文書館
図18　笠野毅「開化天皇陵鳥居建替工事の立会調査」『書陵部紀要』二八号、一九七七年
図24　笠野毅「天智天皇山科陵の墳丘遺構」『書陵部紀要』三九号、一九八八年
図25上　高槻市教育委員会編『継体天皇と今城塚古墳』吉川弘文館、一九九七年
図29　三木文雄「妻鳥陵墓参考地東宮山古墳の遺物と遺構について」『書陵部紀要』二三号、一九七七年
図30　北郷泰道『西都原古墳群』同成社、二〇〇五年
図31・32　福尾正彦「女狭穂塚陵墓参考地出土の埴輪」『書陵部紀要』三六号、一九八五年
図33　宮崎県教育委員会『西都原古墳群男狭穂塚陵墓参考地地中探査事業報告書』二〇〇七年

図35　末永雅雄『古墳の航空大観』学生社、一九七四年
図36・38上　猪熊兼勝編『見瀬丸山古墳と天皇陵』雄山閣、一九九二年
図37　橿原市教育委員会
図38下・39　陵墓調査室「畝傍陵墓参考地石室内現況調査報告書」『書陵部紀要』四五号、一九九四年
図40・44　白石太一郎「巨大古墳の造営」『古代を考える・古墳』吉川弘文館、一九八九年
図41　笠野毅「崇神天皇陵陪塚い・ろ号の外溝柵設置箇所の調査」『書陵部紀要』二七号、一九七六年
図43　白石太一郎代表編『近畿地方における大型古墳群の基礎的研究』六一書房、二〇〇八年
図50　藤井利章「津堂城山古墳の研究」『藤井寺市史紀要』三集、一九八二年

◆表

表1　近藤義郎編『前方後円墳集成』近畿編、山川出版社、一九九二年
表5　北野耕平「野中アリ山古墳」『河内における古墳の調査』大阪大学、一九六四年
表6　樋口隆康・岡崎敬・宮川徏「和泉国七観山古墳調査報告」『古代学研究』二七号、一九六一年
表9　勅使河原彰『歴史教科書は古代をどう描いてきたか』新日本出版社、二〇〇五年

考古学的観察				崩年⑦	備　考		
外形④	規模⑤	備考④	時期⑥		墓決定年⑧	盗掘⑨	変形・改修⑩
——	—	——	×	ナシ	1876年（明治9）	古墳でない	——
長方墳	75	貼石、横穴式石室、棺2	7C前	628	1863年（文久3）	1060年	1864年、大修陵
八角墳	42	貼石、横穴式石室？	7C中	641	1863年（文久3）		1864～67年、修陵
円墳？	40	不明	7C中	654	1863年（文久3）		1864～67年、修陵
円墳		不明		661	1863年（文久3）		1864～67年、修陵
円墳		横穴式石室				昭和以前	
八角墳	46	貼石、横穴式石室 角辺部に盛土、上円下方に	7C後	672	江戸期	あり	1893年、大修陵
——	—	——	—	658	1876年（明治9）	—	—斉明陵合葬—
				716	不明		
				709	不明		
円墳？	30	粘土槨？　鏡・剣	5C	672	1877年（明治10）	1876年	1870年（明治3）より天皇に
八角墳	約40	横口式石槨、乾漆棺1、銀骨壺1	7C後・末	686	1881年（明治14）	1235年	江戸末期、大修陵
——	—	—斉明陵合葬—	—	ナシ	—	—	——
		不明		689			
				686	1876年（明治9）		
				ナシ			
				729			
				729			
——	—	——	7C後・末	702	1881年（明治14）	1235年	江戸末期、大修陵
円墳？		不明　自然丘説もある	7C？	707	1881年（明治14）	江戸以前	20C初改修
前方後円墳	127	埴輪	4～5C	770	1861～63年	あり？	1864～67年、修陵
前方後円墳	120	埴輪、粘土槨、甲冑他	4C後	807	1880年（明治13）以降	1976年	江戸期
前方後円墳	75	周濠、埴輪	6C前～中	867	1880年（明治13）以前		
前方後円墳	250	周濠、埴輪	5C後中	824	1879年（明治12）以前	8C前（前）	平城京造成で前方ナシ
円墳	36	埴輪（円）、鏡	4～5C	542	1880年（明治13）以前	あり	大破

陵墓要覧　1956①					墓記載②			
人名（イ）	陵墓名	所在地（ロ）	形態	崩（ハ）	記	紀	式	古墳名③
皇子　蜂子皇子	蜂子皇子墓	山形県東田川郡羽黒町手向羽黒山	塚	×	×	×	×	古墳でない
33　推古天皇	磯長山田陵	大阪府南河内郡太子町山田高塚	方墳	○	○	○	○	山田高塚古墳
34　舒明天皇	押坂内陵	奈良県桜井市忍阪段ノ塚	上円下方	○		○	○	忍阪段の塚
36　孝徳天皇	大阪磯長陵	大阪府南河内郡太子町山田上ノ山	円墳	○		○	○	山田上ノ山
皇后　間人皇女	越智崗上陵	奈良県高市郡高取町車木ケンノウ	円墳	○		○	○	車木ケンノウ
37　斉明天皇	越智崗上陵	奈良県高市郡高取町車木ケンノウ	円墳					
38　天智天皇	山科陵	京都府京都市東山区山科御陵上御廟野町	上円下方	○	万	○	○	山科御廟野山
皇子　建王	建王墓	奈良県高市郡高取町車木ケンノウ	―斉明合葬	○		△	×	――
追尊天皇　春日宮天皇	田原西陵	奈良県添上郡田原村矢田原西山	円墳	○		×	×	
同妃追尊皇太后　橡姫	吉隠陵	奈良県磯城郡初瀬町角柄国木山	円墳	○	万	×	○	
39　弘文天皇	長等山前陵	滋賀県大津市別所町別所平松	円墳	×		×	×	平松亀山古墳
40　天武天皇	檜隈大内陵	奈良県高市郡明日香村野口王墓	円墳	○	万	○	○	野口王墓山古墳
妃　太田皇女	越智崗上墓	奈良県高市郡高取町車木ケンノウ	円墳	×		○	×	――
追尊天皇　岡宮天皇	真弓丘陵	奈良県高市郡高取町森字森谷	円墳	○	万	×	○	
皇子　大津皇子	二上山墓	奈良県北葛城郡當麻町染野扇原	円墳	○	万	×	×	
皇子妃　山背	淡路墓	兵庫県三原郡南淡町筒井馬目	山形	×		×	○	
皇孫　長屋王	長屋王墓	奈良県生駒郡平群町梨本マエ	円墳	○			×	
皇孫妃　吉備内親王	吉備内親王墓	奈良県生駒郡平群町梨本東頭	円墳	○			○	
41　持統天皇	檜隈大内陵	奈良県高市郡明日香村野口王墓	―天武合葬	○	万	続	○	――
42　文武天皇	檜隈安古岡上陵	奈良県高市郡明日香村栗原塚穴	円墳	○		続		栗原塚山
48　称徳天皇	高野陵	奈良県奈良市山陵町御陵前	前方後円	○		続	○	佐紀高塚古墳
桓武皇子　伊豫親王	巨幡墓	京都府京都市伏見区桃山町遠山	五輪塔	○		続	○	宇治黄金塚古墳
桓武皇子　仲野親王	高畠墓	京都府京都市右京区太秦垂箕山町	前方後円	○		続	○	片平大塚古墳
51　平城天皇	楊梅陵	奈良県奈良市佐紀町ニジ山	円墳	○		続	○	市庭古墳
平城皇子　阿保親王	阿保親王墓	兵庫県芦屋市打出翠ヶ岡町	円墳	○		続	○	打出親王塚

考古学的観察				崩年⑦	備　考		
外形④	規模⑤	備考④	時期⑥		墓決定年⑧	盗掘⑨	変形・改修⑩
中世館跡	55	19 C末に周湟つくる	15C 後	456	1863 年（文久 3）		1861 ～ 63 年、拡張周湟造成
円墳 方墳	76 50	周濠・円墳＋ 19 C盛土＋方墳	5 ～ 6C	479	1861 ～ 63 年	不明	1864、1882 年
前方後円墳	115	周濠、埴輪、須恵器	6C 前	484	1863 年（文久 3）		1864 年、大改修
小前方後円		埴輪　不明	4 ～ 5C	487	1889 年（明治 22）		1889 年、修陵
前方後円墳	120	周濠、埴輪Ⅴ式	6C 前	498	1863 年（文久 3）		1864 ～ 67 年、修陵
×		古墳でない？	—	507	1889 年（明治 22）	—	1889 年、修陵
前方後円墳	226	周濠、外堤、埴輪	5C 中葉	531	1863 年（文久 3）	1288 年	1864 ～ 67 年、修陵
前方後円墳	224	特殊器台、葺石	3C 末	ナシ	1876 年（明治 9）		
——	—	——	—	ナシ	1876 年（明治 9）	—	—安閑合葬—
前方後円墳	121	周濠、埴輪、横穴式石室 白瑠璃碗・須恵器	6C 前～中	536	1863 年（文久 3）	享保年間（1716 ～ 35）	中世に畠山氏居城 1864 ～ 67 年、修陵
前方後円墳	85	埴輪Ⅴ式	6C 初	ナシ	1875 年（明治 8）		大破
前方後円墳	138	周濠、造出、埴輪	6C 前	539	1863 年（文久 3）		1864 ～ 67 年、修陵 1976 年、造出し変形
——	—	——	—	ナシ	1876 年（明治 9）	—	—宣化陵合葬—
前方後円墳	140	周濠	6C 後	571	1863 年（文久 3）		1864 ～ 67 年、大修陵
——	—	——	—	ナシ	1876 年（明治 9）	—	—敏達陵合葬—
				ナシ	1876 年（明治 9）		
前方後円墳	120	周濠、造出、埴輪円筒列	5C 末～6C 初	585	1863 年（文久 3）		1864 ～ 67 年、修陵
円墳				575	1875 年（明治 8）		
——	—	——	—	ナシ	1876 年（明治 9）	—	—推古陵合葬—
——	—	——	—	664	1876 年（明治 9）	—	—舒明陵合葬—
方墳		石人（？）	6・7C	643	1876 年（明治 9）		柵は方形
長方墳	65	周濠、横穴式石室、石棺	7C 初	587	1863 年（文久 3）	享保以前（1716）	1864 ～ 67 年、修陵
円墳？	54	貼石、横穴式石室切石造、棺 3（石棺・乾漆棺）、鏡、石碑	7C 前半	622	1875 年（明治 8）	寛政以前（1789）	明治初期、大修陵
方墳	45	切石横穴式石室	7C 前	603	1875 年（明治 8）		江戸期、開口
——	—	——	1889	592	1876 年（明治 9）	古墳でない	位牌堂の地に盛土

陵墓要覧　1956①					墓記載②			
人名（イ）	陵墓名	所在地（ロ）	形態	崩（ハ）	記	紀	式	古墳名③
20　安康天皇	菅原伏見西陵	奈良県奈良市宝来町古城	山形	○	○	○	○	宝来城
21　雄略天皇	丹比高鷲原陵	大阪府羽曳野市島泉８丁目他	円墳	○	○	○	○	島泉丸山・平塚
22　清寧天皇	河内坂門原陵	大阪府羽曳野市西浦白髪	前方後円	○	×	○	○	西浦白髪山古墳
23　顕宗天皇	傍丘磐杯丘南陵	奈良県北葛城郡香芝町北今市的場	前方後円	○	○	○	○	？
24　仁賢天皇	埴生坂本陵	大阪府藤井寺市青山３丁目	前方後円	○	×	○	○	野中ボケ山古墳
25　武烈天皇	傍丘磐杯丘北陵	奈良県北葛城郡香芝町今泉ダイゴ	山形	○	○	○	○	×
26　継体天皇	三島藍野陵	大阪府茨木市太田奥山	前方後円	○	○	○	○	太田茶臼山古墳
皇后　手白香皇女	衾田陵	奈良県天理市中山西殿塚	前方後円	×	×	×	○	西殿塚古墳
皇女　神前皇女	神前皇女墓	大阪府羽曳野市古市城	—安閑合葬	×	×	○	×	——
27　安閑天皇	古市高屋丘陵	大阪府羽曳野市古市城	前方後円	○	○	○	○	高屋築山古墳
皇后　春日山田皇女	古市高屋陵	大阪府羽曳野市古市八マン山	円墳	×	×	○	○	高屋八幡山
28　宣化天皇	身狭桃花鳥坂上陵	奈良県橿原市鳥屋見三才	前方後円	○	×	○	○	鳥屋ミサンザイ
皇后　橘仲姫皇女	身狭桃花鳥坂上陵	奈良県橿原市鳥屋見三才	—宣化合葬	×	×	○	×	——
29　欽明天皇	檜隈坂合陵	奈良県高市郡明日香村平田ウメヤマ	前方後円	○	×	○	○	平田梅山古墳
皇后　石姫皇女	磯長原陵	大阪府南河内郡太子町太子奥城	—敏達合葬	×	×	○	○	——
皇女　大伴皇女	押坂内墓	奈良県桜井市忍阪女塚	円墳	×	×	×	○	
30　敏達天皇	河内磯長中尾陵	大阪府南河内郡太子町太子奥城	前方後円	○	○	○	○	太子奥城古墳
皇后　広姫	息長両陵	滋賀県坂田郡山東町村居田	円墳	○	×	×	○	
皇子　竹田皇子	竹田皇子墓	大阪府南河内郡太子町山田高塚	—推古合葬	×	×	○	○	——
皇子妃　糖手姫皇女	押坂墓	奈良県桜井市忍阪段ノ塚	—舒明合葬	○	×	×	×	——
皇孫妃　吉備姫王	檜隈墓	奈良県高市郡明日香村平田ム子	円墳	○	×	○	○	
31　用明天皇	河内磯長原陵	大阪府南河内郡太子町春日向山	方墳	○	○	○	○	春日向山古墳
皇太子　聖徳太子	磯長墓	大阪府南河内郡太子町太子上城	円墳	○	×	○	○	叡福寺北古墳
皇子　来目皇子	埴生岡上墓	大阪府羽曳野市はびきの３丁目塚穴	上円下方	○	○	×	×	埴生野塚穴山
32　崇峻天皇	倉梯岡上陵	奈良県桜井市倉橋金福寺跡	円墳	○	×	○	○	古墳でない

考古学的観察				崩年⑦	備　　考		
外形④	規模⑤	備考④	時期⑥		墓決定年⑧	盗掘⑨	変形・改修⑩
		不明		ナシ	1920年（大正9）		20C初頭に前方部
前方後円墳	310	周濠、埴輪、須恵器 碧玉製石枕	4C後～末	130	1864～1865年	あり	江戸期に祀あり
円墳（後円）	約60	葺石・前方部は後か	4～5C	122	1883年（明治16）		20C初、外堤築造
円墳		不明		ナシ	1875年（明治8）		
前方後円墳	90	円筒埴輪Ⅱ式	4～5C	111	1879年（明治12）改定		外堤新造
前方後円		不明		(111)	1880年（明治13）		
前方後円墳	190	周濠、外堤、埴輪	5C後	(111)	1880年（明治13）		
前方後円墳	60	周濠、埴輪	4C後半	ナシ	1920年（大正9）		1976年、改修
前方後円墳	約50	周濠	不明	ナシ	1874年（明治7）		
前方後円墳	218.5	周濠、埴輪、長持形石棺、勾玉・管玉	4C末頃	190	江戸末	1059年 1849年	江戸末に修復
前方後円墳	242	周濠、埴輪	5C後～末	200	江戸末		江戸末、修陵
前方後円墳	275	埴輪楯・家・円筒、長持形石棺	4C後半	269	江戸末	1850年	江戸末、修陵
前方後円墳	415	周濠二重、葺石、埴輪楯・馬・家・短甲・円筒　長持形石棺	5C中頃	310	江戸末	あり	後円頂に誉田八幡奥院 1863年より大改修
前方後円墳	286	葺石、埴輪外（外堤も）	4C末～5C初	ナシ	1875年（明治8）		明治初年、修陵
		不明		310	1877年（明治10）		
前方後円	?	盾形　　不明　　土塁		312	1881年以降（明治14）		
前方後円墳	約50	埴輪	5C ?	ナシ	1943年（昭和18）	移転	1943年、修陵
前方後円墳	486	二重周濠、外堤、埴輪馬、須恵器、竪穴式石室（長持形石棺）2、鏡・甲冑・環頭大刀他	5C中～後	399	江戸期	後円宝暦以前 前方1872年	江戸末期修陵 明治30年代他拡張
前方後円墳	219	周濠二重、外堤、埴輪、土師器、土馬	5C後半	407	1875年（明治8）		大正年間他
前方後円墳	375 360	周濠、外堤、葺石、埴輪、須恵器	5C前～中	405	江戸期		1864～67年、修陵
円墳？(前)		不明		456	1875年（明治8）		
前方後円墳	85	周濠、埴輪		484	1864年（元治1）		1864～67年、修陵
前方後円墳	140	周濠、埴輪	5C後半～末	410	江戸末期		1864～67年、修陵
前方後円墳	239	周濠二重、外堤、埴輪、石棺、勾玉他	5C後半	453	江戸末期	1846年	江戸末、大改修
		不明		456	1876年（明治9）		

陵墓要覧　1956①					墓記載②			
人名（イ）	陵墓名	所在地（ロ）	形態	崩（ハ）	記	紀	式	古墳名③
皇孫　磐城別王	磐城別王墓	石川県羽咋市羽咋町	円墳	×	×	○	×	
12　景行天皇	山辺道上陵	奈良県天理市渋谷向山	前方後円	○	○	×	○	渋谷向山古墳
皇后　播磨稲日大郎姫命	日岡陵	兵庫県加古川市加古川町大野日岡山	前方後円	○	×	×	×	日岡山高塚
皇子　大碓命	大碓命墓	愛知県西加茂郡猿投町鷲取	円墳	×	×	○	×	
皇子　日本武尊	能褒野墓	三重県亀山市田村町女ヶ坂	前方後円	○	○	○	○	丁字塚古墳
皇子　日本武尊	日本武尊白鳥墓	奈良県御所市富田	(前方後円)	｜	×	○	×	
皇子　日本武尊	日本武尊白鳥墓	大阪府羽曳野市軽里	前方後円	○	○	○	×	軽里前之山
皇子　五十狭城入彦皇子	五十狭城入彦皇子墓	愛知県岡崎市西本郷町和志山	前方後円	×	×	×	×	西本郷和志山１
皇子　神櫛王	神櫛王墓	香川県木田郡牟礼村牟礼川原	上円下方	×	×	○	×	牟礼大塚
13　成務天皇	狭城盾列池後陵	奈良県奈良市山陵町御陵前	前方後円	○	○	○	○	佐紀石塚山古墳
14　仲哀天皇	恵我長野西陵	大阪府藤井寺市岡	前方後円	○	○	○	○	岡ミサンザイ古墳
皇后　神功皇后	狭城盾列池上陵	奈良県奈良市山陵町宮ノ谷	前方後円	○	○	×	○	五社神古墳
15　応神天皇	恵我藻伏岡陵	大阪府羽曳野市誉田６丁目	前方後円	○	○	×	○	誉田御廟山古墳
皇后　仲姫命	仲津山陵	大阪府藤井寺市沢田仲ツ山	前方後円	×	×	○	×	沢田仲ツ山古墳
皇子　大山守命	那羅山墓	奈良県奈良市法蓮町鏡目谷	円墳	○	○	○	×	
皇子　菟道稚郎子尊	宇治墓	京都市宇治市菟道丸山	前方後円	○	×	○	○	
皇尊孫　都紀女加王	都紀女加王墓	佐賀県三養基郡上峰村坊所七本谷	前方後円	×	×	×	×	上のびゆう塚
16　仁徳天皇	百舌鳥耳原中陵	大阪府堺市大仙町	前方後円	○	○	○	○	大山古墳
皇后　磐之媛命	平城坂上陵	奈良県奈良市佐紀町ヒシャゲ	前方後円	○	×	○	○	ヒシャゲ古墳
17　履中天皇	百舌鳥耳原南陵	大阪府堺市石津ヶ丘町	前方後円	○	○	○	○	百舌鳥陵山古墳
皇子　磐坂市辺押磐皇子	磐坂市辺押磐皇子墓	滋賀県八日市市市辺町	円墳	○	○	○	×	市辺東古墳
皇孫女　飯豊天皇	埴口丘陵	奈良県北葛城郡新庄町北花内	前方後円	○	×	○	○	北花内古墳
18　反正天皇	百舌鳥耳原北陵	大阪府堺市三国ヶ丘町田出井	前方後円	○	○	○	○	田出井山古墳
19　允恭天皇	恵我長野北陵	大阪府藤井寺市国府市ノ山	前方後円	○	○	○	○	国府市ノ山古墳
皇子　坂合黒彦皇子	坂合黒彦皇子墓	奈良県吉野郡大淀町今木	円墳	○	×	×	×	

考古学的観察				崩年⑦	備　考		
外形④	規模⑤	備考④	時期⑥		墓決定年⑧	盗掘⑨	変形・改修⑩
不明	×	——	—	ナシ	1874年 (明治7)	—	不明
不明	×	——	—	ナシ	1874年 (明治7)	—	不明
洞窟	×	——	—	ナシ	1874年 (明治7)	—	不明
		不明	不明	前663	1876年 (明治9)	不明	
後世人工盛土	×	中世の土壇のまわりに拡張を重ねたもの	1863	前584	1863年 (文久3)	—	1863年、改修 明治以降同辺拡張
		不明	不明	前548	1878年 (明治11)		神武陵として江戸末
自然丘	×	——	—	前509	1863年 (文久3)	—	1864～65年、修陵
自然丘	×	——	—	前476	1863年 (文久3)	—	1864～65年、修陵
小古墳	×	陵域内から埴輪	4～5C	前392	1863年 (文久3)	—	1864～65年、修陵
		石棺　不明	不明	前290	1863年 (文久3)		1864～65年、修陵
自然丘	×	——	—	前214	1863年 (文久3)	—	1864～65年、修陵
前方後円墳	150	特殊器台形埴輪	3C後～末	ナシ	1874年 (明治7)	未掘	前方部・くびれ部変形
前方後円墳	286	前方部撥形に開く。特殊器台形埴輪、葺石	3C中～後	ナシ	江戸期	未掘	
前1・方1・円1	前27	3基の古墳と自然丘で一陵としたもの	4～5C	前93	1863年 (文久3)	不明	幕末・明治、大改修
自然丘		前方後円形の丘を陵とする	—	前69	1875年 (明治8)	墓地で変形	1862～63年、大改修
古墳でない	×	——	—	ナシ	江戸期	—	
前方後円墳	242	濠、埴輪、土師器、濠より内向花文銅板他	4C前～中	前28	1877年 (明治10)	不明	1862～63年、周濠大拡張 1850年頃修築
方墳	85	大方墳をもとに前方後円形に造成。埴輪	5C、 20C初	前1	1875年 (明治8)	不明	20Cに前方後円形に
円墳	60	葺石、竪穴式石室、三角縁神獣鏡・鍬形石・管玉	4C後～末	ナシ	1875年 (明治8)	江戸期	1861～63年に濠拡張 明治修築
		不明		ナシ			大正年間に修復
前方後円墳	227	周濠、埴輪、長持形石棺	4～5C	70	江戸期	1850年頃	
前方後円墳	207	周濠、埴輪（楯・蓋・円)、特殊石棺、鏡・石製品・武具	4C後半	3	1875年 (明治8)	1850年頃 1916年	20C前半に修陵
前方後円墳	172	周濠・外堤	5C後半	ナシ	1880年 (明治13)		大正年間修陵
自然丘	×	——	—	ナシ	1876年 (明治9)	—	
前方後円墳	50～60	周濠、埴輪	5C	ナシ	1920年 (大正9)		江戸末に濠を大拡張 (1864～67年)

陵墓要覧　1956①				墓記載②				
人名（イ）	陵墓名	所在地（ロ）	形態	崩（ハ）	記	紀	式	古墳名③
天津日高彦火瓊瓊杵尊	可愛山陵	鹿児島県川内市宮内町脇園	方形	×	×	×	○	×
天津日高彦火火出見尊	高屋山上陵	鹿児島県姶良郡溝辺村麓菅ノ口	円墳	×	×	○	○	×
天津日高彦波瀲武鸕鷀草葺不合尊	吾平山上陵	鹿児島県肝属郡吾平町上名	洞窟	×	×	○	○	×
御子　彦五瀬命	竈山墓	和歌山県和歌山市和田仏生田	円墳	○	○	○	○	
1　神武天皇	畝傍山東北陵	奈良県橿原市洞ミサンザイ	円墳	○	○	○	○	×
2　綏靖天皇	桃花鳥田丘上陵	奈良県橿原市四条田井ノ坪	円墳	○	○	○	○	
3　安寧天皇	畝傍山西南御陰井上陵	奈良県橿原市吉田西山	山形	○	○	○	○	×
4　懿徳天皇	畝傍山南纖沙渓上陵	奈良県橿原市池尻丸山	山形	○	○	○	○	×
5　孝昭天皇	掖上博多山上陵	奈良県南葛城郡大正村三室博多山	山形	○	○	○	○	博多山
6　孝安天皇	玉手丘上陵	奈良県御所市玉手宮山	円墳	○	○	○	○	
7　孝霊天皇	片丘馬坂陵	奈良県北葛城郡王子町王子小路口	山形	○	○	○	○	×
皇子　大吉備津彦命	大吉備津彦命墓	岡山県岡山市真金町吉備中山	前方後円	×	×	×	×	中山茶臼山古墳
皇女　倭迹迹日百襲姫命	大市墓	奈良県桜井市箸中茶屋ノ前	前方後円	×	○	○	○	箸墓古墳
8　孝元天皇	剣池嶋上陵	奈良県橿原市石川安剣池上	前方後円	○	○	○	○	中山塚1～3号墳
9　開化天皇	春日率川坂上陵	奈良県奈良市油阪町	前方後円	○	○	○	○	
皇子　日子坐命	日子坐命墓	岐阜県岐阜市岩田北山	自然石	×	×	×	×	×
10　崇神天皇	山辺道勾岡上陵	奈良県天理市柳本アンド	前方後円	○	○	○	○	柳本行燈山古墳
皇子　倭彦命	身狭桃花鳥坂墓	奈良県橿原市北越智字桝山	方墳	○	○	○	×	北越智桝山古墳
皇子　大入杵命	大入杵命墓	石川県鹿島郡鹿島町小田中	円墳	×	×	×	×	小田中親王塚
皇子　八坂入彦命	八坂入彦命墓	岐阜県可児郡可児町久々利大萱	方形	×	×	×	×	
11　垂仁天皇	菅原伏見東陵	奈良県奈良市尼辻西池	前方後円	○	○	○	○	西池宝来山古墳
皇后　日葉酢媛命	狭木之寺間陵	奈良県奈良市山陵町御陵前	前方後円	○	○	×	×	佐紀陵山古墳
皇子　五十瓊敷入彦命	宇度墓	大阪府泉南郡岬町淡輪東陵	前方後円	×	×	×	○	淡輪ニサンザイ
皇子　息速別命	息速別命墓	三重県名賀郡青山町阿保西法花寺	山形	×	×	×	×	×
皇子　磐衝別命	磐衝別命墓	石川県羽咋市羽咋町	円墳	×	×	×	×	羽咋御陵山

陵・墓一覧

凡　例

この一覧表は、文献以前としてそれ以下を省略し、8～9世紀の陵墓のうち、明瞭な古墳のみを付加した。

表中各欄の内容は、つぎのとおり。

①宮内庁書陵部『陵墓要覧』1956による。

②『古事記』712、『日本書紀』720、『延喜式巻21諸陵寮』927に、陵墓所在記載の有無。○は有り、×はなし。『古事記』欄の万は『万葉集』、『日本書紀』欄の続は『続日本紀』のこと。

③考古学に一般的な古墳名とした。字名と固有名詞・古記録にもとづく。森浩一氏、大阪府教育委員会に負うところが大きい。若干の補正を加えてある。

④外表の表察・実測図・各種古記録をもとにした。総合的観察による。

⑤各種の本によって、数値が異なるものが多い。宮内庁実測図・各種刊行書による。数値がないものは、検討不能または不充分のため。数値は墳丘全長を示す。単位はm。

⑥④および外表の遺物、出土遺物、埋葬法による一般的推定。無記入は、人工でないものと推定困難なもの。時期を細分しえないものは、漠然と示した。

⑦『陵墓要覧』による崩年をもとに、660年を差し引いたもの。

⑧江戸期の古記録や『陵墓録』『太政類典』『公文類集』などの古記録による。幅をもたせたものは、この頃を示す。式年祭祀との関係で掲載した。

⑨新旧の記録で明瞭なもののみ。記載なしは未掘ではない。なお、盗掘も部分的であることが多い。

⑩変形・改修は、具体的に示したものは記録による。他は現状・図の観察による。主要な改修にとどめた。

（イ）人名は①による。数字は歴代天皇。

（ロ）①によったため、1956年現在の地名。

（ハ）①による崩年記載の有無。

今井堯先生は二〇〇九年四月二一日に逝去されました。享年七六。
本書は今井先生の御遺志により、生前に完成していた原稿を公刊するものです。

新泉社編集部

著者紹介

今井　堯（いまい・たかし）　1932〜2009年

岡山県生まれ。文化財保存全国協議会常任委員、同「陵墓」問題特別委員会委員長、東山道を保存する会代表、国分寺・名水と歴史的景観を守る会代表などを歴任、文化財保護などの住民運動に先頭になってとり組む。2009年「陵墓」古墳の本質の検証、他の業績で第10回和島誠一賞受賞。

主要著作・論文

『遺跡が語る東京の三万年』2巻（編著）柏書房、1984年

『巨大古墳と倭の五王』（共著）青木書店、1981年

『古代東国と大和政権』（共著）新人物往来社、1982年

『日本のあけぼの』絵で読む日本の歴史Ⅰ（共著）大月書店、1989年

「古墳の様相とその変遷」『日本考古学を学ぶ』1　有斐閣、1978年

「吉備における古墳被葬者の再検討」『古代吉備』10集、1988年

「消滅から救われた古代道路」『明日への文化財』39号、1997年

「古墳時代前期における女性の地位」『日本女性史論集』2　吉川弘文館、1997年

「戦争不在の時代から戦争の開始へ」『戦争・暴力と女性』Ⅰ　吉川弘文館、2004年

天皇陵の解明――閉ざされた「陵墓」古墳

2009年10月18日　第1版第1刷発行

著　者＝今井　堯

発行者＝株式会社 新 泉 社

東京都文京区本郷2-5-12

振替・00170-4-160936番　TEL03(3815)1662／FAX03(3815)1422

印刷・製本／萩原印刷

ISBN978-4-7877-0911-0　C1021